Mechthild Zimmermann und Regina Schleheck (Hg.)

Mordsmütter

edition BitterBöse

Wer sich heute tollkühn für das Abenteuer »Kind« entscheidet, erntet dafür oft nur Kopfschütteln und Häme. Mutterschaft ist Armutsrisiko Nummer eins. Je mehr Kinder, desto schlimmer. Zu knapper Kasse und frustiger Fron kommen biestige Blagen, flüchtige Väter, neidische Nächste – ein dorniges Dasein!

Für neunundzwanzig hochkarätige AutorInnen ein Füllhorn an nachdenklich stimmenden, bösen und augenzwinkernden Geschichten, die in dem vorliegenden Band zu einem bunten Strauß Neu(e)Rosen gebunden werden. Allen voran die Ladies of Crime Ingrid Noll, Sabine Deitmer und viele andere KrimiautorInnen aus dem Netzwerk »Mörderische Schwestern« wie Sandra Lüpkes, Judith Merchant, Ulla Lessmann. Auch Männer haben aufwühlende »Mordsmütter«-Geschichten zu erzählen: Das beweisen Carsten Sebastian Henn, Thomas Nommensen, Myk Jung und andere.

Sie riskieren den Blick hinter die Fassade der Familienidylle, hinterfragen das »Mutterglück« und räumen mit dem Vorurteil auf, wir Mütter hätten den Zeitgeist verschlafen. Ganz ohne Staub- und Augenwischerei.

Mechthild Zimmermann und Regina Schleheck (Hg.)

mordsmütter

ViaTerra Verlag - Aarbergen - Edition BitterBöse

Mechthild Zimmermann und Regina Schleheck (Hg.)

»Falsche Zungen« und »Das Wunschkind«
aus: **Ingrid Noll *»Falsche Zungen«***

Coverart: Tamar Haber-Schaim - www.haber-schaim.com
Satz: Alexandra Röhrig GrafikDesign

Druck und Bindung: CPI - Clausen & Bosse, Leck
Printed in Germany

ISBN 978-3-941970-06-9

»Und drinnen waltet
Die züchtige Hausfrau,
Die Mutter der Kinder,
Und reget ohn‘ Ende
Die fleißigen Hände.«

Friedrich Schiller, 1799

Inhalt

Familienbande

Sabine Trinkaus

»Da wird der Ansgar wohl seine Gründe gehabt haben!« Ich versuche, ganz neutral zu klingen. Wenn ich mir den Ben so ansehe, wie er da im Sand hockt und sich mit den fetten kleinen Fingern die Stelle im Gesicht reibt, an der der Ansgar ihn erwischt hat, ist das zwar nicht ganz einfach, aber ich bin imstande, meine persönlichen Gefühle zu beherrschen. Das muss man als gute Pädagogin.

Vera sagt nichts. Nichts Verbales jedenfalls. Ihr vorwurfsvoller Blick spricht allerdings Bände. Als ob, sagt der, als ob der Ansgar je einen Grund gehabt hätte. Oder gebraucht. Der Ansgar haut einfach gern. Das hat er von seinem Vater. Diese Freude an Körperlichkeit.

Wir sitzen auf der Bank neben der Sandkiste auf dem Spielplatz. Wir sitzen da und tun beide so, als fänden wir das total gut. Dabei kann Vera mich genauso wenig leiden wie ich sie. Allerdings ist meine Schwester ziemlich unsicher und außerdem harmoniesüchtig. Darum würde sie das nie zugeben. Davon abgesehen ist der Spielplatz aber auch nicht der richtige Ort für Ehrlichkeit. Hier geht es um andere Dinge. Um Pädagogik zum Beispiel. Das kapiert sogar Vera.

»Die Entwicklung von Fähigkeiten zur Bewältigung von Streitsituationen und zur Lösung von konflikthaften Auseinandersetzungen gehört zu den wesentlichen Bestandteilen der frühkindlichen Erziehung«, erkläre ich ihr so geduldig, wie ich kann. »Sich streiten, nein sagen können, sich selbst im Konflikt behaupten, das ist total wichtig für die Autonomieentwicklung.«

Sie schaut mich zweifelnd an. »Der Ben muss das lernen!«, formuliere ich es so, dass sie es auch versteht. »Das ist total wichtig für den Ben!«

Sie schaut noch immer skeptisch. Aber sie sagt nichts. Immerhin weiß sie, wann es besser ist, den Mund zu halten. Ich habe das schließlich studiert. Ich habe ein Diplom, ich weiß alles, was man über Pädagogik wissen kann. Vera ist klar, dass sie mir auf diesem Gebiet nicht das Wasser reichen kann. Wie so viele einfach gestrickte Menschen ist sie ziemlich leicht lenkbar. Das macht unseren Umgang einigermaßen erträglich.

In diesem Moment habe ich allerdings das Gefühl, dass sie mir gar nicht richtig zuhört. Ihr Blick klebt an Ben, der immerhin endlich aufgehört hat zu heulen. Außer ihm und Ansgar sind keine Kinder auf dem Spielplatz. Die neue Rutsche liegt verlassen, niemand verheddert sich in dem Klettergerüst mit den dicken Seilen. Die lustigen Wipptiere, an denen der Zahn der Zeit noch nicht genagt hat, hängen ein wenig krumm auf ihren dicken Spiralen. Die Jungs sitzen im Sand neben der Matschecke, in der eine Pumpe steht, aus der die Kinder Wasser in den Sand leiten können. Ein völlig schwachsinniges Konzept, das aber immerhin den Vorteil hat, dass die Kinder in Windeseile so nass und verschlammt sind, dass man guten Gewissens mit ihnen nach Hause gehen kann.

Heute allerdings interessiert sie die Matsche nicht, heute haben sie sich entschlossen, mit den albernen Sandförmchen zu spielen, von denen Vera ungefähr tausend in einem dreckigen Leinenbeutel mit sich führt. Sie liegen überall herum, gelb und grün und blau und rosa, wie kleine Blüten im Sand. Aber weder Ansgar noch Ben interessieren sich für Gelb oder Grün oder Blau oder Rosa. Es geht um Rot. Das rote Förmchen, das Ansgar Ben in dessen Schrecksekunde nach dem Schlag einfach aus der Hand genommen hat. Ansgar hält es fest und betrachtet zufrieden, wie Ben die dicke Rotze, die ihm aus der Nase rinnt, gleichmäßig in seinem Gesicht verschmiert. Der Junge hat immer eine Rotznase, das ist irgendwie chronisch, und die ewige Heulerei macht es nicht wirklich besser.

»Man kann ihm nicht immer alles durchgehen lassen«, sagt Vera jetzt, und es klingt irgendwie vorwurfsvoll. Aber sie bleibt sitzen. So, wie sie da hockt, sieht sie Ben ein bisschen ähnlich. Mit krummem Rücken, überhaupt keine Körperspannung.

Die Mundwinkel weisen leidend zum Kinn.

»Wir müssen Ben schon die Gelegenheit geben, eine eigene Konfliktlösungsstrategie zu entwickeln«, sage ich. »Du musst deine persönlichen Gefühle zurücknehmen als Mutter. Nicht immer so stark projizieren, verstehst du?«

Natürlich versteht sie das nicht. Das ist zu hoch für Vera. Aber es ist egal, sie kennt die Regeln. Auf dem Spielplatz betrachten wir alle Kinder mit derselben liebevollen Nachsicht. Wir mischen uns nicht ein, sagt die Regel. Ich bin nicht sicher, ob Vera sich daran hält, wenn ich nicht dabei bin. Ich kenne meine Schwester schließlich. Sie ist eine ziemliche Memme. Wenn es nach ihr ginge, dann hätten sich alle immer lieb und würden zusammen PMS-Fraß aus der Tupperdose essen. Paprika, Möhrchen und Sellerie. So was schleppt sie mit sich herum.

Ständig. Sie ist immer vorbereitet und ausgestattet und hat etwas Gesundes zu trinken dabei und die PMS-Dose und natürlich die Sandförmchen. Das ist typisch für die ungebildete und unsichere Mutter. Sie klammert sich an Äußerlichkeiten, um zu beweisen, dass sie die Sache im Griff hat. Ja, Vera denkt an alles. Zu schade, dass sie so wenig begreift. Der Ben zum Beispiel, der kriegt von Rohkost entsetzliche Blähungen. Und das fehlt bei einem Kind wie Ben, einem, das ohnehin so wenig gefällig ist, ja nun wirklich gerade noch.

Der Ansgar ist da schlauer. Der rührt das Zeug einfach nicht an. Der Ansgar, der weiß halt, was gut für ihn ist.

Aber Vera ist Vera, und ich bin ihre Schwester, nicht ihre Mutter. Ich kann sie tolerieren, sie nehmen, wie sie nun einmal ist, auch auf den Spielplatz. Gerade auf dem Spielplatz.

Ben hat sich das grüne Förmchen gegriffen. So ein schäbiges Ding mit einem Riss drin. So eins, was jeder Mensch schon längst weggeworfen hätte. Eins, das kein Kind, das auf sich hält, anfassen würde. Aber Ben ist ja nicht so wählerisch. Der gibt sich immer mit dem Zweitbesten zufrieden. Jetzt zum Beispiel, jetzt braucht er die Schaufel. Natürlich hat Vera zwar tausend Förmchen, aber nur eine Schaufel. Und natürlich befindet die sich in Ansgars Hand. Ben hebt den kurzen Arm und grabscht unbeholfen danach. Über Ansgars Gesicht geht ein kurzes Leuchten, bevor er sie hebt und sie seinem Cousin kräftig über Hand und Arm zieht.

Als Bens Brüllen anhebt, wirft mir Ansgar einen Blick zu. Ich könnte schwören, dass er mir kurz zugeblinzelt hat. Der Teufelskerl!

Ich höre, wie Vera neben mir scharf die Luft einzieht.

»Es ist für Kinder in diesem Alter völlig normal, auf das Wegnehmen von Gegenständen mit Handgreiflichkeiten zu reagieren«, sage ich schnell, bevor sie sich zu einer überfürsorglichen Dummheit hinreißen lassen kann. »Die nötige Frustrationstoleranz und Impulskontrolle wird erst später erworben, und die Einmischung von Erwachsenen bremst die nötige Entwicklung nur.« Es fühlt sich immer wieder merkwürdig an, dass man ihr so offensichtliche Dinge erklären muss. Wenn man es genau betrachtet, ist es wirklich eine Schande, dass es so viele Frauen wie Vera gibt. Die einfach ein Kind in die Welt setzen und sich einbilden, dass sie schon klar kommen mit Erziehung. Obwohl sie keine Ahnung haben. Aber ich rege mich nicht auf. Ich bin nur froh, dass ich die Sache ein bisschen besser im Griff habe.

Ben verlegt sich indes wieder mal auf seine übliche Konfliktvermeidungsstrategie. Er tut, als interessiere ihn die Schaufel gar nicht weiter. Stattdessen grabschen seine Wurstfinger in den Sand und füllen so das grüne drittklassige Förmchen. Als es endlich voll ist, klopft er grobmotorisch den losen Sand fest und dreht das Ding um.

Im Augenwinkel sehe ich Vera lächeln.

Mich schaudert. Stolz. Sie lächelt angesichts dieses erbärmlichen Zerrbilds eines Sandkuchens so zufrieden, als hätte Ben soeben das Taj Mahal errichtet. Es ist wirklich kaum zu ertragen.

Ihr einfaches kleines Glück währt genau zehn Sekunden. So lange, bis Ansgar die Schaufel, die er nach wie vor fest umklammert, hebt, und mit voller Wucht auf das lächerliche Gebilde niedersausen lässt.

Vera schreit auf. »Gemein!« Sie schüttelt den Kopf. »Gott, das ist wirklich gemein!«

Ich habe die Krise geahnt, habe blitzschnell nach ihrem Arm gegriffen und kann sie so am Aufspringen hindern.

»Warum macht er so was?« Sie versucht, sich aus meinem Griff zu befreien, aber ihre Gegenwehr ist genauso kläglich wie ihre Stimme.

»Du darfst den Kindern nicht deine erwachsenen Moralvorstellungen aufdrängen«, erwidere ich streng. »Sie befinden sich auf einer anderen Ebene!«

Vor allem Ben. Dessen dicke Unterlippe zittert, das Doppelkinn bebt, und der Rotz beginnt wieder zu fließen. Dieses Kind hat überhaupt keinen Hals! Man kann nur hoffen, dass sich das noch ein bisschen zurecht wächst.

»Wir können ihm das doch nicht immer durchgehen lassen!« Vera klingt, als sei auch sie den Tränen nahe.

»Bei Konfrontation und unüberwindbarem Gegensatz steht es jedem frei, zur Sicherung der eigenen Identität wehrhaft zu sein«, unternehme ich tapfer einen weiteren Versuch, ihr die Sache zu erklären. »Du tust ihm doch keinen Gefallen, wenn du ihn daran hinderst, das endlich zu lernen!«

Es funktioniert. Sie hört auf, sich gegen meinen Griff zu wehren, kaut auf ihrer blassen Unterlippe herum und wirkt ein bisschen eingeschüchtert. Sie mag inhaltlich nicht wirklich alles begreifen, aber dass ich Recht habe, das versteht sie instinktiv.

»Bist du sicher?«, fragt sie jetzt trotzdem, aus Bockigkeit, nehme ich an. Ihr verzweifelter Blick klebt an Ben, der vergeblich versucht, aus dem zerstörten Sandhäuflein wieder einen Kuchen zu formen.

»Das Leben ist kein Ponyhof«, sage ich. Vor allem, wenn die Natur es so wenig gut mit einem gemeint hat wie mit Ben. Immerhin hat der jetzt begriffen, dass er ein neues Förmchen braucht, um einen neuen Kuchen zu machen. Das grüne hat der Ansgar natürlich längst an sich genommen.

Suchend blicken seine kleinen Schweinsäuglein im Sand umher. Sie sind noch winziger als sonst, verschwollen vom Heulen. Ich hoffe wirklich für ihn, dass sich da noch einiges zurecht wächst. Natürlich geht es nicht um Äußerlichkeiten. Aber wenn man die beiden so anschaut, dann sieht man, dass es eben einen Unterschied macht. Wie der Ansgar da sitzt, mit seinen roten Bäckchen, den blitzenden Augen und den wilden Locken. Wie er jetzt voller Energie und in beeindruckendem Tempo nach allen Förmchen greift, die irgendwie zu erreichen sind, und sie aus Bens Reichweite entfernt. Wie schnell der kapiert, was Ben vorhat, als der auf seinem breiten Hintern näher rutscht! Und wie elegant er die Schaufel greift, sie mit Sand belädt und den über Bens großen Kopf schaufelt. Blitzgescheit wirkt der, er hat es faustdick hinter den Ohren. Zum Anbeißen sieht er aus.

Nein, es geht nicht besonders gerecht zu auf der Welt.

Mir tut es wirklich auch leid für den Ben. Wie er da mit seinen kurzen Ärmchen wild auf seinem Kopf herumwirbelt, wie die Hände ungelenk über den quadratischen Schädel rudern und dabei den ganzen Sand ins Gesicht schieben.

»Schluss«, schreit Vera jetzt, ziemlich schrill, und ich erwische ihren Arm im letzten Moment. Sie steht schon.

»Vera!«, sage ich streng. »Der Ben muss das lernen!«

Zu schade, dass Lernen nicht gerade seine starke Seite ist. Als der liebe Gott das Hirn verteilt hat, da hat Ben vermutlich noch nach den abstehenden Ohren angestanden.

Er ist schon ein armer Wurm, wirklich. Darum kann ich verstehen, dass sich Vera jetzt am liebsten einmischen würde, auf diese parteiische und unkontrollierte Art. Sie hat halt keine Ahnung. Von Kindern nicht und schon gar nicht von Jungs.

Denn das ist ja das nächste Problem. Das wird ja genauso totgeschwiegen wie der Umstand, dass Kinder reihenweise in der Psychiatrie landen, weil ihre Mütter so unfähig sind. Das darf man nicht laut sagen, nicht auf dem Spielplatz und auch sonst nicht, dass es die Jungs ganz besonders hart trifft. Dabei zeigt das jede Statistik. Sie versagen in der Schule, sie versagen im Leben. Und das liegt einfach daran, dass sie von einer Horde Weiber erzogen werden. Erst die Mütter, dann die Kindergärtnerinnen, dann die Grundschullehrerinnen – wenn die Jungs das erste Mal überhaupt Gelegenheit bekommen, Kontakt zu einer männlichen Bezugsperson aufzunehmen, dann ist es doch für viele schon längst zu spät! Im Grunde hängt alles am Vater.

Natürlich können die alleinerziehenden Mütter oft genauso wenig für die Situation wie die armen Kinder selbst. Aber deshalb darf man doch nicht totschweigen, dass das Konsequenzen hat. Wo die Unterschiede ja nun wirklich auch ins Auge fallen. Dem Ansgar merkt man das doch an, dass da ein Vater ist, ein Kerl, der abends nach Hause kommt. Der mit ihm tobt und ringt und Fußball spielt.

Das fehlt dem Ben halt. Und deshalb hockt er da jetzt und heult einfach nur, während der Ansgar mit sichtlicher Freude immer weiter Sand auf seinen Kopf schippt.

Vera ist kaum noch zu halten. »So geht das nicht! Das ist doch nicht normal!«

»Nein«, bestätige ich. »Das ist nicht normal. Das ist es ja eben! Er muss sich wehren. Guck dir doch an, wie er da hockt. Er ermutigt den Ansgar doch geradezu!«

Abermals hebt der den Kopf. Schaut mich an. Er sieht seinem Vater so verdammt ähnlich, der süße Kerl!

Vera schluchzt. »Ich halte das nicht aus«, keucht sie. »Ich ertrage das einfach nicht mehr!«

Ich schüttele den Kopf. Ja, sie tut mir leid. Es ist nicht leicht, wenn man so wenig kapiert. Ich verstehe, dass sie sich überfordert fühlt. Aber nur, weil sie Pech mit den Genen hatte und weil unsere Mutter sich eben auch schon nicht gut auskannte und so einiges verbockt hat, kann ich doch nicht tatenlos zusehen, wie sich die Geschichte wiederholt!

Ansgar wird die Sache mit dem Sand langweilig. Er lässt die Schaufel fallen. Bevor Ben Gelegenheit hat, erleichtert zu sein, hebt er die Hände. Die rechte packt Bens Ohr, die linke grabscht ein Büschel schütteren Haars.

»Nein!«, kreischt Vera. »Das ist sadistisch. Er macht das aus lauter Freude am Quälen!«

»Na, na«, mahne ich. »Projiziert hier vielleicht gerade jemand?«

»Du kannst mich mal!« Ich bin überrascht. Mit einem so undifferenzierten und doch entschlossenen Widerspruch hätte ich jetzt nicht gerechnet. »Warte!«, schreit sie in Ansgars Richtung. »Warte, dir werd' ich's zeigen, du kleiner Teufel!«

»Mama?«, sagt Ansgar. Sein Blick sucht den meinen. Auch er wirkt überrascht. Schlau, wie er ist, begreift er allerdings sofort, dass ihm jetzt die Zeit davon läuft. Mit einem kräftigen Ruck reißt er daher Ben, der sich zum Glück mittlerweile so heiser gebrüllt hat, dass er mehr krächzt als schreit, ein Büschel Haare aus und schwenkt es triumphierend über seinem Kopf, während er Bens Gesicht unter Zuhilfenahme des Ohrgriffs rhythmisch in den Sand schlägt.

Mit einer für eine so dickliche Frau erstaunlichen Kraft reißt Vera sich aus meiner Umklammerung. »Lass ihn los!«, kreischt sie und stürmt auf die Kinder zu. »Lass sofort den armen Ben los!«

Ansgar beachtet sie gar nicht, sondern schaut wieder mich an. Und das ist er. Dieser magische Moment. Diese Sekunde, von der man als Pädagogin träumt. Ein Moment des Begreifens, des tiefen, gegenseitigen Verständnisses. Ich sehe ihn vor mir, jetzt und gleichzeitig in dreißig Jahren. Ich höre die Stimme der Gene. Im Rudel, sagt die Stimme, im Rudel müssen die Starken zusammenhalten.

Ich erwische Vera, als sie eben an der Matschecke ist. Mit einem Hechtsprung erreiche ich ihre Beine, bringe sie zu Fall. Sie wehrt sich verzweifelt. Ich packe sie am Hinterkopf und halte sie fest. Sie schlägt um sich.

»Sadist«, kreischt sie, »böser, böser Junge!« Ein Speichelfaden hängt aus ihrem Mund, erste Sandkörner heften sich daran.

Ansgar juchzt begeistert und versucht offenbar, es mir nachzumachen. Aber er bekommt Ben nicht so gut zu packen wie ich Vera. Der hat ja nicht so viele Haare. Wie ein fetter kleiner Mehlwurm robbt Ben verzweifelt von ihm weg. Ansgar hat alle Hände voll zu tun, ihn in den Griff zu bekommen. Zum Glück weiß ich, dass er ohne mich klar kommt, denn auch Vera macht mir das Leben schwer. »Du musst dich beruhigen«, sage ich und drücke ihr Gesicht in den nassen Sand unter der Pumpe. »Du musst dich jetzt wirklich beruhigen!«

Und das tut sie. Auf einmal wird ihr Körper ganz schlaff. Sie hat aufgegeben. Ich bin froh, denn so langsam lässt die Kraft, die das Adrenalin mir verliehen hat, nach. Ich rappele mich hoch, klopfe den Sand aus meinen Kleidern. Ich sehe mich kurz um. Vermutlich ist es ganz gut, dass außer uns keiner auf dem Spielplatz ist. Es wäre nicht schön für Vera, wenn andere Mütter gesehen hätten, wie sehr sie sich entwürdigt.

Ansgar gluckst hörbar zufrieden. »Mama«, sagt er. Er lässt Ben los. Der rollt sich zur Seite, bleibt einfach im Sand liegen. Er wimmert. Erbärmlich.

»Mama?«, sagt Ansgar wieder. Er legt den Kopf schief und betrachtet mich und Veras leblosen Körper nachdenklich. »Alles in Ordnung«, sage ich. »Wir gehen jetzt wohl besser nach Hause.« Ich lächele ihm zu. »Du bist ein feiner Junge!«, sage ich.

Dann hebe ich Ben aus dem Sand. »Ach Ben«, seufze ich und wische meinem Neffen Blut, Rotz und Sand aus dem Gesicht. »Ach Ben, ich wünschte wirklich, du würdest dich ein winziges bisschen leichter tun mit dem Lernen!«

Die Prinzessin bin ich

Jutta Maria Herrmann

Du nimmst das Buch vom Nachttisch und lässt dich auf der Bettkante nieder. Bevor du es aufschlagen kannst, greift sie mit beiden Händen danach und wirft es mit einer ungeschickten Bewegung von sich. Es fällt neben dem Bett auf den Boden, die Kante trifft deinen Fuß.

»Papa soll vorlesen«, quengelt sie. »Nicht du!«

Es ist wie ein Reflex. Dein Arm schnellt hoch, deine Hand schlägt zu. Das klatschende Geräusch, als deine Handfläche auf ihre Wange trifft, ist so laut, dass du fürchtest, er könnte etwas gehört haben.

Sie zieht eine Flunsch. Ihre Augen füllen sich mit Tränen.

Du murmelst hastig ein *Estutmirleid*, senkst den Blick und verschränkst die Finger deiner Hände im Schoß. »Ich kauf dir ein neues Kleidchen für deine Barbie, ja?«

Du schaust auf, wiederholst das »Ja?«

Sie schüttelt heftig den Kopf. »Nein«, sagt sie und zieht die Nase hoch.

»Willst du lieber in den Zoo?«, fragst du. »Zu den Eisbären?«

Kurz blitzt ein Leuchten in ihren Augen auf. Du willst schon aufatmen, da sagt sie: »Nein, danke, Mama. Ich will nichts mehr geschenkt von dir.« Dann zieht sie die Bettdecke über sich, legt den Kopf auf das Kissen und schließt die Augen.

Du zögerst, öffnest den Mund, um etwas zu erwidern, aber dir fallen keine Worte ein. Du stehst auf und verlässt mit gesenktem Kopf ihr Zimmer.

Er sitzt im Wohnzimmer vor dem Fernseher. Die Beine auf dem Couchtisch, daneben die noch nicht geöffnete Flasche Bier. Es läuft Fußball.

Er sieht nicht auf, als du an ihm vorbei zur Terrassentür gehst. Du öffnest sie. Ein Schwall kalter Luft strömt herein, lässt dich kurz schaudern.

»Schläft sie?«, fragt er hinter deinem Rücken.

Du nickst, murmelst ein »Ja« und trittst auf die Terrasse. Die Arme um den Oberkörper geschlungen atmest du die kühle Luft in tiefen Zügen ein. Es ist dunkel. Der Himmel hängt schwarz und wolkenschwer über dir. Für morgen haben sie Schnee vorausgesagt. Viel Schnee.

Er hat versprochen, mit ihr rodeln zu gehen. Sie hat gestrahlt und in die Hände geklatscht. »Au ja«, hat sie gerufen. »Nur ich und du!«

Er hat gelacht und ihr verschwörerisch zugezwinkert: »Nur du und ich!«

Jubelnd ist sie ihm um den Hals gefallen. Er hat sie fest an sich gedrückt und ihren Scheitel geküsst – ein flüchtiger Blick in deine Richtung.

Eifersucht. Wie ein Stachel hat sie sich in dich hinein gebohrt. Du hast dich schnell weg gedreht, so getan, als hättest du seinen schuldbewussten Blick nicht bemerkt.

Du ziehst ein Feuerzeug und eine zerknautschte Packung Zigaretten aus der Hosentasche, zündest dir eine an. Ein Gefühl von Leere breitet sich in dir aus. Du ziehst den Rauch tief in deine Lungen, atmest ihn als Wattewölkchen wieder aus.

Du hörst ein Geräusch hinter dir und drehst dich um. Durch die Fensterscheibe beobachtest du, wie sie in ihrem Schlafanzug, den braunen Plüschhasen mit den Schlapperohren unter den Arm geklemmt, zu ihm aufs Sofa klettert, sich auf seinen Schoß schmiegt. Er legt die Arme um sie, streicht ihr liebkosend übers Haar. Sie reden leise miteinander.

Du verstehst nichts von dem, was sie sagen.

Du spürst, wie deine Gesichtszüge verhärten, rauchst in hastigen Zügen und lässt die beiden nicht eine Sekunde aus den Augen.

Jetzt gerade schlingt sie ihm ihre Arme um den Hals, drückt ihr Gesicht in die Kuhle seiner Halsbeuge. So verharren sie eine Weile. Dann fasst er unter ihre angewinkelten Beine und erhebt sich. Sie legt ihren Kopf auf seine Schulter und schließt die Augen. Mit schnellen Schritten trägt er sie durchs Wohnzimmer aus deinem Blickfeld.

Du stellst dir vor, wie er sie sacht in ihr Bett legt, sich zu ihr hinunter beugt, sie liebevoll zudeckt, wie er ihr eine Haarsträhne aus der Stirn streicht, sie zärtlich küsst und: »Träum schön, meine kleine Prinzessin«, flüstert.

Ein Würgen kriecht deine Kehle hoch, du schluckst es mühsam hinunter, wartest auf die Tränen. Aber sie wollen nicht fließen.

Du spürst etwas Feuchtes auf deiner Wange und schaust hoch zum Himmel. Schneeflocken trudeln dir entgegen. Du zerdrückst die Zigarette in dem Aschenbecher auf dem Terrassentisch, gehst wieder hinein und setzt dich aufs Sofa. Du starrst auf den Fernseher, ohne die Bilder zu sehen.

Es kann so nicht weiter gehen, denkst du.

Aber wie soll es weiter gehen?

Du weißt es nicht.

Er kommt zurück. Ohne ein Wort lässt er sich neben dich aufs Sofa fallen, beugt sich vor und vergräbt sein Gesicht in den Händen.

Halbzeit, verkündet der Sprecher im Fernsehen.

Ihr sitzt nah beieinander. Ihr berührt euch nicht.

Er greift nach der Fernbedienung, stellt den Ton aus.

Du verschränkst die Arme, lehnst dich zurück. Der Heizkörper unter dem Fenster gluckert leise. Der Kühlschrank in der Küche springt mit einem knackenden Geräusch an.

Er richtet sich abrupt auf. Als koste es ihn Kraft, die Spannung zu durchbrechen, holt er tief Luft. »Du hast sie geschlagen«, sagt er, den Blick auf die Wand gegenüber geheftet.

»Hat sie das gesagt?«

Er nickt. »Ja.«

»Sie lügt«, sagst du schnell und bist erstaunt, wie fest deine Stimme klingt.

»Sie lügt?«, wiederholt er.

»Ja.« Du nickst mit dem Kopf, zuckst mit der Schulter und

fühlst, wie die Röte brennend in deine Wangen steigt.

»Sicher?«, fragt er.

Du spürst seinen Blick auf dir und wendest dich ihm zu. Die Kälte in seinen Augen trifft dich unvorbereitet. Du erschrickst, schaust schnell weg, auf den Fernseher. Die blonde Nachrichtensprecherin zeigt lächelnd ihre weißen Zähne. Ihre Lippen bewegen sich tonlos.

Sein Blick lässt dich nicht los.

»Ach, herrje«, murmelst du schließlich, ohne ihn anzusehen. »Mir ist halt einfach die Hand ausgerutscht. Es war ein kleiner Klaps. Mehr nicht.«

Er sagt nichts. Du hörst seinen Atem.

Du drehst den Kopf und schaust durch das Fenster nach draußen. Im Licht der Straßenlaterne tanzen dicke Schneeflocken.

Du hältst die Stille nicht länger aus. »Was willst du von mir hören? Dass es mir leid tut? Ja, gut, es tut mir leid. Ich wollte es nicht. Es ist einfach passiert. Sie provoziert mich.« Deine Stimme ist mit jedem Wort lauter geworden. Du schreist. »Und hinterher rennt sie zu ihrem heiß geliebten Papa und beschwert sich über die böse, böse Mama.«

»Mein Gott«, sagt er mit tonloser Stimme. »Sie ist doch noch ein Kind. Gerade mal fünf.«

»Ich weiß«, sagst du. Deine Wut ist so schnell, wie sie aufgeflammt ist, wieder erloschen. Du legst eine Hand auf seinen Arm. »Ich verstehe es selbst nicht. Irgendetwas läuft schief. Ich will das ja auch nicht. Ich ... Sie ...« Du suchst nach Worten, findest sie nicht.

Er greift nach der Fernbedienung, deine Hand rutscht von seinem Arm. Er stellt den Ton wieder laut. Das Fußballspiel geht weiter.

»Schlag sie nie wieder«, sagt er, ohne seine Augen vom Bildschirm zu nehmen. »Nie wieder! Hörst du?«

»Ja«, flüsterst du.

Du bleibst neben ihm sitzen, starrst auf den Bildschirm. Du bekommst nichts von dem Spiel mit. Wie gerne würdest du dich an ihn anlehnen. Du sehnst dich nach seiner Berührung. Nach seinem liebevollen Blick.

Du stehst auf. Dein »Schlaf gut« bleibt unbeantwortet.

Du liegst die ganze Nacht wach. Lauschst seinen tiefen Atemzügen. Manchmal schnarcht er leise.

Ein Gedanke drängt in dein Bewusstsein, hakt sich fest, nistet sich ein. Du wirst ihn nicht wieder los.

Am Morgen ist die Welt draußen in pudriges Weiß getaucht. Es hat die ganze Nacht geschneit. Die Äste des kleinen Apfelbaums im Garten biegen sich unter der Last des Schnees.

Es ist Sonntag. Ihr sitzt zusammen am Frühstückstisch. Du bist müde. Fühlst dich wie in Watte gepackt.

Sie strahlt, zappelt auf ihrem Stuhl, bekleckert sich mit Milch, plappert aufgeregt.

Wie sie sich auf das Rodeln mit ihrem Papa freut, denkst du.

»Willst du nicht doch mitkommen?«, fragt er.

Du schüttelst den Kopf. Er kann seine Erleichterung nur schlecht verbergen. Ein flüchtiger Abschiedskuss auf deine Wange.

Du stehst frierend an der Gartenpforte, die Arme verschränkt siehst du ihnen nach. Der Wind wirbelt Schneeflocken durch die Luft. Er zieht den Schlitten, auf dem sie thront, dick eingemummelt in Gelb, Grün und Rot. Ein bunter Fleck in all dem Weiß.

»Schneller, Papa!«, ruft sie und klatscht in die Hände.

»Ihr Wunsch ist mir Befehl, Prinzessin«, antwortet er und beschleunigt seine Schritte. Die Kufen des Schlittens hinterlassen schmale Spurrillen im Schnee.

Der übergewichtige Nachbar-Dackel in einem grün-karierten Mäntelchen schnauft schwanzwedelnd auf dich zu. An der Leine dahinter folgt die Nachbarin. Sie grüßt freundlich, sagt: »Was für ein entzückendes Bild. Der Papa mit seinem Töchterchen.«

Du drehst dich um und gehst grußlos ins Haus zurück. Die Frau sieht dir hinterher, setzt kopfschüttelnd ihren Weg fort.

Du ziehst die Tür hinter dir zu, bleibst in der Diele stehen. Das Haus kommt dir leer vor ohne die beiden. Du weißt nichts mit dir anzufangen.

Ein schriller Ton zerbricht die Stille. Du schreckst auf. Das Telefon klingelt. Du löst dich aus deiner Starre, schlurfst ins Wohnzimmer.

»Ja?«

»Na, endlich«, sagt dein Vater. »Wo hast du denn gesteckt?«

»Hallo, Paps.« Du freust dich, seine Stimme zu hören. »Schön, dass du anrufst.«

»Wie geht es meiner kleinen Prinzessin?«, fragt er. Seine Stimme wird ganz weich, zärtlich.

»Ach, Paps«, sagst du, und Tränen schießen dir in die Augen. Bevor du *gar nicht gut* antworten kannst, sagt er: »Hol sie mir doch mal ans Telefon, ja?«

Du fühlst dich, als würde alle Luft aus deinem Körper entweichen.

Im Hintergrund hörst du deine Mutter rufen: »Ich will auch mit der Kleinen sprechen.«

»Jetzt warte doch mal«, weist dein Vater sie barsch zurecht. »Quatsch mir nicht immerzu dazwischen.«

»Sie ist nicht da«, sagst du. Deine Stimme klingt seltsam tonlos. Du drückst das Gespräch weg. Es dauert nur wenige Sekunden, da beginnt das Telefon in deiner Hand wieder zu klingeln. Du wirfst es von dir, als würde es brennen. Scheppernd schlägt es auf den Steinfliesen auf, zerbricht in zwei Teile. Das Klingeln verstummt augenblicklich.

Dein Atem geht schwer. Du möchtest heulen. Laut schreien. Etwas zerschlagen.

Stattdessen gehst du langsam nach oben. Vor ihrer Tür zögerst du kurz. Dann gibst du dir einen Ruck und gehst hinein. Ihre Spielsachen liegen verstreut auf dem Teppich. Du steigst über sie hinweg, setzt dich auf ihr Bett, atmest ihren Geruch ein.

Ich bin nicht mehr da, denkst du.

Du schließt die Augen. Siehst die Szene im Krankenhaus

wieder vor dir. Die Schwester, die dir das schreiende Baby in den Arm legte und mit einem Lachen in der Stimme sagte: »Die Kleine kann sich durchsetzen, das hört man.«

Und du? Du schautest in das kleine, rot verzerrte Gesicht und fühltest dich hilflos.

Mit ausgestreckten Armen lässt du dich zurück sinken und schaust an die Decke. Dein Kopf ist leer. Kein unangenehmes Gefühl.

Als die Haustür ins Schloss fällt, schreckst du hoch. Du hörst sie miteinander lachen. Laut und fröhlich.

Wieso rufen sie nicht nach mir, denkst du. Sofort ist der Schmerz wieder da, deine Kehle wird eng. Du richtest dich auf, gehst nach unten, zu ihnen in die Küche.

»Was ist denn mit dem Telefon passiert?«, empfängt er dich.

»Es ist mir aus der Hand gefallen«, sagst du. »Ich fürchte, es ist kaputt.«

»Mama hat das Telefon kaputt gemacht!«, ruft sie kichernd.

Du beachtest sie nicht, sagst: »Ich kaufe uns morgen ein neues.«

Er betrachtet dich. Du liest etwas in seinen Augen, was du nicht einordnen kannst. Argwohn? Misstrauen? Abneigung?

»Mama hat das Telefon kaputt gemacht«, singt sie hinter deinem Rücken. »Mama hat das Telefon kaputt gemacht.«

Du bist kurz davor, sie anzuschreien. Du beißt dir auf die Unterlippe. Schmeckst Blut. An seinem Blick siehst du, dass er weiß, was in dir vorgeht.

Er wendet sich von dir ab, hebt sie vom Stuhl. »Ab mit dir in die Wanne, du kleiner Dreckspatz«, sagt er.

»Aber ich will Kakao!«, protestiert sie.

»Später«, verspricht er und schiebt sie aus der Küche.

»Ich kann euch doch einen Kakao kochen«, sagst du leise. Doch die beiden sind schon auf der Treppe. Sie hören dich nicht mehr.

Von oben dringt ihr Gelächter zu dir. Der Druck auf deinem Brustkorb nimmt dir die Luft zum Atmen. Panik kriecht in dir hoch.

Du stürzt aus der Küche, reißt deinen Mantel von der Garderobe, denkst im letzten Moment daran, dir Schuhe anzuziehen und rennst aus dem Haus.

Es dämmert bereits, als du zurück kommst. Du klopfst den Schnee von deinem Mantel, ziehst die Schuhe aus. Dein Gesicht im Garderoben-Spiegel kommt dir fremd vor. Unter den Augen sind dunkle Schatten. Deine Lippen sind blau vor Kälte.

Er fragt dich nicht, wo du gewesen bist. Er sagt: »Dein Vater hat mich auf dem Handy angerufen. Was zum Teufel ist los mit dir?«

Die Kleine sitzt, ihren Hasen im Arm, vor dem Fernseher. Sie schaut sich einen Kinderfilm an. Mit offenem Mund folgt sie gebannt dem Geschehen auf dem Bildschirm. Wie ein Zombie, denkst du.

»Ich habe dich was gefragt«, sagt er. »Was ist los mit dir?«

Du schüttelst den Kopf, kämpfst mit den Tränen und gehst ohne eine Antwort nach oben ins Bad. Du lässt Wasser ein, ziehst dich aus und steigst in die Wanne.

Wie durch einen Filter nimmst du die Geräusche in der Wohnung wahr. Erst als das Wasser so kalt ist, dass du schlotterst, verlässt du die Wanne. Du legst dich ins Bett. Nass und nackt und schläfst auf der Stelle ein.

Am nächsten Morgen wirst du vom Piepton seines Weckers wach. Du wartest, bis du das Rauschen der Dusche hörst, dann stehst du auf, gehst hinunter in die Küche, setzt Kaffee auf, holst im Morgenmantel die Zeitung aus dem Briefkasten, stellst Milch und Tassen auf den Tisch. Wie immer.

»Geht es dir wieder besser?«, fragt er hinter deinem Rücken.

Du hast ihn nicht kommen hören, zuckst kurz zusammen, deine Hand mit der Kaffeetasse zittert. Dann hast du dich wieder gefangen. Mit einem Lächeln auf den Lippen drehst du dich zu ihm um.

»Ja«, sagst du und: »Entschuldige. Ich weiß selbst nicht, was in letzter Zeit mit mir los ist.«

Er neigt leicht den Kopf, sieht dich forschend an.

Du lächelst weiter, hoffst, dass er nicht merkt, wie unecht dieses Lächeln ist. »Kaffee?«, fragst du schnell.

Er schüttelt den Kopf. »Ich bin eh schon zu spät dran.«

Du nickst verständnisvoll, das Lächeln klebt auf deinem Gesicht.

»Wir müssen reden«, sagt er.

»Ja«, sagst du.

»Heute Abend?«

»Heute Abend«, wiederholst du.

Er geht. Ohne Abschiedskuss.

Du wartest auf das Gefühl der Verzweiflung. Aber es bleibt aus.

Du atmest tief durch. Dann gehst du nach oben und weckst sie. Schweigend hilfst du ihr beim Anziehen. Sie ist verschlafen, mürrisch, mault: »Will nicht in die Kita.«

»Du musst da heute auch nicht hin«, sagst du.

Sie sieht dich erstaunt an. »Nein?«

»Nein.«

Sie tappt vor dir die Treppe hinunter in die Küche, klettert auf ihren Stuhl.

»Willst du Kakao?«, fragst du.

Sie nickt eifrig. »Au ja.«

Du machst die Milch auf dem Herd heiß, nimmst drei von den Tabletten aus dem Röhrchen und zerkleinerst sie mit dem Mörser. Zusammen mit dem Kakaopulver rührst du sie in die heiße Milch ein.

Du stellst ihr den Becher hin. »Heiß. Erst pusten«, sagt sie und bläst die Backen auf.

Du schüttest den Rest der Tabletten in deine Hand und spülst sie mit dem lauwarmen Kaffee hinunter.

Sie umfasst den Becher mit beiden Händen und trinkt schmatzend. »Lecker«, sagt sie und leckt sich mit der Zunge über die Lippen.

»Komm«, sagst du. »Wir müssen los.«

»Wohin gehen wir?«, fragt sie.

»Zum See«, sagst du. Du nimmst ihre Jacke von der Garderobe und reichst sie ihr.

»Enten füttern?«, freut sie sich.

Du nickst und kniest vor ihr nieder, um die Schnürsenkel zu binden.

»Das kann ich schon alleine«, sagt sie und stößt deine Hand weg.

»Dann mach«, sagst du und richtest dich auf.

Du ziehst dir den Mantel und die Schuhe an und wartest geduldig, bis sie die Schnürsenkel zu unordentlichen Schleifen gebunden hat.

»Fertig«, verkündet sie stolz. Du nimmst sie an der Hand. Sie fühlt sich warm und weich an.

»Puh«, sagt sie. »Eisekalt, deine Hand.« Sie versucht dir ihre zu entwinden. Du hältst sie fest. Die Haustür ziehst du hinter euch ins Schloss, ohne abzuschließen.

Hand in Hand geht ihr durch die verschneiten Straßen Richtung Wald. Der Schnee knirscht unter euren Schuhen. Als sie anfängt zu gähnen, nimmst du sie auf den Arm. Sie legt den Kopf auf deine Schulter und ist Sekunden später eingeschlafen. Auch du spürst die Wirkung der Tabletten und beschleunigst deine Schritte. Niemand begegnet euch auf dem Weg durch den verschneiten Wald. Deine Schritte werden schleppend, immer wieder fallen dir die Augen zu.

Du verlässt den Forstweg. Stolperst mit ihr auf dem Arm durch das Unterholz. Sie ist schwer. Du kannst dich kaum noch auf den Beinen halten. In einer kleinen Lichtung bleibst du stehen, verharrst eine Weile, dann beugst du dich hinunter, lässt sie auf den Boden gleiten. Du schwankst, gehst in die Knie, kippst zur Seite. Du spürst nicht den Schmerz, nicht die Kälte. Du spürst nichts. Der Schnee fällt in dicken Flocken.

Das bunte Mädchen

Volker Bitzer

Die Schlange ist lang. Hunderttausend Meter lang für das kleine Mädchen in dem geblümten Sommerkleid, das ungeduldig an der Einkaufstasche seiner Mutter zerrt. Immer wieder ermahnt die Mutter die Kleine, die dann jedes Mal für einen kurzen Augenblick schmollend, die Hände hinter dem Rücken versteckend, mit gesenktem Kopf innehält, um gleich darauf wieder laut protestierend mit dem Fuß aufzustampfen. Schließlich versteckt sie sich in dem langen Rock der Mutter und sieht sich neugierig unter den Wartenden um.

Vor ihnen steht ein untersetzter Mann mit Halbglatze, dem das Hemd etwas aus der Hose gerutscht ist und der sich ständig mit einem Taschentuch den Schweiß von der Stirn wischt. Er atmet schwer. Auch kann er sich nicht mit dem Tempo anfreunden, mit dem es in der Schlange voran geht. Er ruft: »Geht das nicht schneller?«, nach vorne.

Übermütig dreht sich das Mädchen plötzlich aus dem Rock der Mutter und stolpert beinahe über die roten Lackschuhe mit den hohen Absätzen, die die Frau hinter ihnen trägt. Mit offenem Mund starrt die Kleine nun fasziniert diese Frau an, die auf sie herab blickt und ihre grell-pink-geschminkten Lippen zu einem künstlichen Grinsen verzieht. Wie eines der Wesen aus der Geisterbahn erscheint dem kleinen Mädchen die Frau, was noch von deren schwarzer Netzstrumpfhose und dem dick aufgetragenen dunkelgrünen Kajalstrich um ihre Augen verstärkt wird.

Langsam geht es weiter, und jäh wird die Kleine durch ein kräftiges Ziehen der Mutter an ihrem Arm in ihrem Forschungsdrang gestört. Schon erkundigt sich der Mann hinter dem Bonbontresen beflissen nach den Wünschen des schwitzenden Dicken. Dieser kramt daraufhin hektisch in seinen Hosentaschen herum, findet dort aber kein Geld und tritt, eine kaum vernehmbare Entschuldigung murmelnd, einen Schritt zur Seite.

»Naaa, und was möchte die junge Daaame?« Die Worte des Verkäufers klingen wohl einstudiert, seine Stimme wie die aus einem schlechten Werbespot. Schutz suchend umklammert die Kleine die Beine ihrer Mutter. Diese beugt sich zu ihr hinunter, beschwichtigt sie und hebt sie zu sich empor auf den Arm. Für einen kurzen Augenblick verliert die Kleine ihre Scheu. Mit offenem Mund und glänzenden Augen bestaunt sie ungläubig die vielfarbige Welt aus Lakritz, Karamell, Weingummi und Zuckerguss, die sich ihr auf dem Bonbontresen eröffnet. »Nun?«, fragt der Verkäufer nach – jetzt schon ungeduldiger. »Vielleicht Lakritz?« Hierauf senkt die Kleine ihren Kopf und verzieht den Mund. Ungeduldig drückt die Mutter sie fester an sich. Auch die grell Geschminkte wird unruhig, sagt abfällig: »Typisch kleine Kinder«, und klappert laut auf der Stelle tretend mit ihren hohen Absätzen auf dem Bürgersteig.

»Was ist denn deine Lieblingsfarbe?«, will der Verkäufer jetzt wissen. Endlich blickt die Kleine auf, so als hätten die Worte des Mannes hinter dem Tresen sie an etwas Wichtiges erinnert. »Bunt!«, ruft sie laut in die Runde und wiederholt es mehrfach, so dass es auch alle hören können: »Bunt, bunt, bunt, bunt, bunt!« Ein vielstimmiges Gelächter folgt. Der schwitzende Dicke schallt laut über alle hinweg mit seinem tiefbassigen »Ho, ho, ho!«, was die grell Geschminkte mit nervtötendem Gackern untermalt. Das Ganze wird auf der anderen Seite des Tresens von dem Verkäufer, der es schafft, seine Ungeduld mit einem Lachen zu vereinbaren, erwidert.

Als sich alle wieder etwas beruhigen, wird die Kleine plötzlich sehr ernst, legt ihre Stirn in Falten und presst die Lippen aufeinander, so als konzentriere sie sich auf etwas. Dann spricht sie: »Erst Blau, dann Grün und auch ein bisschen Gelb«, sagt sie langsam, und ihre Stimme klingt traurig. »Erst Blau, dann Grün und auch ein bisschen Gelb«, wiederholt sie, erneut überlagert vom nicht enden wollenden Gelächter der Umstehenden.

Daraufhin versucht sie sich, wild um sich schlagend und strampelnd, aus den Armen der Mutter zu befreien. Und mit einem riesigen Energieaufwand gelingt es ihr schließlich, durch eine kleine Lücke im Dickicht der mütterlichen Arme auf den Boden zu entwischen. Während sie dort blitzschnell auf die Beine kommt und losläuft, greift die Mutter nach ihr und erwischt gerade noch den Kragen des Kleides ihrer Tochter. Diese jedoch reißt sich los, so dass ihr dünnes Sommerkleid entzweit wird, und rennt davon.

Dann sieht man ihren Rücken.

Unterer Totpunkt

Antje Fries

Irgend etwas stimmte nicht. Es war so ruhig, so verdammt ruhig. Das Ticken des Weckers, das Viktor Werbel ansonsten zum Wahnsinn brachte, fehlte. Gabys leises Schnaufen auf dem Kissen neben ihm ebenfalls. Es war sonst immer zu hören, da Gaby früher zu Bett ging und länger ausschlief. Seine Bandscheibe meldete sich, die neue Matratze brachte also auch nicht die erhoffte Erlösung. Und schließlich merkte er, dass es gar nicht die Matratze sein konnte, auf der er lag. Nachdem ihm all dies im Bruchteil einer Sekunde durch den Kopf geschossen war, öffnete Viktor Werbel abrupt die Augen.

Er lag nicht in seinem Bett. Und das war auch nicht die Decke des Schlafzimmers, an die er starrte. Es war einer der neuen Stößel. Du meine Güte, da musste er gestern Abend aber ordentlich einen draufgemacht haben, wenn er sich tatsächlich zum Schlafen in der Fabrikhalle auf dem Tischkissen der vor wenigen Monaten eingeweihten Hydraulikpressen ausgestreckt hatte. Dieser Begriff war definitiv beschönigend, das wusste er jetzt: Weich war an diesem *Kissen* absolut nichts. Kein Wunder, dass ihm nach Stunden auf dem metallenen Untergrund nun alles weh tat. Üble Kopfschmerzen plagten ihn zudem. Was gäbe er jetzt für ein Tablettchen!

»Bis heute Nachmittag, mein Schatz! Spiel schön!«, verabschiedete Mira Valbene ihre jüngere Tochter wie jeden Morgen, nachdem sie die ältere bereits an der Grundschule abgesetzt hatte. Wenn der morgendliche Termin-Stress mit den Kindern erledigt war, hatte sie erst einmal Zeit für sich. Zur Arbeit musste sie heute erst gegen Abend. Genüsslich zündete sie sich eine Zigarette an, die sie ungeniert direkt vor dem Eingang des Kindergartens rauchte. An den abschätzigen und manchmal strafenden Blicken der anderen Eltern störte sie sich nun wirklich nicht. Sie genoss den Anblick ihres silbrig glänzenden Cayenne, der in der Morgensonne funkelte und ihr bewies, dass sie eine erfolgreiche Frau war. Und das trotz zweier Kinder und eines verschwundenen Gatten. Ihre unregelmäßigen Arbeitszeiten waren längst kein Problem mehr, seit ihr Bruder und seine Frau von daheim in Sizilien dafür sorgten, dass sie jedes Jahr ein neues Kindermädchen bekam, das bereitwillig zu allen Tages- und Nachtzeiten die Kinder hütete. Mira warf die Kippe achtlos in den Rinnstein und ging auf ihren Wagen zu. Sie freute sich auf den Job heute Abend, der war gut vorbereitet.

Viktor Werbel wollte sich mit Schwung aufsetzen, wie er es an jedem Morgen tat, doch nun merkte er, dass er nicht hoch kam, so sehr er sich auch anstrengte. Die Knochen taten ihm weh, aber das nicht nur wegen der harten Unterlage, sondern auch wegen der ungewohnten Körperhaltung: Alle Viere weit von sich gestreckt lag er da. Nur den Kopf konnte er noch drehen, aber das unterließ er der Kopfschmerzen wegen sowieso besser. Wie war er hierher gekommen? Werbel ergab sich vorerst in sein Schicksal: Zuerst nachdenken, das hilft immer. Doch so sehr er auch grübelte, er konnte sich nicht erinnern, dass er spät abends noch in die Firma gefahren war - gefahren? O Gott! Er unternahm einen weiteren Versuch, von seinem unbequemen Nachtlager aufzustehen und musste dann doch den Kopf bewegen, um endlich herauszufinden, warum er nicht in die Senkrechte kam: Bewegungsunfähig lag er an Armen und Beinen gefesselt auf dem Tischkissen.

»Sicher, wo denkst du hin!«, knurrte Mira Valbene ärgerlich in ihr Handy. Glaubte der Chef etwa, sie habe die Lage nicht im Griff? Sie würde ihre Arbeit erledigen, wie sie es seit Jahren tat. Nur weil ihr beim letzten Treffen im »Da Giorgio« beim Suchen nach dem bimmelnden Mobiltelefon auch ein bunter Zettel mit der Einladung zum Kindergartenfest aus der Handtasche gerutscht war, konnte er sie doch nicht einfach als ganz normale italienische Mamma abstempeln! Nach allem, was sie für ihn geleistet hatte! Mira klatschte wütend mit der flachen Hand an die Terrassentür und starrte in den Garten, während ihr Gesprächspartner leise und eindringlich weiter auf sie einredete. »Paolo, ich bin voll im Zeitplan, was willst du also?«, fragte sie und lehnte sich mit der Stirn ans Glas. Kapierte der denn überhaupt nicht, worum es ging? Sie wollte ihre Arbeit lieber gut als übereilt machen, das würde sich später auszahlen. Doch ihr Chef schien anderer Ansicht zu sein und forderte noch einmal mehr Tempo, bevor er das Gespräch beendete.

»Nicoletta, die Terrassentür müsste mal wieder geputzt werden!«, rief Mira dem Kindermädchen zu, das vor dem Fernseher saß und mühsam versuchte, dem Sprachprogramm »Deutsch für Alle« zu folgen.

Der Stößel über ihm senkte sich ganz leicht. Einen Zentimeter nur, aber das leise Knacken kannte Viktor Werbel: Wenn irgend jemand die Verriegelung vergessen und danach die laute Hydraulikpumpe zum Wochenende abgeschaltet hatte, sackte der Stößel nach und nach ab. In der Hydraulik gab es immer irgendwo Leckagen, sodass der Totpunkt nicht gehalten werden konnte. Das hatte er montags schon öfter bemerkt, dass die Stößel nicht am oberen Totpunkt standen, sondern unten auf dem Tischkissen.

Das war nicht weiter schlimm, doch noch nie hatte *er* dazwischen gelegen. 50 Tonnen Druck erwarteten ihn ...

Werbel brach der Schweiß aus. Er zerrte an seinen Fesseln und drehte nun doch den Kopf auf die Seite, um vielleicht sehen zu können, wo und wie er vertäut war. Hatte er sich gestern etwa dermaßen die Kante gegeben, dass er die Frau abgeschleppt hatte und mit ihr hier gelandet war, um ihr zu zeigen, wer er war? Nur ein Chef konnte sich Fesselspielchen, die er sonst liebte, in einer Fabrikhalle gönnen. Das hatte er noch nie versucht, aber ihm gefiel die Idee. Immerhin konnte er so weit nach unten sehen, dass er seine offene Hose bemerkte. Bedauerlicherweise erinnerte er sich nicht mehr an den Orgasmus. Und wieso hatte ihn das Girl nicht wieder losgebunden?

Chiara und Maria Valbene sprangen ausgelassen durch den Garten. Ihre Mutter saß derweil auf dem Sofa im Wohnzimmer, rollte sich in aller Ruhe die Seidenstrümpfe hoch, bis sie perfekt saßen, und warf von Zeit zu Zeit einen Blick auf die hüpfenden rosa Mädchen auf dem Rasen. Sie musste lächeln: In Rosa wäre sie niemals zur Arbeit erschienen, aber sicher wüchse sich diese ebenso unumstößliche wie unerklärliche Farb-Präferenz mit den Jahren noch aus. Und wenn nicht? Mira schlüpfte in ihre dunklen Pumps und rief die Kinder zu sich, um sich zu verabschieden: »Und macht Nicoletta keinen Ärger, hört ihr?« Die Kleine nickte artig, aber die Größere lachte nur und streckte dem Kindermädchen die Zunge heraus.

»Non farti arrabiare, Nicoletta!«, sagte Mira zum Abschied, doch die junge Sizilianerin sah nicht so aus, als wolle ihr das gelingen.

Es knackte wieder über Viktor Werbel. Nervös blickte er nach oben und stellte fest, dass sich der Stößel diesmal deutlich gesenkt hatte. Ein Meter noch, nicht viel mehr!

Werbel begann zu schreien: »Haalloooo! Hiiilfe!«, aber beinahe erwartungsgemäß kam niemand, ihn zu befreien. Samstags in einer mehrere tausend Quadratmeter großen Fabrikhalle mitten in einem am Wochenende völlig verwaisten Industriegebiet, was erwartete er da auch?

Werbel riss jetzt fester an den Fesseln, kam jedoch nicht los, sondern spürte, wie die Bänder, die ihn am Tischkissen fixierten, in die Haut einschnitten und wie Schmerzen in der rechten Schulter dazu kamen, als hätte er sich das Gelenk ausgekugelt. Dem war zum Glück nicht so. Obwohl das auch egal gewesen wäre, dachte Viktor Werbel in einem Anflug von Sarkasmus: Wenn er ohnehin gleich platt wäre, bräuchte er kein funktionierendes Schultergelenk mehr.

Die Hydraulikpressen hatten eine Stange Geld gekostet,

aber sie arbeiteten auch einwandfrei. Diese hier stand allein, aber gleich nebenan hatte Werbel in eine moderne Pressenstraße investiert: Vier Pressen, die Fahrtische jeweils rechts und links davon stehend. Die Werkstücke montierten seine Leute auf den Fahrtisch, der später automatisch in die Presse einfuhr, derweil auf der anderen Seite schon das nächste Werkstück montiert werden konnte. Perfekt automatisiert, Werbel hatte dadurch einige Arbeitskräfte einsparen können.

Aber dieser Stolz half ihm auch nicht weiter. Nicht jetzt. Der Stößel war weiter abgesunken.

Den Cayenne hatte sie gegen einen gemieteten Audi getauscht, ein unauffälliges, aber schnelles Gefährt. Der Mann, den Mira Valbene zu treffen gedachte, bewegte sich viel zu öffentlich, als dass ihr eigenes Auto nicht irgend jemandem aufgefallen wäre. Um ihr Äußeres machte sie sich keine Sorgen: In Kindergarten und Schule war sie nur in Jeans und Pullovern bekannt, und ansonsten fand ihr Privatleben ausschließlich zu Hause statt, sodass niemand sie so schnell mit dem Vamp in engem Kostüm und hohen Schuhen in Verbindung bringen würde, der jetzt auf das Nobelrestaurant zu schritt. Die kunstvoll aufgesteckte Frisur war eine Perücke, darunter trug Mira eine praktische Kurzhaarfrisur. Der junge Mann am Empfang riss sich geradezu darum, Mira zum Tisch zu geleiten, an dem ihre Verabredung bereits wartete. Da saß er! Miras Herz schlug ein klein wenig schneller, obwohl sie solche Situationen doch seit Jahren kannte. So lief es immer ab: Ein Treffen in noblem Rahmen, eher kurze Verhandlungen über das Geschäftliche, dann ab nach Hause, und der Spaß konnte beginnen. Das war eine von Miras Bedingungen: Niemals auf neutralem Boden, immer in gewohnter Umgebung für den Mann, damit er sich sicher und locker fühlte. Ob das nun in seinem Schlafzimmer oder seinem Büro war, blieb für Mira völlig gleich. Sie straffte sich noch einmal und reichte dem strahlenden Mann am Tisch ihre Rechte: »Buona sera ...«, hauchte sie mit tiefer, rauchiger

Stimme, ließ sich die Hand küssen und glitt elegant auf den Stuhl, den der junge Mann vom Empfang längst für sie zurecht gerückt hatte.

Das waren höchstens noch sechzig Zentimeter über seiner Nasenspitze.

James Bond geriet dauernd in solche Situationen, und der kam jedes Mal davon. Wenn nicht aus eigener Kraft, so durch die Hilfe einer kaffeebraunen Spionin, die in diesem Moment zur Doppelagentin wurde. Noch einmal brüllte Werbel aus Leibeskräften um Hilfe. Weniger, weil er Hilfe erwartete, sondern vielmehr, damit er sich nichts vorzuwerfen hatte.

Er starrte eine Zeitlang gedankenverloren auf den Fußboden. Leere. Betongraue Leere, in die sich plötzlich die dunkle Spitze eines eleganten Pumps schob. Die Spionin?

Viktor Werbel musste beinahe grinsen: Da ging es um sein Leben, und er hatte, statt um Hilfe zu bitten, nichts Besseres vor als alten Filmen nachzuhängen.

Dennoch genoss er es, den Blick nur langsam zu heben und an der schlanken Fessel und dem wohlgeformten und edel bestrumpften Bein hoch gleiten zu lassen. Dieses Bein kam ihm bekannt vor!

Werbel hatte in seine Firma gewollt. Zu Hause träfe man eventuell auf seine Gattin, und das wolle er doch lieber vermeiden. Das konnte die Frau sich vorstellen. Also fuhr sie mit ihm auf das weitläufige Gelände seines Unternehmens und parkte vor dem Bürogebäude. Er führte sie in sein Büro, wo er zwei Whisky eingoss, ohne zu fragen, ob sie welchen mochte.

Sie setzte sich neben ihn auf ein schwarzes Ledersofa, nahm das angebotene Glas aber nicht. »Was ist, du Schöne?«, fragte er.

»Lass uns jetzt zum Geschäftlichen kommen!«

»Wie – zum Geschäftlichen? Du bist eine ...?«

Sie lachte so laut heraus, dass er in Rage geriet: »Erst schickst du mir Briefchen, dass du dich auf dem Ball des Mittelstands in mich verguckt hast, ich lass mich drauf ein, und nun willst du bezahlt werden? Was für ein mieser Trick! Kriegst du sonst keine Freier?«

Sie lächelte milde und sagte: »Keine Sorge, so eine bin ich nicht. Du wärst auch gar nicht mein Typ!«

Er entspannte sich etwas und legte beide Arme seitlich auf die Rückenlehne des Sofas, sodass er beinahe den Arm um sie gelegt hatte. »Das sah im Restaurant vorhin aber noch ganz anders aus! Gib's schon zu, dass ich dich ganz schön anmache!«

Die Frau stand auf und lehnte sich an den Schreibtisch am anderen Ende des großzügigen Büros. »Okay, dann lass uns mal ...«

Werbel stand auf, griff nach ihrer Hand und hauchte ihr in den Nacken: »Ich zeig' dir meine Firma, da gibt es tolle Stellen, an denen du's garantiert noch nicht ausprobiert hast!«

»Garantiert noch nicht!«, nickte sie, als sie mit ihm das Büro verließ.

Wenn es um seine Firma ging, war er einfach nur stolz.

Kurz darauf zeigte sich die Frau beeindruckt von den riesigen Hallen, in denen modernste Maschinen standen, um wiederum modernste Bauteile für die Automobilindustrie herzustellen. »Wahnsinn! Sag mal, da drüben diese irre großen Pressen, ist da schon mal was passiert?«

Der Mann raunte ihr aufgeregt ins Ohr: »Wir können da ja mal was passieren lassen!«

»Genau so was hatte ich vor, Süßer. Leg dich doch einfach mal drauf, dann fällt uns schon was ein, oder?«

Eilig schob sich Viktor Werbel hoch auf das Tischkissen der gigantischen Hydraulikpresse. »Komm, hier wird's dir gefallen«, meinte er und öffnete im Liegen Gürtel und Hosenbund. Ein helles Lachen kam zurück, und er glaubte zu bemerken, dass auch sie sich voller Vorfreude die Kleidung lockerte. Er bemerkte noch zweierlei, bevor er einschlief: Seine phänomenale Erektion und einen Stich in den Oberschenkel.

Die Frau zog die Nadel aus seinem Bein und machte sich an ihre weiteren Aufgaben, bevor sie ging.

»Ob wir da mit einer Kuchenspende von Ihnen rechnen könnten?«, fragte die Frau am Telefon. Mira Valbene stand im Flur und kaute an einem Fingernagel. »Wissen Sie, alle Eltern bringen da irgendwas mit.«

»Ja, in Ordnung«, brummte Mira und beschloss, Nicoletta nicht mehr als eine Backmischung anrühren zu lassen. Immer diese Verpflichtungen! Sie war mit Leib und Seele Mutter, aber bitteschön zu Hause. Obendrein meinte die Frau am Telefon kurz darauf noch, man sehe Mira ja sowieso so selten bei Veranstaltungen, das solle sie ändern, denn es fiele ja auch auf ihre Töchter zurück.

»Ich habe etwas ungünstige Arbeitszeiten, wissen Sie«, versuchte sie auszuweichen.

»So? Wo arbeiten Sie denn?«

»Bei ... äh ... In der Gastronomie.«

»Ach ja, klar, ihr Italiener, das hätte ich wissen müssen!«, lachte die Frau.

»Ich bringe einen Kuchen mit. Wiederhören!« Wütend drückte Mira auf den roten Knopf ihres Telefons. Wahrscheinlich wüssten demnächst alle Eltern, dass sie in einer Pizzeria servierte oder so ähnlich. So ein Blödsinn! Andererseits eine gute Tarnung, grinste Mira in sich hinein. Maria rannte aus ihrem Zimmer bis in die Küche und sprang dort ihre Mutter an: »Mama, Mama, gehen wir heute endlich in den Zoo?«

»Gute Idee! Maria, das machen wir! Ich packe Proviant ein, und du sagst Chiara Bescheid.«

»Und Nicoletta!«

»Ach nein, lass die mal in Ruhe, dann hat sie mal frei, und wir drei haben uns ganz allein.«

»Na gut, Mama!« Maria flitzte zurück ins Kinderzimmer.

Mira Valbene lächelte zufrieden: Sie war der lebende Beweis dafür, wie gut sich Familie und Beruf miteinander vereinbaren ließen. Sie war hoch zufrieden.

Knappe dreißig Zentimeter über seinem Kopf hing der unbedingt tödliche Stößel, und was machte diese Frau? Sie sah zu!

»Mira! Mach mich los hier!«

»Guten Morgen, soviel Zeit muss sein, Viktor. Hast du gut geschlafen?«

»Ich habe nicht mehr viel Zeit, glaube ich. Mach mich los, ich bin schon ganz nass geschwitzt.«

»Ach je, mein Armer, hast du dich auch schon eingenässt?«

»Mira, bitte!«

»Jaja, das kriegen wir schon. Aber jetzt wirklich zum Geschäftlichen: Mein Chef schickt mich.«

»Dein Chef? Also gibst du zu, dass das mit der Verabredung ein Trick war?«

»Das schon. Aber mehr auch nicht. Laccio ist mein Chef. Das sagt dir doch was, ja?«

Der Mann erbleichte schlagartig. »Laccio? Aber wieso …?«

Mira drehte sich um und blickte in die Weite der Halle. »Du hast ihn enttäuscht.«

Werbel spürte, wie sein Puls beschleunigte. Dann fragte er: »Inwiefern?«

»Du schuldest ihm viel. Zu viel. Und du zahlst nicht pünktlich. Schon lange nicht mehr.«

»Woher weißt du das?«

Mira Valbene antwortete nicht. Hätte er vor ihr gestanden, hätte er ihr genervtes Augenrollen gesehen.

Es knackte wieder, der Stößel senkte sich erneut.

»Mira, es eilt! Wirklich, es ist kaum noch Zeit. Ich kenne die Maschine. Die macht nicht Halt!«

Auch für die letzten zwanzig Zentimeter nicht, das würde schon an ein Wunder grenzen!

»So, tatsächlich?« Sie stand in aller Ruhe neben der Presse.

»Du arbeitest wirklich für Laccio, was?«

»Wenn ich's doch sage! Er schickt mich. Er nimmt es mit den Rückzahlungen halt sehr genau.«

»Bitte, mach mich los. Er hat doch meine Lebensversicherung über zwei Millionen als Sicherheit. Im Moment bin ich halt nicht flüssig, das hab ich ihm doch auch schon ausrichten lassen.«

»Stimmt, von Mahnstufe eins und zwei weiß ich bereits. Jetzt lösen wir die Lebensversicherung ein.«

Werbel versuchte es noch einmal anders: »So eine wunderschöne letzte Mahnung.«

Sie fuhr herum und sagte kühl: »Ich bin die Stufe nach der letzten Mahnung, caro.«

Dann wandte Mira sich ab und verließ die Fabrikhalle.

Hinter ihr knackte es erneut.

»Mira! Komm zurück! Ich gebe dir Geld, hörst du, viel Geld! Aber mach mich los von hier!«

Das würde sie ihm sowieso nicht glauben, aber was sollte er schließlich noch rufen? Der Stößel berührte bereits seine Nasenspitze, sodass er den Kopf jetzt schräg legen musste, um nicht die Nase gebrochen zu bekommen.

»Hiiiilfe!«, schrie Viktor Werbel erneut. Nun reute ihn die ausgeprägte Sparsamkeit: Hätte er in einen Wachdienst investiert, der auch durch die Maschinenhallen und nicht nur außen am Gelände vorbei patrouillierte, wäre er längst gefunden worden. Es war hausgemachter Geiz, der ihn hier erledigte. Und natürlich seine eigene Habsucht: Laccio war kein Partner für Spielchen, das war längst bekannt. Dass er aber weibliche Kräfte einsetzte, um seine Zinsen einzutreiben, war Viktor neu. Eintreiben? Werbel brach zum x-ten Male der Schweiß aus. Nie, nie, nie hatte Laccio ihm Frauen geschickt, wenn er etwas von ihm wollte. Seit Jahren waren es Männer gewesen. Das konnte nur bedeuten, dass es jetzt ernst war. Sie würde ihn wirklich nicht losmachen! Es war vorbei! Sein letztes bisschen Hoffnung ließ er mitsamt einem Schwall heißen Urins fahren, als es im Rahmen knackte und der Stößel nun direkt sein Gesicht und den Brustkorb berührte. Panisch riss Viktor Werbel an den Fesseln. Er konnte sie zwar lockern, stieß dann aber immer wieder oben oder unten an die Presse, sodass er nicht weiterkam.

Warum hatte er nicht auf seinen Vater gehört? Zum ersten Mal im Leben ärgerte sich Viktor Werbel darüber. Immer nur

Geschäfte mit soliden deutschen Partnern, damit war Werbel Senior bestens gefahren. Aber er, er musste es dem Vater ja unbedingt zeigen und hatte aus der kleinen Maschinenfabrik ein dickes mittelständisches Unternehmen gemacht. Wenn er doch nur zufrieden gewesen wäre mit dem, was die Generationen vor ihm erwirtschaftet hatten!

Als der Stößel sich erneut wenige Zentimeter senkte, knackten neben der Maschine auch Viktor Werbels Wangenknochen und drei oder vier Rippen. Er wurde ohnmächtig.

Über das Wochenende hatte wieder einmal jemand die Verriegelung an einer der Hydraulikpressen vergessen. Zudem war ein merkwürdig rotbunter Brei aus der Presse gequollen. Nur anhand der Hand, die an eine Stange neben der Maschine gefesselt war und den Siegelring der Werbels trug, konnte man noch erahnen, dass es wohl der Firmenchef gewesen sein musste. Der Schichtleiter sperrte montags in aller Frühe die komplette Halle ab, bevor er die Polizei verständigte.

Die nur dank Beruhigungsspritzen ansprechbare Witwe gestand einige Stunden später, welches Vergnügen Viktor Werbel an Fesselspielchen gehabt habe. Allerdings nicht mit ihr. Sie hatte den Abend mit Mario verbracht, einem Ingenieur aus der Firma, der ihr schon seit Monaten die Zeit angenehmer zu gestalten wusste als ihr Ehemann.

Es war für die weiteren Ermittlungen unerheblich, dass der Mann, der den Brei vom Tischkissen abkratzen und in die Rechtsmedizin bringen sollte, sich neben der Presse erbrach.

Läuse

Elke Pistor

Es reicht. Zehn Wochen. Immer wieder. Das ist zu viel. Deswegen dieses außerplanmäßige Treffen heute. Das Übel an der Wurzel packen. Ausrotten. Ein für allemal. Schluss. Aus. Ende.

Die Stühle sind klein, scharren über das Linoleum, als sich die langen Beine der Mütter unter den Schultischen in handliche Formate falten, Handtaschen an Schulranzenhaken aufgehängt und bunte Plastikbecher mit dem bereit stehenden Mineralwasser gefüllt werden. Für mich ist das Routine. Seit dreißig Jahren bin ich Grundschullehrerin. Seit dreißig Jahren halte ich Elternabende ab. Meine Knie kennen die Höhe der Tischkanten, meine Hände die Größe der Mäntelchen und Jäckchen und Mützchen. Der Kreidestaub hat meine Haut an den Fingern ausgetrocknet und rissig werden lassen. Aber das macht mir nichts aus. Ich liebe meinen Beruf. Und ich liebe die Kinder, wie meine eigenen. Schütze und behüte sie vor allem Übel. Und davon gibt es viel. Aber ich weiß, was ich tue und was gut ist für meine Kleinen.

Natürlich ist das Sprudelwasser mit dem Handsprudelgerät aus Leitungswasser selbst gemacht. Das ist umweltfreundlicher und gesünder, auch wenn das Wasser bitter schmeckt und die Mütter die rot lackierten Münder verziehen.

»Wir haben Läuse in der Klasse.« Ich spreche es direkt und ohne Umschweife an. »Die korrekte Bezeichnung lautet Pediculus capitis – Kopflaus. Sie ist ein ca. zwei bis drei Millimeter großes Insekt.«

Hände fahren in die Haare, Finger kratzen verstohlen und verschwinden schnell wieder unter den Tischen. Die Psyche spielt ihnen einen Streich. So wie mir auch. Jedes Mal. Aber im

Gegensatz zu ihnen bin ich als Lehrerin immer gefährdet. Die Kinder kommen zu mir, drücken sich an mich, beugen ihre Köpfe zu mir, wenn sie mir ihre Arbeiten auf den Schreibtisch legen und auf mein Lächeln warten.

Meine Kopfhaut ist gerötet und schuppt sich von den unzähligen Behandlungen mit Gegenmitteln. Meine Finger sind rissig vom Putzen, Saugen und Waschen.

Dreißig Jahre. Zehn Wochen.

Vierundzwanzig Gesichter sind mir jetzt zugewandt. Sie schauen aufmerksam, wenn auch mit diesem Ausdruck um die Augen, der signalisieren soll, *Ich bin nicht betroffen von dieser Plage. Es ist nicht mein Problem. Ich bin nur aus Verantwortungsbewusstsein hier.*

»Die Parasiten saugen im Abstand von einigen Stunden Blut. Ihr Stich verursacht einen lästigen Juckreiz. Kratzen verstärkt diesen Reiz. Die Haut kann sich entzünden«, erläutere ich und gehe zur Tafel. Hier habe ich einige Fotos aufgehängt. Der Parasit in verschiedenen Entwicklungsstadien. Daneben, auf einem kleinen Beistelltisch, die ökologischen Tests der verschiedenen Läusemittel.

Darauf wird in der Elternschaft viel Wert gelegt. Bio und Umweltbewusstsein und Schadstoffvermeidung. Keine Gifte an die Kinder! Torbens Mutter schrieb mir eine Mail nach der anderen, lag mir in den Ohren und jammerte über die hundert Allergien, die ihr Kind bekommen könnte, wenn wir nicht hundertprozentig sicher gehen könnten, dass keine Schadstoffe das Wasser belasten. Ich habe eine Laboruntersuchung veranlasst. Als Klassenlehrerin ist es meine Pflicht, das Wohl der Kinder im Auge zu haben. Selbstverständlich.

Trotzdem ging es ihr nicht schnell genug. Beschwerde bei der Direktorin. Dienstgespräch.

»Weibliche Läuse legen bis zu mehreren hundert kleiner, ovaler Eier, die sie in den Haaren befestigen. Fühlen sie sich bedroht, krallen sie sich mit ihren kräftigen Beinen in den Haaren fest und lassen sich nur schwer entfernen.« Meine Stimme füllt den Raum bis in die hinterste Ecke.

Die Mütter von Jan-Eric, Jan-Aurel und Jan-Johann sind ebenfalls sehr engagiert im Gemeinschaftsleben der Klasse. Weihnachtsbasteln, Martinsumzüge, Osterfeuer. Trotz Vollzeitarbeitsstelle immer präsent. In den Sprechstunden sehe ich in ihren Augen den heimlichen Stolz auf ihre lebhaften Söhne aufflackern, wenn ich sie bitte, beruhigend auf die Kinder einzuwirken.

»Die Eier nennt man Nissen«, sage ich und reiche die Schüssel mit Dinkelkeksen zum ersten Tisch hinüber. Brav fassen sie hinein, jede einen Keks, knabbern und krümeln und geben den Teller weiter zum nächsten Tisch. »Von Kopfschuppen unterscheiden sich die Nissen dadurch, dass sie fest am Haar haften und sich nicht wegschütteln lassen.«

»Clara-Sophie hat Neurodermitis«, wirft Clara-Sophies Mutter ein und blickt sich um, so als ob sie die Bestätigung erwarte, dass die kleinen graubraunen Punkte in den aschblonden Haaren ihrer Tochter nur und ausschließlich daher stammen könnten. Sie nimmt einen Keks, isst ihn und hustet.

Ich nicke.

Links neben ihr sitzen die Mütter von Paula, Nina und Sarah, die ihre Töchter mit Kopftüchern und dick geflochtenen Zöpfen zur Schule schicken. Sie verdrehen die Augen, und ich kann die Wäscheberge ahnen, die sie in den letzten Wochen bewältigt haben. Sie tun mir leid. Aber es hilft ja nichts. Das Übel an der Wurzel packen. Alles andere ist sinnlos.

»Man kann die Parasiten physikalisch oder chemisch behandeln«, sage ich und hebe die Hand, um den Einwurf aus der hinteren Ecke abzuwehren. Vergeblich.

»Es ist ja wohl nicht nötig, unsere Kinder mit Insektiziden zu traktieren? Lieber sollten Sie darüber nachdenken, ob die Hygienestandards hier im Schulgebäude ausreichend eingehalten werden«, ereifert sich Finns Mutter, lässt ihre Fingerspitzen über das Holz eines Buchregals gleiten und pustet den Staub in die Luft.

Ich denke an die eine Putzfrau für unsere sechzehn Klassen und senke den Kopf. Dann schlucke ich, straffe den Rücken und versetze mich in Gedanken an das Ende dieses Abends. Wie meine Therapeutin es mir empfohlen hat, stelle ich mir vor, wie es sein wird, wenn ich das, was ich mir vorgenommen habe, auch erreicht habe. Das macht mich stark, und ich kann weiter sprechen.

»Meiner Erfahrung nach ist das Medikament der einfachere und sauberere Weg. Wirkstoffe auf physikalischer Basis erfordern ein hohes Maß an Sorgfalt und benötigen länger, bis sie zum Erfolg führen.« Ich schaue in die Runde. Einige sind auf ihren Stühlen etwas tiefer gerutscht. Ihre Augen wirken glasig, die Bewegungen träger.

»Diese Parasiten machen mir und den Kindern das Leben zur Hölle. Wir können nicht lernen. Nicht weiterkommen.« Meine Stimme ist jetzt lauter geworden, als ich ursprünglich beabsichtigt hatte. Einige reißen die Augen auf. Mühsam. Gegen die lähmende Müdigkeit, die ihre Glieder empor krabbelt. Ich räuspere mich und konzentriere mich wieder auf meinen Vortrag. Es ist mir wichtig, in dieser Sache aufzuklären, bevor es zu spät ist.

»Die chemischen Wirkstoffe sind Nervengifte. Sie führen zu Krämpfen, Koordinationsstörungen und Lähmungen. Die Parasiten sind bereits nach kurzer Zeit nicht mehr in der Lage, sich zu bewegen. Man kann sie dann sehr leicht aufsammeln und töten.« Ich stehe hinter meinem Lehrerpult auf, gehe zu der Tischgruppe am Fenster, an der sich die Jan-Mütter versammelt haben, und stelle den umgestürzten Wasserbecher wieder auf. Die Blicke der Frauen folgen mir, als ich mit dem Rücken zur Klasse wieder zur Tafel schreite und mich mit Schwung umdrehe. Sie sitzen jetzt ganz ruhig, geben keine Widerworte mehr. »Die physikalischen Stoffe arbeiten oft mit einem Zusatz, der bei falscher Anwendung sehr gefährlich ist. Er darf unter keinen Umständen verschluckt werden. Er führt zu sofortigem akuten Nierenversagen, wenn nicht schnelle Hilfe kommt.«

Die drei Schritte bis zu Tischgruppe direkt neben der Klassentür kommen mir vor, als ob ich schwebe. Während ich den nun leeren Teller mit den Dinkelkeksen einsammele, ihn samt der letzten Krümel in eine Plastiktüte packe und in meiner Handtasche verstaue, genieße ich die Stille, die sich im Raum ausbreitet. »In zu hoher Dosierung eingenommen, führt dieser Wirkstoff unmittelbar zum Tod«, murmele ich und schaue mich ein letztes Mal in meiner Klasse um.

Die langen Beine erscheinen kraftlos unter den Tischen. Die eine oder andere Handtasche liegt auf dem Boden. Autoschlüssel, Notizbücher, Parfumfläschchen verteilen sich über den Boden. Stumme Zeugen einer Suche nach dem Telefon, der Hoffnung auf Rettung.

»Ich hoffe, Sie verstehen meinen Standpunkt.« Ich lächele in die Runde. »Es reicht. Zehn Wochen. Dreißig Jahre. Immer wieder. Deswegen dieses außerplanmäßige Treffen heute. Das Übel an der Wurzel packen. Ausrotten. Schluss. Aus. Ende.«

Kranichzüge

Cornelia Christina Anken

Sie lehnt die Stirn gegen die Fensterscheibe, mit dem Finger die Kanten des Fensterrahmens nachzeichnend. Fast zärtlich. Sie glaubt, den Rahmen hart unter den Fingerspitzen zu fühlen; sich selbst spürt sie nicht. Nicht mehr. So lange steht sie schon hier. Viel zu lange.

Die Kälte drückt in kräftigen Böen gegen das Fenster, sie bemerkt es nicht, obwohl sie von ihr weiß. Das Jahr liegt im Sterben, ganz ohne ihr Zutun. Sie erinnert sich vage an das Weiß der Kopfkissen.

Auf dem Boden neben ihr liegt der Körper einer Frau, einer äußerst mageren Frau, die ihr sehr ähnlich sieht. Die Ähnlichkeit ist von einer Bedeutung, die sie nicht zur Kenntnis nehmen möchte. Nicht jetzt. Später vielleicht.

Ende Oktober ziehen die Kraniche. Wie jedes Jahr.

Wohin? Vermutlich gen Süden. Wie Urlauber.

Die Kinder hinter ihr schlafen. So ruhig; sie regen sich nicht im Traum. Sie darf man nicht stören, sie darf man vor allem nicht alleine lassen. Niemals darf man Kinder alleine lassen. Auch darum weiß sie.

Eine sanfte Stille liegt auf dem Zimmer, wie eine leichte Schneedecke, die alle Konturen verwischt, selbst die der realen Geräusche. Des Verkehrslärms. Des Radios in der Nachbarwohnung, von der sie nicht weiß, wer sie bewohnt. Selbst das Chaos verschwitzter Schlafanzüge und zerknäulter Laken hat darunter Frieden gefunden. Beinahe jedenfalls, nach den grauen Nächten ohne Schlaf, in denen sich die Buben hustend quälten.

Auch sie schien kaum geatmet zu haben während der zähflüssigen Stunden der Wache, in denen die beiden um Atem rangen und doch kaum Luft bekamen. Den komplizierten Namen der Krankheit hatte sie schon wieder vergessen, nicht hingegen die Geräusche, die jene Anfälle den schmerzenden Kehlen entlockten. Das Würgen, das Röcheln. Sie hören nicht auf. Als werfe der Spiegel in der Tür des buntbemalten Kleiderschrankes sie in nimmer endendem Echo ins Zimmer zurück. Der Nachhall existierte nur mehr in ihrem Kopf, saß darin fest. Doch auch er wurde allmählich von der Stille gedämpft.

Sie hört über die Maßen gut. Das kam von ihrer ausgeprägten Fehlsichtigkeit, die sie schon als Kind zum Tragen einer starken Brille gezwungen hatte. Eine Kindheit so ganz aus Scham gemacht. Alle durch Glas von ihr getrennt. Immer Scheiben zwischen sich und allem anderen. Verschwommene Bilder. Unschärfen: Nichts war wirklich so, wie es war, wenn sie nur sie selbst war. Ohne gerahmte Vermittler zwischen sich und der Welt. Und das Schlimmste vielleicht: irgendwann hatte sie aufgehört, es sich anders zu wünschen, um die Dinge klar zu sehen.

Sie presst die Stirn an das Fenster. Der Herbst löste immer diese Unruhe aus. Sobald das Laub sich verfärbte und die Tage kürzer wurden, fiel es schwer, still zu sitzen. Dann begann auch das Lauschen. Ganz unbewusst führte es seine eigene Existenz. Bis endlich der erste Zug nahte.

Die Schreie klangen stets wie Kinder, die auf einem Schulhof fröhlich rufend Nachlaufen spielen. Wie Schulkinder im Himmel.

In ihrem Inneren vermutet sie ein bisher namenloses Organ. Ein Kranichorgan, das diesen besonderen Ruf aufnimmt, früher als jedes Trommelfell. Auch diesmal hört sie die Kraniche schon aus weiter Ferne, als sie noch kaum sichtbare dunkle Punkte sind, die noch zur richtigen Größe und Form anschwellen müssen.

Sie bemerkt das Fehlen ihrer Brille und wundert sich über ihre Scharfsicht. Allein ihre Gedanken sind unscharf. Sie musste noch alle Splitter aufsammeln, oder nicht? Sie erinnert sich vage an zerbrochenes Glas neben dem Kinderbett.

Im dreiundzwanzigsten Stock des Mietblocks befindet sie

sich selbst beinahe im Himmel. Zwei Zimmer, Küche, Bad, Himmel. Immer alles nur beinahe.

Menschliche Schreie sind ihr unerträglich. Es gab gewiss keine Zeit, in der dies anders war. Womöglich lag es daran, dass es eine Zeit gegeben hatte, in der sie selbst ein Kranich gewesen war. Davon hat sie Leute schon reden hören. Von früheren Leben.

Beinahe, so kommt es ihr vor, müsse auch sie fliegen können. Jetzt. Einfach so. Das Fenster öffnen und die Schwingen ausbreiten …

Doch der Spiegel am Schrank hatte stets nur Arme gezeigt. Und auf dem Rücken keine Male, die von verlorenen Flügeln kündeten.

Sie wusste nicht, wie die wunderbaren Vögel auf den Winden genau hießen. Sie mussten einen wissenschaftlichen Namen haben, denn gewiss gab es auch andere Kraniche, die sie nicht kannte, die nicht hier vorüberzogen. Sie ist nicht lange auf der Schule geblieben und weiß nicht viel, wovon andere doch wissen müssen.

Eines ist sie gewiss: Wenn sie selbst einmal ein Kranich gewesen ist, dann sollte es unbedingt genau solch ein Vogel gewesen sein. Furchtlos und kräftig.

Mühelos ziehen die Tiere in V-förmigem Bogen durch den Himmel. Ab und an tut sich eine Lücke auf, sobald ein einzelner Vogel mit der Formation bricht, um sich an die Spitze des Zuges zu setzen. Ohne Furcht, die anderen in die Irre zu leiten. Immer wieder finden sie spielerisch zur Ordnung zurück, obwohl ihre Schreie freudig klingen. Nicht nach Kommandos. Nicht nach demütigen Entschuldigungen.

Sie hebt die Hand, hält sie vor die blendende Sonne, um die Vögel besser zu sehen. Es hilft nichts. Als seien ihre Hände gläsern wie der Himmel. Oder sie war in den letzten Tagen so dünn geworden, dass die Welt nun durch sie hindurch schien.

Früher, wenn sie am Fenster ihres Zimmers im Elternhaus

stand, der Erde so viel näher, ließ sich ihr Atem auf den Scheiben nieder. Sie malte während des Lauschens mit den Fingern in den matten Flecken. Kleine, vergängliche Bildchen, Zeichen nur, die sich vor ihren Augen auflösten wie verblassende Gespenster.

Sie fragt sich, weshalb es heute nicht so war.

Sie sagt sich, womöglich ist mein Atem noch kälter.

Früher fragte sie noch die anderen, ob sie die Kraniche nicht hörten. Ob es nicht schön und wild klang, hoch über ihren Köpfen. Und ob diese der Schwerkraft trotzenden Pfeile nicht eine Bedeutung hätten, mehr als dass nur manche Vögel einfach wanderten. Schulterzucken wie Schläge.

Sie betrachtet ihre stillen Söhne. Ihnen wollte sie von der Schönheit des Wilden erzählen und die Kraniche zeigen. Irgendwann musste die Kette des Schweigens gebrochen werden. Das Schulterzucken sollte ein Ende finden. Und irgendwer musste einen neuen Anfang machen.

Später, später – sie schliefen doch endlich.

Sie wandte den Kopf, bis sie sie nicht mehr sah.

Sie wünscht sich, einmal die Schatten der ungezähmten Geschöpfe auf der Wand hinter sich ziehen zu sehen, doch immer kommen die Tiere dem Haus nur beinahe nah genug.

Sie sagt sich, die Schatten wären gewiss fähig, mich zu wecken. Auch sie will aufbrechen. Es gab viele Schatten um sie her, doch keine Schatten wilder Vögel.

Stets setzt sie Hoffnung auf den nächsten Schwarm, der womöglich doch näher über das Haus hinwegfliegen würde. Sie hätte so gerne die zarten Federn genau betrachtet, die Äuglein, die bestimmt glänzend schwarz waren wie Perlen aus geglättetem Pech. Vögel mussten dunkle Augen haben. Alles andere hätte sie beängstigt. Es gab schon genug Beängstigendes. Den Verkehr auf den vielbefahrenen Straßen, die aus den hohen Häusern eine Insel machten, bei der niemand an Urlaub dachte, nur ans Wegkommen. Die unrasierten Männer in dunklen Jacken, die sich in den finsteren Hauseingängen zusammendrängten. Die unausgesprochenen Geheimnisse. Die Einsamkeit. Ja, auch die. Die Weite des Himmels schreckte sie hingegen nicht.

Das Nahen der nächsten Vögel ahnt sie, lange bevor sie sie sieht, ja, noch bevor die Rufe in ihrem Inneren erklingen. Aus der Ahnung formen sich fünf einzelne schwarze Perlen einer kurzen Kette, als entwüchsen die Vögel ihrem Blick.

Dann kommen zahlreiche weitere Tiere in brüchigen Formationen heran. Sie kreisen und sammeln sich. Warten wohl auf die größere Ordnung. Die Kreise tragen die Vögel immer näher zu ihr. Nahe wie nie zuvor. Fast glaubt sie, Schattierungen von Grau zu erkennen, doch das mag ein Trugbild ihrer fehlsichtigen Augen sein. Schatten auf den Wänden sucht sie nicht. Für einen Moment glaubt sie, das Kreisen und Warten könne ihr gelten. Doch ist das nur die trügerische Hoffnung auf Gemeinsamkeit. Zugehörigkeit.

So nahe nun! Sie hört die Stille zwischen den einzelnen Schreien beinahe lauter als die Vogelrufe selbst. Als sei die Stille der Stoff, aus dem heraus Geräusche geschnitten werden. Doch mochte es ebenso gut anders sein, und die Laute erklangen dort, wo die Stille sich zu Tönen ballte.

Sie will nicht einen einzigen kräftigen Flügelschlag übersehen und verliert doch alle Tiere aus dem Blick. Die Sonne steht nun höher und blendend am Himmel. Zu hell. Das gesamte Firmament gleißt. Wieder hebt sie die Hand. Dann beide, die sie auf der glatten Scheibe wandern lässt, um die richtige Haltung zu finden. Sie glaubt an die Kraft der Sonnenstrahlen. An Wärme, die tröstlich hätte sein können wie eine Umarmung. Sie vermutet einen Kampf dieser Wärme gegen die Kälte des Windes. Sie fühlt nichts von beidem. Sie fühlt nichts. Dann finden ihre Augen die Fliegenden wieder, obwohl sich sonst nichts verändert hat.

Hoch über der Autobahn sammeln sie sich, als spotteten sie über die vorgezeichneten Wege der Menschen am Boden.

Noch treffen weitere Vögel ein, werden von den Wartenden aufgenommen. Jeder einsame Nachzügler. Keiner scheint vergessen, als wüssten sie alle um jeden Einzelnen. Sie warteten auch auf den Letzten in unverbrüchlicher Treue.

Weiter kreisen sie hoch über der Stadt, rufen einander, harren noch, doch schon von Unruhe ergriffen. Zwei der Tiere verlassen schließlich den Kreis, bilden die Spitze neuer Formationen, erhalten Gefolgschaft. Sie setzen ihren Flug fort.

Sie begreift kaum, dass einer der Vögel jäh an Höhe verliert, trudelt. Sie sieht rudernde Flügel. Der eben noch gestreckte Hals – nun elend verbogen. Gerade vermochte der Kranich doch noch zu fliegen. Wie all die anderen …

Was ist geschehen? Weshalb entfällt er einfach dem Himmel wie ihr die viel zu komplizierten Wörter? Warum stürzt er eine Ewigkeit stumm zur Erde hinab, bevor er schließlich auch ihrem Blickfeld verlorengeht? Wie allen anderen, die weiterfliegen. Fortfliegen, rufen, wie Schulkinder im Himmel.

Bevor sein Körper unsichtbar zerschellt, scheint auch ihr Herz noch einmal kurz zu flattern. Sie erinnert sich vage an rudernde Arme. An das Strampeln von Beinen. Dann erleidet sie seinen Aufprall wie das gesammelte Echo allen Schmerzes, auch den ihrer Jungen, am eigenen Leib.

Sie darf man doch nicht verlassen, die stillen Kinder … und doch findet sie ihren Blick auf den Boden gerichtet wieder, wo der Vogel auf dem schmalen Grünstreifen zwischen Straße und Gehweg liegt. Leute bücken sich und schauen großäugig. So ein großer Vogel, sagen sie, oder was für ein schönes Tier, und fragen ebenfalls: Was ist geschehen? Dann gehen sie ihrer Wege weiter, schulterzuckend. Als sei nichts passiert. Nichts Wesentliches.

Das stimmt nicht. Es war so viel passiert. Nur wollte sich niemand daran erinnern.

Sie darf man doch nicht verlassen, die stillen Kinder … und sie hat sie nicht verlassen. Niemals. Auch jetzt nicht.

Warum weiß ich, was auf der Straße geschieht, fragt sie sich.

Weil es immer dasselbe ist, wenn etwas Schlimmes passiert, sagt sie sich.

So grell scheint die Sonne nun ins Zimmer, dass nichts mehr deutlich zu erkennen ist, sogar die vagen Erinnerungen verbrennen, bis nur Fragen aus Asche übrig bleiben: Weshalb hat der Vogel nicht geschrien?

Hat es keine Schreie gegeben? Todesschreie, nicht nur die fröhlichen Rufe?

Und wer hat sie erstickt, die Kinder? Das muss die Frau gewesen sein, die tot unter dem Fenster liegt. Eine Frau, die sie nie gemocht hat, weil sie ihr Leben lang unzulänglich war. Die hätte ein Sohn werden sollen für die Eltern, die hätte eine gute Schülerin werden sollen für die Lehrer. Die Frau mit den kranken Kindern, die von ihrem Mann sitzengelassen wurde.

Mit all dem hat sie nichts zu tun. Nichts mehr, denn auch wenn sie alles auslöscht, so stammt die Helligkeit doch nicht von der Sonne.

Sie stellt fest, dass das Licht gar nicht blendet, aber die Wärme in sie zurückkehren lässt, so wie die Liebe. Eine, die nicht schmerzt. Eine, wie sie sie nie gekannt hat. Mit der Liebe treffen die Antworten ein. Alle Antworten. Sie findet sich überrascht. Denn nun versteht sie ja alles, auch die komplizierten Dinge. Alles ist durchsichtig und nirgends ist Glas.

Und deswegen muss sie dem Klopfen keine Aufmerksamkeit schenken oder dem Splittern der Holztür im Flur. Es ist nur ein Nachhall auf den Aufprall des Vogels, auf das Splittern seiner hohlen Knochen, auf die gedämpften Schreie unter den Kissen.

Alles ist Licht, darin sich die Helligkeit zu zwei kleinen Körpern verfestigt, als ob sie das Licht zu Körpern ballte, ein ganz klein wenig fester als das Strahlen selbst.

Ein weiterer gesellt sich dazu, und es ist ihr, als hätten sie drei nur auf den Vogel gewartet, um endlich aufbrechen zu können. In die Ferne, in eine Zukunft, die sich ordnet. Ganz ohne ihr Zutun.

Sie wendet den Kopf nicht. Weiß auch so um den Polizisten, der das Chaos aus verschwitzten Schlafanzügen und zerknäulten Laken im Zimmer hinter ihr durchmisst, sich zum Bett ihrer Kinder beugt. Weshalb nur so besorgt? Auch um den anderen Beamten weiß sie, der sich vor die tote Fremde vor dem Fenster hinkniet. Auf einen Boden, dessen Kälte sie einmal gespürt haben musste, auf dem sie so schon so lange liegt. Viel zu lange. Wartend, ohne zu verstehen, was geschehen ist.

Sie hört seine Stimme. Der Stille ganz weich herausgeschnitten. Eine Stimme, die sich auflöst, sich wie ein verblassender Atem auf der Fensterscheibe verliert, und sagt: Zu spät. Tot. Alle drei.

Was meint er nur damit? Ihre Söhne aus dichterem Licht drängen sich an ihre Seite. Fragen: Mama? Endlich, nach so langer Zeit des Schweigens. Stark und furchtlos die beiden, als seien sie niemals krank gewesen.

Sie sieht alles scharf und klar und wie nie zuvor im Leben. Und ist dabei nur sie selbst, doch zulänglich nun. Und alle anderen, alle zugleich. Unvermittelt. Sogar das Perlgrau des Kranichgefieders ist für einen Augenblick ihres.

Dann lockt sie das Leuchten in den Augen des Vogels, die wieder glänzend wie schwarze Perlen sind.

Auch die Flügel kehren zurück.

Warum nur drei, fragt sie.

Wie sind doch vier, sagt sie.

Nie sehen sie die Kraniche.

Blockflötenkonzert

Ulla Lessmann

»Paula, Finn, Jakob und Ole ernähren wir ohne Fleisch und Fisch, ohne Zucker, aber mit viel Getreide.«

So sehen sie aus, die vier kleinen verhärmten Wesen, findet Lisa Schweitzer, kritisch auf die Kinder am Nebentisch blickend: Farblos und verschreckt, wie sie da um ihre Mama herum auf den harten Plastikstühlen in der Schulmensa hocken und mit großen Augen in ihre Tassen mit hellgrünem Tee starren. Zweimal Zwillinge und höchstens ein Jahr auseinander, denkt Lisa, das ist ja widerlich.

Ob durch einmal in der Woche Fleisch etwas Farbe in ihre blassen Kinderwangen gezaubert würde? Die Mama wirkt auf Lisa schwabbelig, blässlich, übergewichtig und hat strähnige Haare. Was will sie ihrer Umgebung damit sagen? Ich arme gestresste Mutterkuh säugte meine vier Kinder, fütterte sie mit staubigem Getreide, beschützte sie mit meinem untrainierten, aber gebärfreudigen Leibe vor Fisch und Fleisch, Lebkuchen und Marzipan und werde sie so zu Höchstleistungen auf der Blockflöte treiben?

Lisa Schweitzer hofft vor allem, dass die einseitige und reizlose Kost die womöglich vorhandenen musikalischen Talente der Kinder ihrer Tischnachbarin an jeder Entfaltung gehindert hat. Sie will, dass außer Fanny Clara Schweitzer kein anderes Kind in dieser Schule auch nur einen Funken Musikalität besitzt. Sie will der Welt durch Fanny Clara zeigen, dass eine alleinerziehende Mutter ein musikalisches Ausnahmetalent behutsam aufbauen kann, dass sie nicht verhärmt und abgehetzt, sondern attraktiv und gelassen ein unneurotisches Kind aufziehen kann.

Er wird nicht kommen. Das wird er Fanny Clara nicht antun.

Fanny Clara hat, davon ist Lisa überzeugt, ein überdurchschnittliches musikalisches Talent und die für eine Achtjährige ganz ungewöhnliche Fähigkeit, die Blockflöte wirklich zu blasen und nicht in sie hinein zu pusten, was 90 Prozent aller Kinder tun.

Fanny Clara Schweitzer tut das nicht. Tat das von Anfang an nicht, denn sie ist Lisa Schweitzers außergewöhnlich begabte Tochter und hat zudem das Glück, in Lisa eine zwar systematisch fördernde, aber keineswegs verbissen ehrgeizige Mutter zu haben. Lisa hasst diese sogenannten Eislaufmütter, die von ihren Kindern erwarten, dass die ihre beruflichen Frustrationen, ihre unglücklichen Ehen und verpassten Chancen wieder gut machen. Die unbegabtesten unter ihnen werden gnadenlos von einem teuren Workshop für musikalische Früherziehung in den nächsten geschickt, weil ihre Mütter kein Gefühl und kein Gehör für die vollkommene Unfähigkeit ihrer Kinder besitzen, einen vibratofreien, runden Blockflötenton zu erzeugen, geschweige denn ein sauberes Fis zu blasen, weil sie mit der Kuppe ihres kleinen Fingers das rechtsseitige Loch nicht rundum abdecken können und quietschend knapp am Fis vorbei jeden Hörgenuss verderben.

Fanny Clara kann sowohl ein sauberes Fis produzieren als auch exakte, gut artikulierte und fehlerfrei perlende Läufe spielen, ein glockenreines B intonieren und sowohl »Leise rieselt der Schnee« als auch »Ihr Kinderlein, kommet« und »Kommet, ihr Hirten« auswendig spielen. Außerschulische musikalische Früherziehung kann eine geschiedene Arzthelferin sich nicht leisten, muss sie auch nicht, denn ihre Tochter ist nicht nur begabt, sondern auch fleißig. Lisa Schweitzer hat Fanny Clara erklärt, dass man, wenn man öffentlich auftritt, besonders gut und absolut fehlerfrei spielen muss, weil die Zuhörer sonst beleidigt sind und vielleicht pfeifen und johlen und den Saal noch während des Weihnachtskonzerts verlassen. Natürlich hat sie ihr auch gesagt, dass Mama sie weiterhin lieb hat, wenn Fanny Clara vor dem Weihnachtsblockflötenkonzert nicht jeden Tag zwei bis drei Stunden übt, obwohl Mama natürlich traurig wäre, wenn die teure Flöte ungespielt in ihrem Futteral läge, und dass man die Begabungen, die einem der liebe Gott geschenkt hat, nicht ungenutzt lassen darf, sondern sie gut behandeln und pflegen muss, denn dann hat einen nicht nur die Mama lieb, sondern auch der liebe Gott, ganz besonders zu Weihnachten. Und sie hat ihr erzählt, dass Mama leider keine Chance hatte, ihr eigenes ungewöhnliches musikalisches Talent zu nutzen, weil sie eben keiner gefördert hat, und dass die Mama Weihnachten immer nur ein Gedicht aufsagen durfte, anstatt ein schönes Blockflötenkonzert zu geben, bei dem kleine Mädchen von allen lieb gehabt werden. Und kleine Mädchen, die keinen Papa haben, müssen ganz besonders fein spielen, damit alle Leute merken, dass man überhaupt keinen Papa braucht, um besser zu sein als andere Kinder.

Lisa merkt, dass sie vor sich hin lächelt. Sie ist wirklich gesegnet mit ihrem musikalischen kleinen Mädchen. Wörter wie »gesegnet« benutzt sie normalerweise nicht, aber heute ist der 23. Dezember. In einer halben Stunde beginnt das Weihnachtskonzert der Blockflötengruppe der Gemeinschaftsgrundschule Robert-Schumann-Straße. Die Flötenkinder blasen sich schon seit einer halben Stunde mit ihrer Lehrerin in dem Räumchen hinter der Aulabühne ein. Die besondere weihnachtliche Stimmung, die wie die Dämmerung am Heiligen Abend eine ist, die es nur am Heiligen Abend gibt, spürt Lisa trotz blasser Getreidekinder, schwabbeliger Urmütter und dem feinen Ziehen im Bauch, das ihre ängstliche Erwartung begleitet, und deshalb fällt ihr das Wort »gesegnet« ein.

Er wird nicht kommen. Bestimmt nicht. Wenn er kommt, wird Fanny Clara es nicht merken. Sie hat ihn jahrelang nicht gesehen. Sie wird ganz in ihr Spiel versunken sein.

Wenn das noch erlaubt wäre, würde Lisa sich jetzt eine Zigarette anzünden, obwohl sie nicht raucht, nur um den entsetzten Schrei der Getreidemutter, die panikartige Flucht der fassungslosen Kinder, das wahrscheinliche Auftauchen von Polizei, Krankenwagen und Notarzt zu provozieren. Sie hat das Bedürfnis, ihrer schmerzhaft wachsenden Aufregung andere

Gründe zu geben, als das Konzert mit Fanny Claras erstem Soloauftritt und ihrer eigenen Angst vor dem Erscheinen jenes Mannes.

Wie viele Kinder hat denn die graue Getreidemutter noch, die sich jetzt hinter der Bühne mit ihrer Fanny Clara einblasen? Oder ist die ganze Familie nur gekommen, um sich anzuhören, wie andere Kinder Blockflöte spielen, solche, die Fleisch, Fisch und zu Weihnachten sogar Zimtsterne zu essen bekommen?

Lisa selbst achtet auf eine ausgewogene Ernährung ihres kleinen Wunderkindes und käme nie auf die Idee, sie mit Körnern zu quälen, denn hübsches Aussehen ist für eine Karriere genauso wichtig wie Ausnahmetalent, und deshalb darf Fanny Clara in der Adventszeit täglich einen Zimtstern essen. So bleibt sie schlank und zart. Lisa hasst dicke Kinder genauso wie Mütter mit strähnigem Haar, ganz zu schweigen von unmusikalischen Kindern mit reichen Eltern.

Sie ruckelt ein wenig auf ihrem Stuhl herum, um zu sehen, wem die Getreidemutter ihre Fütterungsgrundsätze anvertraut hat. Isolde Bayer sitzt da mit ihrer schicken, teuren Föhnfrisur in einem ihrer edlen Hosenanzüge an ihrem Fitnessstudiobody. Sie ist die Mutter dieses peinlich unmusikalischen Anton, der jedes Mal, wenn Lisa ihre Fanny Clara von der Flötenstunde abholt, heult, weil die Flötenlehrerin ihn ermahnen musste, doch ein einziges Mal mit den anderen gemeinsam den ersten Ton zu blasen und wenigstens ein einziges Mal mit den anderen gemeinsam ein Stück zu beenden, anstatt ständig zu spät anzufangen oder mit den letzten Tönen hinterher zu klappern. Anderenfalls müsse er leider beim Weihnachtskonzert zuhören.

Lisa kann nicht verstehen, warum Isolde Bayer ihr überfordertes Kind Blockflöte lernen lässt, vielleicht wäre eine Trommel seinen beschränkten Fähigkeiten und seiner offenbar stockenden Entwicklung angemessener. Es ist ungerecht, dass musikalische und feinmotorisch fortgeschrittene Kinder wie Fanny Clara durch unbegabte Trampel wie Anton Bayer gebremst werden, und deshalb hat sie schon häufiger mit der

Flötenlehrerin gesprochen, nachdem der heulende Anton von seiner Mutter in ihren Geländewagen gezerrt worden ist. Die Flötenlehrerin hält viel von Fanny Clara und hat angedeutet, dass man es bei ihr im nächsten oder übernächsten Jahr vielleicht schon mit Alt-Flöte versuchen könne, und mit Querflöte dürfe man auch nicht zu spät beginnen.

Lisa hat sehr wenig Geld, keinen Geländewagen und keine teuren Hosenanzüge, und die Kosten einer Querflöte liegen völlig außerhalb ihres Budgets.

Lisa Schweitzer besitzt Fanny Clara und zwei sehr teure Blockflöten.

Er wird nicht kommen. Es kann auch einmal etwas gut gehen im Leben. Gerade zu Weihnachten. Er hat die Ankündigung gar nicht gelesen.

Paula oder Finn oder Jakob oder Ole, jedenfalls eines dieser fünf- oder sechsjährigen getreidegefütterten Würmchen aus der Mensa, darf fünfzehn Minuten später das Weihnachtskonzert in der Aula mit einem Blockflötensolo eröffnen und tut dies fehlerfrei, obwohl es sich nicht eingeblasen, sondern grünen Tee getrunken hat. »Ihr Kinderlein, kommet.« Na ja, denkt Lisa missmutig und nervös, nun in der ersten Reihe zwischen der Mutterkuh und Isolde Bayer sitzend, das ist das Minimum. Wahrscheinlich hat diese schwabbelige Übermutter oder ihr offenbar abwesender Schwängerer vier Notenpulte gespendet. Lisa Schweitzer hat kein einziges Notenpult gespendet, das kann sie sich nicht leisten, wenn Fanny Clara eine exzellente Ausbildung bekommen soll, und außerdem hat Fanny Clara Schweitzer es nicht nötig, sich ihren Soloauftritt mittels gespendeter Notenpulte zu erschleimen.

Hinter dem kleinen Solisten sitzen die wartenden Kinder in braver Stuhlreihe auf der Bühne, die bunt bestrumpfhosten oder behosten Beinchen verdreht und verknotet. Die Flöten in den schweißnassen Händchen, kauen sie auf ihren Unterlippen herum, knäueln lange Haarsträhnen um ihre Zeigefinger, bis die weiß werden. Ein echter Weihnachtsbaum am Bühnenrand spendet mildes Licht aus künstlichen Kerzen.

»Mildes Licht«. Lisa spürt weihnachtliche Sentimentalität im Bauch, in dem das Ziehen stärker wird, und betrachtet gerührt ihre Tochter mit dem hübschen, schon jetzt ganz konzentrierten Gesichtchen, dem langen, blonden Haar. Fanny Clara wickelt keine Haarsträhnen um den Finger und stellt ihre Füße ordentlich nebeneinander, während Paula oder Finn oder Jakob oder Ole übertrieben enthusiastischen Beifall für die simple, einigermaßen ordentlich geflötete Melodie einheimst, worauf er oder sie vor Freude errötet, was seine oder ihre grundsätzliche Blässe grotesk hervorhebt.

Die Rektorin tritt an den Bühnenrand und hält eine Rede, von der Lisa nichts mitbekommt, weil sie sich mit inzwischen laut wummerndem Herzen auf Fanny Clara konzentriert, die als Zweite dran ist, mit »Kommet, ihr Hirten«. Die Melodie hat rhythmische Tücken bei »Kommähät ihier Hirtähän, ihier Männäher uhund Fraun« und bei »geboren« nach »Christus der Herr ist heute« führt sie zum tiefen C hinunter, das alle Finger fordert, das schwankend zwischen Cis und H so rasch ins quietschend Grelle abgleiten kann, und dann ist alles verdorben. Geschätzte achtzigtausend Mal hat Fanny Clara diese Stelle geübt, und etwa 79652 Mal hat sie es geschafft, hat mit der Kuppe ihres kleinen Fingers komplett auch das letzte Loch umschlossen, den Ton behutsam mit der Zunge angestoßen und ihn fließen lassen und außerdem nicht vergessen, dass sie in diesem Lied ein B statt eines H greifen muss.

Lisas Herz poltert, in ihrem Bauch tobt es, von Ferne kündigt sich ein schriller Ton in ihrem Kopf an, noch ganz zart, vielleicht bleibt der Ton fern und zart, vielleicht kommt er heute nicht.

Alles wird gut gehen. Alles muss gut gehen. Er wird nicht kommen.

Fanny Clara wird mit ihrem vierstrophigen Solo einen überwältigenden Eindruck machen, die weihnachtlich gestimmten Menschen zu Tränen rühren, sich als zweite Stimme bei »O du fröhliche« als Ensemblespielerin profilieren und sich dann in den Chor der Flötenkinder bei »Am Weihnachtsbaume« harmonisch, aber stimmführend einfügen. Dann wird die Flötenlehrerin für den Alt-Flötenunterricht eine Freistelle auf der Musikschule empfehlen, und niemand wird mehr auf die Idee kommen, Lisa Schweitzer sei keine großartige Mutter.

Fanny Clara steht auf, geht an den Bühnenrand, steht einen Moment still, das milde Licht der Kerzen im blonden Haar. Sie sammelt sich, denkt Lisa glücklich, wie besonnen sie ist für eine Achtjährige. Der erste Ton kommt, fließt rund und warm. Ein sauberes, strahlendes C.

Plötzlich zerbirst ein extrem hohes Kreischen die andächtige Stille, die Fanny Claras bislang einwandfreies Spiel begleitet hat. Der schreckliche Ton aus ihrer Flöte quietscht wütend auf, bleibt grell zitternd über dem Weihnachtsbaum stehen und bricht mit einem kläglichen Winseln zusammen.

Totenstille.

In Lisas Kopf kreischt der Ton weiter. Ihr Kopf ist ein einziger kreischender Ton, ein Schrei in unhörbar hoher Frequenz. Diesen Ton hat sie selber vor 32 Jahren produziert, er kreischt sich aus der Vergangenheit heraus in ihren Kopf hinein. Ein B war auch ihr Ton, ein übergeschlagenes B, zu viel Luft, zu viel Luft in das heikle, empfindliche B gepresst. »Denk immer daran, Lisa, die Zunge hinter die Zähne wie beim D von du.« 100.000 Mal. Die Zunge wie beim d von du, behutsam sein, Lisa, behutsam sein.

Sekunden später dreht sie in der anhaltend entsetzten Stille ihren Kopf, sieht den Mann durch den Mittelgang kommen, den Mann, den auch Fanny Clara trotz ihrer hohen Konzentration gesehen hat, den Mann, der Fanny Claras Vortrag zerstört, der Lisas Hoffnung und Fanny Claras Zukunft zerstört.

Isolde Bayer dreht sich um, die Mutterkuh dreht sich um, alle drehen sich um. Es ist ein Knacken von verdrehten Nacken in der Luft. Alle sehen den Mann an, einen großen Mann im Mantel, der mit einem leichten entschuldigenden Lächeln durch den

Mittelgang kommt, in die erste Reihe abbiegt, an Isolde Bayer, Lisa Schweitzer und der Vierlingsmutter vorbeigeht und sich auf den letzten freien Platz in der ersten Reihe setzt.

Lisa öffnet mühsam ihre zur Faust verkrampfte Hand, achtet nicht auf die blutigen Einkerbungen, die ihre Fingernägel in ihren Handinnenflächen hinterlassen haben. Alle Köpfe drehen sich wieder nach vorne, schauen wohlwollend auf das im Kerzenglanz stehende kleine Mädchen mit den cremeweißen Wangen; Fanny Clara, die mit nun gesenktem Kopf immer noch dort steht, die Flöte nicht mehr in Spielhaltung, sondern mit beiden Händen umklammernd.

Die Flötenlehrerin, die neben den wartenden Kindern gesessen hat, steht auf, legt Fanny Clara die Hand auf die Schulter, beugt sich hinunter, murmelt etwas, schiebt das steifbeinige Kind sanft zu den Stühlen zurück, flüstert mit einem der Getreidekinder, das sich nun erhebt, errötend an den Bühnenrand tritt, mit einem ansatzlos geblasenen, glockenreinen C »Kommet, ihr Hirten« intoniert und das Lied ruhig und fehlerlos zu Ende spielt. Während sich nun alle Kinder außer der paralysierten Fanny Clara erheben und gemeinsam »O du fröhliche« zu blasen beginnen, versucht Lisa zu atmen. Ihr galoppierender Herzschlag will sich nicht verlangsamen, ihre Handinnenflächen brennen, während sie schluckt, um nicht weinen zu müssen.

Die Kinder flöten ohne Fanny Clara fröhlich scheppernd »Am Weihnachtsbaume«.

Dieses Weihnachtskonzert sollte Lisa Schweitzers Triumph werden, ihre Siegesfeier im Angesicht der Skeptiker und Abwiegler, ihr Weihnachtsgeschenk an eine Welt, die glaubt, sie sei eine überehrgeizige Mutter, eine vom überschätzten Talent ihrer Tochter besessene Mutter, die das überforderte, mittelmäßig begabte Kind zu unerreichbaren Leistungen treiben will. Fanny Claras erster Soloauftritt als Beweis ihrer überragenden Begabung, der Stipendien, Preise, exzellente Lehrer nach sich ziehen sollte, wird zerstört von ihrem gewissenlosen Vater.

Er ist gekommen. Das ist die Rache, weil er das Sorgerecht

nicht bekommen hat. Jetzt hat er bewiesen, dass dieses Kind unmusikalisch ist, dass es beim ersten Härtetest versagt, genauso wie die Mutter vor 32 Jahren.

Lisa weiß nicht, wohin mit ihrer rasenden Wut und ihrer maßlosen Enttäuschung. Alles war umsonst; es wird keinen Altflöten-Unterricht für Fanny Clara geben, keine kostenlose Querflöte, keine Freistelle, keine Bewunderung für die Mutter. Weihnachten, das Fest der Liebe, Weihnachten, das Fest der Familie, Weihnachten, das Fest der Katastrophen.

Lisa umklammert die Piccoloflöte in ihrer Jackentasche, ihr Weihnachtsgeschenk für ihr begabtes Kind, mühsam über Jahre zusammengespart.

Nur um Recht zu behalten, hat er sein Kind so grauenhaft blamiert. Ihr Leben lang wird Fanny Clara unter diesem Weihnachtskonzerttrauma leiden, nie wird sie unbefangen auf einer Bühne stehen können, immer wird sie, wenn sie ein B blasen will, das Licht vom Weihnachtsbaum sehen, den eisigen Schrecken spüren, der erst in ihre Finger fuhr, dann ihren Atem unkontrolliert in die Flöte presste, als sie ihren Vater durch die Aula kommen sah, diesen Vater, der nie an ihr Talent glaubte, das sie ab jetzt nicht mehr haben wird.

Fanny Clara sitzt großäugig zwischen den anderen, nach dem tosendem Applaus nun wieder sitzenden Kindern, blass und starr, während eine Lehrerin an das Klavier geht, »Macht hoch die Tür« intoniert und das Publikum zum Mitsingen auffordert.

Isolde Bayer raunt Lisa Schweitzer zu: »So hätte unser Anton das übrigens niemals versaut«, bevor sie laut und falsch bei »derhalben jauchzt, mit Freuden singt« in den Chor der Eltern, Geschwister und Großeltern der Flötenkinder einfällt.

Lisa kann nicht mitsingen, obwohl sie gut singen kann, obwohl sie Fanny Clara seit deren Geburt immer vorgesungen hat, damit ihr musikalisches Talent stimuliert wird, obwohl sie Fanny Clara immer noch vorsingt, damit sie ein Gespür für Intervalle bekommt. Sie kann nicht singen, wenn das weihnachtliche Blockflötenkonzert der Gemeinschaftsgrundschule von diesen blassen, hässlichen, getreidegefütterten Kindern mit ihren scheußlichen Vornamen dominiert wurde, deren schwabbelige Mutter neben dem andächtig singenden Verursacher der Katastrophe sitzt.

»Und jetzt«, sagt die Rektorin, »bitten wir Sie alle noch zu einem weihnachtlichen Plätzchenessen und einem Glühwein in die Mensa, und Finn und Paula werden uns mit ‚Es ist ein Reis entsprungen' dabei erfreuen.«

Alle stehen auf. Lisa hastet auf die Bühne, reißt ihre Tochter vom Stuhl, quetscht deren Hand, zischt ihr ins Ohr: »Du verdammtes Biest, du elende Versagerin, ich habe dir tausendmal gesagt, dass er kommen könnte! Wir haben das doch geübt und geübt und geübt, dass du dich beherrschen musst, wenn er kommt! Tausende von Malen habe ich dir gesagt, dass Opa es genauso gemacht hat, dass er ins Konzert geplatzt ist, obwohl er gar nicht bei Oma und Mama gewohnt hat und Mama deshalb nicht spielen kann! Wir haben das doch so oft geübt, dass er kommt und du trotzdem das B nicht vergisst und weiter spielst, und nun hast du alles verdorben, du undankbares Miststück! Niemand wird dich jetzt noch unterrichten wollen! Niemand stellt uns eine Querflöte zur Verfügung! Niemand will dich mehr in seiner Flötengruppe haben!«

Fanny Clara steht still mit gesenktem Kopf und weint nicht. Niemand beachtet die beiden. Alle drängeln hinaus in die Mensa zu Glühwein und Plätzchen.

Lisa hält ihre Tochter fest an der Hand, als sie mit ihr die Bühne verlässt.

»Aber das wird er uns büßen, das verspreche ich dir«, flüstert sie Fanny Clara zu. In der drängelnden, lachenden, freudig schwatzenden Menge sieht sie seinen Kopf. Er wird ihr nicht entwischen, dieser Zerstörer.

Sie hält Fanny Clara mit der einen Hand fest, mit der anderen wühlt sie in ihrer Schultertasche. Eine Waffe sucht sie. Der Zerstörer soll auch leiden, wenn sie leidet und das Kind nun keine Zukunft mehr hat.

Sie findet die Nagelfeile, die sie immer in der Tasche hat, falls einer von Fanny Claras Fingernägeln zu lang für das Flötespielen geworden sein sollte. Sie drängelt sich mit dem willenlosen Kind an der Hand durch die Menge, immer seinen Kopf vor Augen.

Seinen Mantel kann sie mit dieser Waffe von hinten nicht durchstechen. Sie muss vor ihn kommen, sich im Gedränge um ihn herumschlängeln. Das wird niemand merken, sie kann ihn in seinen Bauch stechen, ohne dass jemand das bemerkt.

In feierlich getragenem Tempo, gänzlich ohne diese flötespielenden Kindern eigene Hast, erklingen mit den perfekt gestimmten Instrumenten von Finn und Paula die drei einleitenden C von »Es ist ein Reis entsprungen«.

In Lisas Kopf gellt der grelle Flötenton ihrer Tochter. Ihr eigener 32 Jahre alter Ton und Fanny Claras neuer Ton verschmelzen zu einem sirrenden Kreischen, als es ihr endlich gelingt, sich mit dem Kind an der linken Hand um den Mann herumzudrängeln. In der rechten Hand hält sie die Feile, rammt sie kraftvoll ohne aufzusehen in den hellblauen Bauch, zieht sie unmittelbar wieder heraus, steckt sie zurück in die Handtasche, wendet sich um, presst sich gegen den Rücken der nun vor ihr stehenden Isolde Bayer, kommt nicht weiter, hört hinter sich einen Schrei, der sich mit den Blockflötenschreien in ihrem Kopf vereint, hört viele Schreie, ein Stöhnen, ein Wimmern, drückt sich an Isolde Bayer, damit die weitergeht, damit sie hinauskommt mit Fanny Clara an der Hand. Aber stattdessen dreht Isolde Bayer sich um, wird ihrerseits von hinten geschoben, schreit nun auch, weil alle schreien, die schreiende Menge zwingt Lisa zurück, drängt sie gegen einen am Boden liegenden Leib. Mit einem grauenhaften Quietschen zerplatzt das D von »kal«, während die zweite Flöte es bis zum C von »ten« schafft, um dann ängstlich flatternd zu verschwinden. Lisa und Fanny Clara werden von der sinnlos rückwärts drängelnden Menge um die eigene Achse gedreht, stürzen fast über den gekrümmt am Boden liegenden Körper, während sich durch die Beine der

Erwachsenen bleich und schreiend Paula, Finn, Jakob und Ole winden. Sie werfen sich über den Mann und heulen auf: »Papa, Papa, Papa, Papa!«

Ein Gentleman in Blau

Ricarda Oertel

Aufrecht erhob sich vor uns das hölzerne Boot. Es lud die wenigen Ausflügler mit einer windgeschützten Sitzbank zum Verweilen ein. Sein Heck war im Boden verankert, der Bug wies in den Himmel. An den Seitenwänden blätterte die Farbe ab. Ein offener Kokon. Hannah ließ sich darin nieder und zwinkerte der Sonne zu.

Wir brauchten Erholung, dringend. Suchten nach weißen Muscheln und redeten von früher. Findlinge lagen am Strand verstreut. Barfuß, mit hochgekrempelten Jeans, wateten wir durchs Wasser, das kühl nach den Waden leckte und unsere Spuren beharrlich verschluckte. Meeresluft füllte die Lungen, benetzte Haare und Wimpern. Salz auf den Lippen, zwischen den Zehen schmirgelnder Sand. So hätte es weitergehen können. Wenigstens drei Tage.

Abends saßen wir an einem kleinen Tisch im Hotelrestaurant. Die Wellen vor dem Fenster schwappten bedächtig vor sich hin. Ich wandte den Kopf und blickte in Hannahs fragendes Gesicht. Die Frühlingssonne hatte ihm einen Bronzeschimmer verliehen. Die Augen meiner Freundin funkelten erwartungsvoll, das rechte halb zugekniffen. Sie blinzelt oft so. Ihr rechtes Auge ist sehr lichtempfindlich.

Ich musste eine Frage überhört haben. »Ich war in Gedanken.«

»Kein Problem. Ich hatte gefragt, wie dir zumute ist.«

»Es ist schön hier. Das war eine gute Idee von dir.«

»Trotzdem musste ich dich treten.« Hannah lachte hell. »Wir sollten das jedes Jahr machen. Ohne Mann und Kinder. Als Muttertagsritual. Herrlich!« Sie lehnte sich zurück, träumerisch.

Wir schauten gemeinsam aus dem Fenster. Folgten dem sanften Bogen des Ufers, den wir entlang gewandert waren, weiter, als wir jetzt sehen konnten. Hannah nestelte versunken an einer Haarsträhne und ließ ihren Blick über das Meer schweifen. Nach der Vorspeise war ihr Lippenstift verwischt, ohnehin entbehrlich für jemanden wie sie.

Der Mann im blauen Pullunder hatte Geschmack. Er stand aus dem Nichts an unserem Tisch, das graue Haar sauber gescheitelt über der Stirn.

»Zwei charmante Frauen, ganz allein an einem so schönen Abend?«

Er wirkte galant, vielleicht zu smart. Seine Floskel, die hoch geratene Stimme – irgendetwas störte mich. Ich reagierte nicht schnell genug. *Sie sagen es. Meine Freundin und ich sind zu zweit und daher keineswegs allein*, hätte ich entgegnen können. Hannah aber kam mir mit einer anderen Antwort zuvor.

»Und was macht ein charmanter Mann alleine hier?« Sie nahm einen Schluck Wein und lächelte herausfordernd. Ich registrierte seine schmalen Beine, die sich unter einer edlen Hose abzeichneten und in blank poliertem Schuhwerk steckten.

Er machte eine Kunstpause und betrachtete Hannah. »Ich sammele Muscheln. Seltene, besondere Muscheln.«

Ich bemühte mich, nicht in Gelächter auszubrechen.

»Sie auch?« Hannah stützte ihren Kopf schief in die eine Hand, die andere hielt das Glas umschlossen, und sah zu dem Mann auf, dabei fahrlässig mit rechts zwinkernd.

»Wer tut das nicht?«, gab er zurück.

Hannah drehte den Stiel des Weinglases zwischen den Fingern. Ich warf ihr einen flehenden Blick zu.

»Ja dann …«, sagte sie zögerlich, »vielleicht sieht man sich ja morgen am Strand beim Muschelsuchen.«

»Carpe diem!«, sagte der Mann. »Ich lasse Ihnen meine Karte da. Falls Sie Lust haben, nachher mit mir einen Wein an der Bar zu trinken - ich bin bestimmt noch eine Weile hier unten.« Damit verabschiedete er sich, eine Verbeugung andeutend. Hannah nickte huldvoll, die Lider verdächtig gesenkt. Ich schaute seinem kaum merklich gekrümmten Rücken nach.

»Was sollte das denn? Bist du übergeschnappt? Ich dachte, wir wollen uns mal erholen. Muschelsuche! Sowas Lächerliches.«

»Fandest du den so verkehrt?«

Ich nahm ihr die Visitenkarte, die sie mit gestrecktem Arm stirnrunzelnd vors Gesicht hielt, aus der Hand.

»Vergiss es. Darf ich vorstellen: Herr Werner von Flöten. Was für ein Name…«

Wenigstens lachte Hannah, so, wie ich es liebe. Alles ließ sich womöglich noch abwenden.

»Werner von Flöten«, wiederholte ich feierlich. »Anwalt für Familienrecht.«

»Hey!« Hannah hob die Brauen. »Nicht schlecht, ein Anwalt. Und ein Blaublüter.«

»Von mir aus nimm ihn«, scherzte ich. »So eine Hühnerbrust. Ich mag gestandene Männer, denen man was zutrauen kann.«

»Na hör mal, einem Anwalt kann man doch was zumuten, oder?« Hannahs Wangen röteten sich.

Ich trank einen Schluck Wein. »Mir stellt sich eher die Frage, was du dir eigentlich zumuten willst.«

Gegen halb elf gingen wir in unser Hotelzimmer, dritter Stock, Balkon mit Meerblick. Das Fernsehen zeigte eine Comedy mit einem böswilligen Frauentrio. Ich riss eine Tafel Schokolade auf, von der Hannah kein Stück anrührte. Irgendwann schlief ich ein.

Als ich erwachte, umfing mich Dunkelheit. Der Fernseher war ausgeschaltet. Jemand hatte mir die Brille von der Nase genommen. Ich fingerte nach meinem Reisewecker und drückte die Lichttaste. Ein Uhr vierzehn. Meine Hand glitt über das leere Laken neben mir.

Am nächsten Morgen verloren wir vorläufig kein Wort darüber. Ich war froh, dass Hannah früher oder später zurückgekehrt sein musste, denn das Erste, was ich hörte, war die Dusche im Bad unseres Zimmers.

Vor dem Frühstück zog es uns an den Strand. Wir besprachen unsere Pläne für den Tag. Kappeln wollten wir erkunden, ein bisschen flanieren gehen. Plötzlich fiel mir die gedrungene Frau am Wasser auf. Sie marschierte mit großen Schritten durch den Sand, ein lila Halstuch flatterte mit weißen Haaren um die Wette. Ich zupfte Hannah am Ärmel. Sie grinste: »Quadratisch, praktisch, gut!«

Unvermittelt blieb die Frau stehen und hielt ihr rundes Gesicht in den Wind. Sie schloss die Augen, breitete die Arme aus und verharrte. Tuch und Haar schienen sich mit den Meereswellen zu verflechten. Wir waren stumme Zeugen einer Meditation.

Schließlich drehte die Alte sich zu uns, die stämmigen Beine in den Sand gebohrt.

»Herrlich, nicht?«, rief sie. Der Wind trug den Schall ihrer Stimme fast davon. »Nicht wahr?«

»Hm …« Mich durchfuhr ein Fluchtimpuls.

»Wisst ihr«, sagte die Frau und stapfte näher, »das ist ein wundervoller Ort. Gefällt er euch?«

»Ja, wirklich schön«, sagte Hannah höflich.

»Freut mich, wenn er euch gefällt.« Sie sprach, als hätte sie den Strand mit eigenen Händen geformt und böte ihn feil. »Vor vielen Jahren war ich das erste Mal hier. Wunderbar. Diese fantastische Brandung. Das Rauschen. Hört ihr das?«

Wir tauschten einen Blick und wollten uns von der Frau verabschieden, sie aber redete weiter. »Damals kam ich mit meinem Mann her. Unsere Hochzeitsreise. An dieser Stelle haben wir gemeinsam aufs Meer geschaut. Nur er und ich.« Jetzt traute sich keine von uns zu gehen.

»Heute ist sein Todestag.« Die Frau lächelte. Falten gruben sich um ihre hellen Augen, die sie auf Hannah richtete.

Hannah erstarrte. »Das tut mir leid«, brachte ich hervor.

»Vor zehn Jahren ist er gestorben. Seitdem fahre ich jedes Jahr an diesem Tag hierher, dann ist er ganz nah bei mir.« Sie kehrte sich wieder dem Wasser zu. »Kinder, ist das herrlich!«

»Ja. Alles Gute für Sie.« Die Frau schien mich nicht mehr zu hören. Sie stand reglos. Hannah und ich zogen uns zurück.

Beim Frühstück rührte Hannah in ihrer Kaffeetasse. Das Brötchen auf ihrem Teller war noch jungfräulich, als ich mein Ei gegessen hatte.

»Was geht dir durch den Kopf?«, fragte ich und belegte mein Brötchen mit Käse, Wurst und ein paar Gurkenscheiben.

Hannah sah aus dem Fenster.

»Na, was jetzt?«

»Die Frau vorhin. Das hat mich getroffen. Dich nicht?«

Ich schluckte den Happen im Mund hinunter. »Doch, klar. Sie kann einem leidtun.«

Hannah rührte in ihrem Kaffee und nahm endlich einen Schluck davon, als habe sie Erbarmen mit der schwarzen, lauen Brühe. »Ich weiß nicht. Es ist bewegend, was sie erzählt hat. Sie muss ihn wirklich geliebt haben. Und fühlt ihn bei sich.«

Ich nickte und musterte meine Freundin. Ihre Augen füllten sich mit Tränen. »Du liebst deinen Mann auch«, sagte ich leise. »Und er ist noch da.«

Ein Aufschluchzen. Ich schaute mich um. »Hannah? Was ist denn los?«

Sie nahm ihre Serviette und betupfte sich die Wangen. »Ach, entschuldige. Ich hab wieder zu wenig geschlafen.« Ihr Lächeln hing schief.

»Von Flöten?« Es nützte ja nichts.

»Wir haben an der Bar gesessen und geplaudert. Er hat mir teuren Wein spendiert. Viel mehr war nicht.« Die Worte kamen eilig. Ein Nachschub Tränen rollte heran.

»Was heißt das?«

Hannah schluckte. »Wir haben uns geküsst. Und für heute Nacht verabredet. Ich wollte gar nicht, dass du es groß mitkriegst. Ich bin ja mit dir hier. Ich dachte, du könntest sauer sein. Aber es war so schön gestern.« Schuldbewusst blickte sie zu mir. »Der viele Wein. Ich bin blöd.«

»Quatsch«, sagte ich.

»Werner war einfach … gentleman-like.« Sie seufzte. »Davon kann ich bei Konstantin nur träumen. Ich frage mich manchmal, ob ihm bewusst ist, was ich Tag für Tag zu Hause alles stemme, während er in irgendwelchen Besprechungen hockt. Abends sitzt man zerschossen und morsch auf dem Sofa. Man wird stumpf.«

»Allerdings.«

»Wie ein Muttertier komm ich mir vor, mit leeren Zitzen. Nebenbei tut man so was Aufregendes, mit dem Hund rauszugehen. Wen interessiert das schon? Und wer sagt dir, dass du deine Sache gut machst?«

»Ich.«

Hannah lächelte nachsichtig. »Meistens muss man noch rechtfertigen, warum man nicht arbeitet, sobald dein Kind sich den Daumen in den Mund stecken kann.« Sie machte eine Pause, ihr Blick entrückte. »Werner hat mich zum Lachen gebracht. Und mich wahrgenommen. Nicht als Mutter, sondern als Frau. Das waren wir früher doch auch, einfach Frauen. Man könnte mal alles vergessen. Schnell und unkompliziert. Im Hotelzimmer, irgendwie verrucht. Und dann nie wieder. Niemand müsste es erfahren. Das tut eigentlich keinem weh. Oder?« Sie schnäuzte sich in die Serviette und sah mich zweifelnd an.

Ich hätte dazu viel erzählen können und schwieg lieber. Man braucht seine Geheimnisse.

»Diese dicke Frau eben. Sie ist treu«, sagte sie.

»Ja. Das ist sie wohl.«

Hannahs Augenlid flackerte. »Ich könnte Konstantin manchmal umbringen. Aber du hast Recht, ich liebe diesen Sturkopf. Ich will gar keinen anderen. Kaum zu glauben. Ich möchte dieses langweilige, furchtbar anstrengende Glück behalten.«

»Wir werden eben alt, wir beiden.«

»Scheint so. Bald nehmen wir vorm Zubettgehen die Zähne raus.«

»Und setzen die Perücken ab.«

»Und was soll ich jetzt machen?«, fragte Hannah.

»Was schon?« Ich zuckte mit den Schultern. »Nichts. Nicht hingehen. Ganz einfach.«

Als wir den Frühstücksraum verließen, entdeckten wir Werner, abseits in einer Nische sitzend. Seine Mundwinkel zitterten, er schaute Hannah entgegen. Ich konnte sie nicht davon abbringen, seinen Tisch anzusteuern. Immer wollte sie dafür sorgen, dass niemand ihr etwas nachtrug. Obwohl ich diskret weiterging, hörte ich sie sagen: »Ich kann heute leider nicht kommen. Trotzdem vielen Dank für den netten Abend gestern.« Sie lachte verlegen. »Sollten mein Mann und ich mal Hilfe im Scheidungsrecht brauchen, werde ich mich an Sie wenden.« Werner lachte nicht.

Wir setzten unseren Plan um und bummelten durch Kappeln. Rote und blaue Fischkutter schaukelten durch den Hafen. Unsere gute Laune war zurückgekehrt. Es war ungewohnt, die Deko-Läden nicht nur flüchtig vor dem Schaufenster zu bewundern, sondern auch zu betreten. Ohne die Kleinen mussten wir nicht um die zerbrechliche Ware in den Regalen bangen. In einem Café tranken wir Cappuccino. Jede telefonierte nach Hause. Mit den aufgeregten Kinderstimmen am anderen Ende sprang uns das heimische Chaos an. Solidarisch zwinkerten wir einander über den Bistrotisch zu. Gestählte Mutterseelen. Nach dem Telefonat seufzte Hannah tief, das zweite Mal an diesem Tag, und schaltete ihr Handy aus.

Am späten Nachmittag kamen wir wieder ins Hotel. Wir setzten uns auf den Balkon und schmökerten in Zeitschriften, bis es Zeit war zu essen. Werner von Flöten befand sich nicht im Restaurant, wie wir mit Erleichterung feststellten. Wir ließen uns das Abendessen schmecken. Dem nächsten Tag, Muttertag, sahen wir mit gemischten Gefühlen entgegen.

Dieser letzte Abend ohne Anhang sollte mit einer Abschiedsrunde am Meer ausklingen. Es dämmerte, die Sonne war hinter dem Horizont verschwunden. Verglimmende Rot- und Lilatöne säumten unsere Schritte am Ufer. Wir schlenderten zum senkrecht stehenden Boot mit der eingebauten Sitzbank, um uns dort niederzulassen und den Ausblick zu genießen, bevor die Dunkelheit Himmel und Wasser vereinen würde. Die Eindrücke des Tages hatten uns schwerfällig gemacht.

Plötzlich lallte dicht neben uns eine zu hohe Stimme. »Hier habt ihr euch also abgesetzt, ihr blöden Schlampen.« Ein Kopf erschien am Bootsrand. Wir schauten ungläubig hin. Werner von Flöten musste uns gefolgt sein. »Vor allem du. Meins wohl, dein Gatte kann's dir besser besorgen, was?«

Mein Herz pochte, niemand sonst war in der anbrechenden Nacht zu sehen. Hannah krallte sich in meinen Arm. Wir waren von den Bootswänden halb umschlossen und hätten uns an Werner vorbeizwängen müssen, um wegzulaufen. Ich hoffte, er würde schimpfend weiterziehen. Er war jedoch noch nicht fertig mit uns.

»Pass ma auf, veräppeln lass ich mich nich. Erst Tittenschwenken, und dann is außer Spesen nix gewesen! Weiber wie euch brauch kein Mensch. Ihr mit euern persilgewaschenen Punzen!«

Nun wurde es mir zu bunt. »Du spinnst wohl… Hau ab und schlaf deinen Rausch aus!«, rief ich.

Für einen Moment verfehlte meine Stimme ihre Wirkung nicht. Werner glotzte mich mit schiefem Gesicht an. »Wer hat dich denn gefragt? Aber wenn ich dich so anguck… Vielleich bist du ja nich so zickig.«

Jetzt lacht er wirr. Seine Augen flimmern fiebrig. Er kommt mir zu nah, fällt in meinen Ausschnitt. Eine Zunge schnellt hinein. Nass. Fremd. Sein Atem sticht. Ich erstarre zu Eis.

Hannah nicht. Sie löst ihren Klammergriff von meiner Seite.

Ich halte die Luft an.

Vor uns liegt Werner im Sand. In seinen Augen spiegelt sich der Mond. Die Dunkelheit rafft uns alle zusammen. Auch die Frau mit dem züngelnden Tuch, dessen Farbe man nicht mehr erkennen kann, aber sie ist es, die Frau von heute Morgen. Auf einmal steht sie da. Anfangs spricht niemand. Erst recht nicht Werner. Der kleine Findling neben seinem Kopf glänzt. Wir rühren uns nicht, stieren in die Finsternis. Selbst das Meer hat sich zurückgezogen. Ich höre es nicht.

»Gut gemacht«, sagte die Frau schließlich. Ihre Füße stemmten sich unverrückbar in den Boden. »So was wollen wir hier nicht.« Wohlmeinend nickte sie uns zu. Dann beugte sie sich zu Werner und befühlte seinen Puls. »Tot. Mausetot.« Sie ließ seine Hand fallen wie einen schlappen Fisch.

»Verdammter Mist, was machen wir denn jetzt?«, fragte Hannah mit rauer Stimme. Mir wurde übel.

Die Frau lächelte unbeirrt. »Die Ruhe genießen. Und ihn vorher beseitigen. Schafft ihr das zu zweit?«

Ich konnte keinen Laut von mir geben.

»Natürlich schafft ihr das«, entschied die Dicke. »Werft ihn ins Meer. Sonst müsst ihr euch rechtfertigen. Das sollten wir Frauen uns abgewöhnen.« Sie rieb Sand von ihren Fingern und schaute sich um. »Ich hoffe, ihr kommt wieder. Würde mich freuen.« Damit verließ sie uns zielstrebig, als gälte es, in dieser Nacht wichtigere Missionen zu erfüllen.

Mein Mund war trocken. Staubtrocken.

»Habe ich überreagiert?«, fragte Hannah nach einer Weile kleinlaut in die Stille.

Ich versuchte, einen klaren Gedanken zu fassen. Dass er betrunken war, würden sie herauskriegen, ein Stoß zu Boden hätte genügt. Man würde Hannah Totschlag zur Last legen. Nein. Das Risiko konnte ich nicht eingehen. Die Frau hatte Recht. Es war ganz einfach. Werner musste weg. Wir wären auf der sicheren Seite, alles bliebe wie bisher. Hannah müsste sich nicht erklären. Und die Kinder würden nichts erfahren, geschweige denn Konstantin. Nichts von all dem.

Keine Menschenseele beobachtete uns. Trotzdem war es riskant, ihn bis zum Ufer zu zerren. Und es kostete Kraft, wenn er auch eine Magerwurst war. Nah am Wasser entglitt er unseren Händen und plumpste in den Sand. Ich lief zurück, fand bald den blutigen Stein. Meine Augen hatten sich an das Mondlicht gewöhnt. Die Schleifspuren verwischte ich. Hannah bewachte von Flöten.

»Wir lassen ihn so zu Wasser. Soll er treiben«, beschloss sie, während ich den Findling weit weg ins Meer warf. »Der Typ war sturzbesoffen, das können die im Hotel bestimmt bestätigen. Falls man ihn entdeckt. Sie werden denken, er sei über einen Stein gestolpert und hätte sich am Hinterkopf verletzt.

Dann hat ihn das Meer erfasst.«

Das klang logisch. Man darf Hannah nicht unterschätzen.

Wir rollten Werner von Flöten ächzend in die See.

Erschöpft wuschen wir uns die Hände im Meer. Unsere Kleider waren sandig und durchnässt, doch ich spürte keine Kälte. Auf wackligen Beinen hakten wir einander unter und fanden den Weg ins Hotel. Zum Glück mussten wir nicht an der Rezeption vorbei. Mühsam erreichten wir den dritten Stock. Noch eine Nacht, und wir würden bei unseren Familien sein. Ich sehnte mich nach den duftenden, weichen Wangen meiner Kinder.

Hannah duschte zuerst. Als ich aus dem Bad kam, war sie nicht im Zimmer. Ein Luftzug streifte mich. Die Balkontür war aufgeschoben, das Licht ausgeschaltet. Stattdessen flackerten Teelichter und ließen die weißen Muscheln vom Strand schimmern. Der Wecker zeigte nach Mitternacht.

Die Augen meiner Freundin glitzerten, silbrig und vertraut. Auch das rechte war weit geöffnet, als sie vom Balkon herein trat. Wir standen beide einen Moment an der Tür und lauschten. Das Meer hatte nicht viel zu verdauen und seinen Rhythmus wiedergefunden. Es schien mit den Wellen zu atmen.

»Alles Gute zum Muttertag. Meine Beste…«, murmelte Hannah.

Kleiner Prinz

Regina Schleheck

Natürlich hatte er es nicht gewollt! Ein harmloser Spaß! Die Kinder wollten es doch! Sie hatten gekreischt und ihn angefeuert. Und er hatte Gas gegeben. Als er wieder nach ihnen guckte, kreischten sie immer noch, aber die Taue hatten sich gestrafft, und sie waren so weit weg, dass er sie über dem Brüllen des Bordmotors kaum noch hören konnte. Sie klammerten sich an die Leinen und hüpften zwischen den Bugwellen auf und ab. Er brauchte eine ganze Weile, um zu verstehen, dass es nur noch drei waren.

Timo wurde erst vier Tage später bei Göhren angeschwemmt. Er hatte nichts mehr gemein mit dem kleinen drahtigen Jungen, der beim Lachen die Augen zusammenkniff. Ich habe mir versucht vorzustellen, dass er im Moment seines Todes so gelacht haben mochte, dass er nicht mehr mitgekriegt hatte, wie ihm das Tau entglitten war. Dass eine Welle ihn schlagartig verschluckt hatte, noch ehe er die Augen wieder geöffnet hatte. Aber vielleicht hatte er ja auch die ganze Zeit vor Angst geschrien. 365 Tage lang träumte ich 365 verschiedene Varianten des Ertrinkens. Keine war tröstlich.

Ich hatte Sören eine Woche vor dem Unglück erst kennen gelernt. Wir saßen in Binz in dem kleinen Strandcafé, Carla, Timo und ich, als er mit den Zwillingen an unseren Tisch kam und fragte, ob sie sich dazu setzen dürften. Alle anderen Tische waren besetzt. Karl und Karla waren genauso weißblond und braungebrannt wie ihr Vater, und es dauerte keine fünf Minuten, bis die Kinder klar hatten, dass die beiden Mädchen neben dem anderen Anfangsbuchstaben – C und K – nur zwei Wochen Lebenszeit voneinander trennten. Widdergeborene alle beide: Meine Carla mit C am sechsten, seine Karla mit K am zwanzigsten April. Ihr Bruder Karl hingegen war erst kurz nach Mitternacht geboren und daher ein Stier. Seine Frau hätte die ganze Nacht in den Wehen gelegen, erzählte Sören mir, noch ehe er bei der Kellnerin etwas geordert hatte, man habe Karl schließlich in einer dramatischen Aktion holen müssen. Seine Frau sei zwei Tage darauf gestorben.

Vielleicht war es der Mitleidsbonus. Oder seine überraschende Offenheit, die mich für ihn einnahm. Vielleicht war es auch der Zauber der beiden Carlas, die ohne Punkt und Komma miteinander schnatterten, während Karl, der Zwillingsbruder, eher eine gelangweilte Miene zur Schau trug, als könnte er sein Manko der späten Geburt durch Überheblichkeit wettmachen. Timo guckte weg und antwortete nicht, als Sören ihn nach seinem Alter fragte. »Im Januar wird er neun«, versuchte ich seine Unhöflichkeit mit einem Lächeln in Sörens Richtung zu überspielen, »ein klassischer Steinbock – wie seine Mutter. Er hält lieber hinter dem Berg mit allzu intimen Details aus seinem Leben.«

Zwei Tage später waren wir mit einem gemieteten Segelboot unterwegs. Ich war nie zuvor gesegelt, meine Kinder genauso wenig, aber Sören hatte die Zwillinge bereits mitgenommen, als sie kaum auf zwei Beinen stehen konnten. »Die beiden sind im Wasser mehr zu Hause als an Land!«, lachte er.

Timo, der nie freiwillig ins Wasser ging, sich lieber stundenlang am Strand dem Sandburgbauen, dem Sammeln angeschwemmten Treibguts und der Erforschung der Strandfauna widmete, blieb verschlossen. Carla lebte auf. Vielleicht war es ja auch mein schlechtes Gewissen, was meine Tochter anging, dass ich Sören so bereitwillig vertraute. Obwohl mein Mann längst in Süddeutschland, wohin er von seinem Konzern entsandt worden war, die offene Ehe praktizierte, hatte ich den Kindern jetzt zwei überflüssige Jahre lang heile Familie vorgespielt. Carla hatte die vakante Elternrolle gegenüber ihrem kleinen Bruder übernommen, eine Verantwortung, die ihr drei Nummern zu groß war, aber ich war froh, davon ein bisschen abgeben zu können.

Und nun war da Sören, strahlend, berstend vor Optimismus

und Abenteuerlust. Ich hatte ihn nicht gefragt. Aber der Schütze sprang ihm aus allen Knopflöchern. Auch wenn ich mich als Steinbock nicht so leicht anstecken ließ, taten die Umstände doch das ihre, und so fanden wir uns nicht nur allzu bald mit ihm in einem Boot wieder, sondern an jenem verhängnisvollen Tag hatte ich meine Kinder sogar ganz allein mit ihm aufs Meer geschickt, weil ich selbst von einer periodischen Unterleibsschmerzattacke heimgesucht worden war, die mich ans Haus fesselte. Hätte ich die Kinder nötigen sollen, mit mir allein in der Ferienwohnung zu bleiben?

Und doch war ich schuld! Ich hatte mein Kind in den Tod geschickt!

Mein Selbsthass wurde nur noch übertroffen von dem Hass auf Sören, von dessen strahlender Zuversicht ich mich betrogen fühlte, als hätte er sich absichtlich in dieses Licht gestellt, dass ich nicht anders gekonnt hatte als ihm zu vertrauen!

Kaum dass ich die Beerdigung hinter mich gebracht hatte, reichte ich die Scheidung ein.

Ein Jahr später erreichte mich Sörens Brief. Er komme nicht darüber weg, schrieb er. 365 Tage lang habe er davon geträumt, dass er Timo rechtzeitig aus dem Wasser hätte holen wollen, aber nie sei es ihm gelungen. Er müsse mit mir reden. Mich sehen.

Acht Briefe lang grübelte ich darüber nach, wie ich damit umgehen sollte. Die Herbstferien kamen, und meine Mutter bot an, Carla zu sich zu nehmen. Eine Woche ganz allein für mich.

Ich fuhr nach Rügen. Traf Sören in dem gleichen Strandcafé wie damals, nur dass damals die Sterne unser Schicksal gelenkt hatten, jetzt aber war es mein Entschluss. Karl und Karla seien auf einer Freizeit in Jersey, erzählte er. Ich heuchelte Interesse und frohlockte innerlich. »Lass uns gemeinsam zu der Stelle fahren, wo es passiert ist«, bat ich ihn. Er war ohnehin schon auffallend bleich gewesen, nur noch ein Schatten des Sören, der meine Kinder und mich vor über einem Jahr noch um den Finger gewickelt hatte, aber nun nahm seine Gesichtsfarbe eine noch hellere Färbung an. »Ich bin seitdem dort nicht mehr gewesen, ich war überhaupt nicht mehr draußen«, stammelte er. »Wozu soll das gut sein?«

»Ich weiß nicht, aber vielleicht hilft es ja«, sagte ich. Für einen Moment tat er mir leid. Aber den Gedanken schob ich schnell beiseite.

Es war später Nachmittag, als wir endlich ein Boot gechartert hatten. Ich legte Wert darauf, dass es genau das gleiche war wie damals, eins mit Außenbordmotor. »Ich will es verstehen können«, erklärte ich Sören meinen Wunsch alles exakt zu rekonstruieren, »ich war schließlich nicht dabei. Ich hoffe, es hilft uns, es zu verarbeiten.«

Das Meer gab sich friedlich. Es war ein warmer Herbstnachmittag, die Sonne stand schon früh tief. Wir segelten vor dem Wind, was mir das sichere Gefühl gab, dass alles seine Richtigkeit haben musste. Sörens steile Stirnfalte schwand in dem gleichen Maße, wie wir uns von der Küste entfernten. Dies war sein Element. Sein Blick ging übers Meer, zum Himmel, mied mich. Er sprach keinen Ton, eine gute halbe Stunde lang, die wir immer weiter in Richtung Horizont fuhren, alles hinter uns lassend, was uns das letzte Jahr gequält hatte. Dann lockerte er das Segel, machte schließlich eine scharfe Kehrtwende und brachte das Boot zum Stehen. Täuschte der Eindruck, oder trat Windstille ein? Ich stellte mich dicht neben ihn und blickte über die Wasseroberfläche, über die kleine Wellen hin und her huschten, als hätte das Meer Gänsehaut. Als ich nach einer Weile schräg hoch blickte, sah ich, dass ihm Tränen über die Wangen liefen. Ich hob mich auf Zehenspitzen, um die kleinen Rinnsale mit den Fingern weg zu wischen. Das Boot schwankte ein bisschen und Sören hielt mich fest, als ich das Gleichgewicht zu verlieren drohte. Als ich seinen warmen Händedruck an meinen Oberarmen spürte, war auf einmal alles weg, was ich an Ingrimm in mir getragen hatte. Ich legte meine Stirn an seine Brust und weinte. Sörens Hände klopften mir beruhigend auf die Schulterblätter, er brummte etwas Unverständliches, fuhr mir über den Rücken. Ich spürte, dass alles gut war. Alles würde gut. Die Sehnsucht, es zu Ende zu bringen, wallte in mir hoch. »Sören«, sagte ich und suchte seinen Blick, »ich will, dass du mir ein Kind machst.«

Er ließ mich los und trat verblüfft einen Schritt zurück. »Was?«, fragte er ungläubig.

»Ich will ein Kind«, wiederholte ich.

Sören konnte es nicht fassen: »Wozu soll das gut sein? Und wieso ausgerechnet von mir?«

Ich lächelte. »Du hast mir meinen Sohn genommen. Mach mir einen neuen.«

Sörens Befremden ließ seine Stimme lauter werden. »Das kann dir doch Timo nicht ersetzen!«

»Mach mir ein Kind«, insistierte ich.

»Du kannst doch nicht -«, er fasste sich an den Kopf, schüttelte ihn, lachte unfroh. »Was, wenn das neue Kind auch verunglückt?«

»Es wird ein Krebs. Er würde sich nie in Gefahr begeben!«

Er machte eine abwehrende Bewegung. »Du bist ja komplett durchgeknallt«, sagte er laut.

Da explodierte etwas in mir. Mit einer Wucht, die sich aus meinem tiefsten Inneren ihren Weg bahnte, als hätte sie die ganze Zeit schon dort gelauert und Kräfte gesammelt für diesen einen Stoß, warf ich mich gegen ihn, dass er von dem unerwarteten Aufprall ins Schwanken geriet und mit den Armen ruderte. Ein kleiner Tritt genügte, und er ging über Bord. Ich hechtete zum Motor und ließ ihn anspringen. Dann fuhr ich einen großen Bogen mit dem Boot. Als ich Sörens Kopf geortet hatte, peilte ich genau und ließ den Motor aufjaulen. Dann fuhr ich mit Vollgas landwärts zurück. Ich bin mir sicher, dass ich ein Krachen am Schiffsrumpf gehört habe. Spüren konnte ich jedenfalls ganz genau, dass da ein harter Widerstand war. Aber es dämmerte ja schon. Wie sollte ich ihn da noch genau erkannt haben? Nach ein paar Minuten drosselte ich den Motor wieder und schipperte gemächlich weiter. Ich hatte Zeit. Viel Zeit. Ich legte mich zurück und blickte in den Himmel, wo ein glitzernder Punkt nach dem anderen erschien und mir zuzwinkerte. Irgendwo da oben war mein Sohn. Ich zwinkerte zurück.

Mutter Carnage und ihre Kinder

Harry Michael Liedtke

Viele Menschen tragen den Wunsch in sich, wenigstens einmal im Leben eine prominente Person zu treffen. Mir widerfuhr dieser vermeintliche Glücksfall schon recht früh, im Alter von 10 Jahren. Allerdings geschah das völlig unfreiwillig. Damals hatte ich keine Ahnung, wer mir da über den Weg gelaufen war. Und im Nachhinein betrachtet wäre es mir lieber, wenn sich das Zusammentreffen nie ereignet hätte, das können Sie mir glauben. Mir wird noch heute, Jahrzehnte später, flau im Magen, wenn ich daran zurückdenke.

Ich wuchs als Sohn eines Maisbauern in der kleinen Ortschaft Greentop in Missouri auf. Es war die Zeit der Großen Depression, allerdings bekamen wir Kinder von den wirtschaftlichen Unruhen der 1930er Jahre nur wenig mit. Vater hatte zwar einigen Ärger mit den Banken, aber er erzählte nichts davon, und unser Hof warf genug zum Leben ab. Andere waren viel schlimmer dran.

An jenem spektakulären Tag im Hochsommer 1934 war ich mit einem jener Dinge beschäftigt, die Farmerskinder gemeinhin so machen: Ich wässerte den Garten. Zur Selbstversorgung hatten Dad und ich einige Gemüsesorten angepflanzt. Ich weiß nicht mehr, ob ich die Tomaten, die Bohnen oder die Mohrrüben goss, als ich vom Geräteschuppen her ein lautes Rascheln hörte. Erst dachte ich, es sei Fuzzy gewesen, mein Maultier, aber Meister Langohr aalte sich faul am anderen Ende des Gartens in der Sonne. Als sich das Knistergeräusch wiederholte, beschloss ich nachzusehen. In der Erwartung, einer fetten Ratte zu begegnen, spähte ich vorsichtig zwischen den Hacken und Schaufeln umher, einen alten Teppichklopfer als Schlagwaffe hoch erhoben in der Hand. Wie ich so voran schlich, packte mich auf einmal jemand von hinten. Eine schwielige Hand verschloss mir den Mund. Panik schoss in mir hoch. Ich versuchte zu schreien und wand mich wie ein Wiesel im Sack, aber der Griff war zu stark.

»Ruhig, Kleiner«, zischte mir mein Häscher zu, »ganz ruhig.« Es war eine Frauenstimme – spöttisch, aber warm. Ich entspannte mich ein wenig. Der Griff blieb aber fest.

»Ich nehme jetzt meine Hand von deinen Lippen«, raunte mir die fremde Frau ins Ohr. »Wehe, du schreist!«

Ich nickte. Die Hand löste sich, und ich drehte mich ganz langsam um. Eine nicht mehr ganz junge, ziemlich zerzauste Lady stand mir gegenüber. Es schien ihr nicht gut zu gehen. Sie schwitzte wie eine Zwiebel in der Pfanne, und ihr Atem rasselte beunruhigend. Obwohl im Schuppen Dämmerlicht herrschte, nahm ich wahr, dass es aus ihrem Hemdsärmel tropfte. Blut ...? Dennoch, bei aller Angegriffenheit, schwächlich wirkte die Frau nicht. Mit ihrer gedrungenen Figur und ihrem kessen Grinsen strahlte sie Stärke und Widerstandsfähigkeit aus. Irgendwie war mir die Frau sympathisch. Ihr großer Busen und ihr Dutt erinnerten mich an Mama. Mum war vor etwa einem Jahr gestorben. Ganz plötzlich. Ein Herzfehler, hatte der Arzt gesagt. Ich vermisste sie sehr.

»Sie ... Sie blu – ten«, stammelte ich.

»Nur ein Kratzer«, wiegelte die fremde Frau ab. »Sag mal, Kleiner, ist noch jemand anderes hier?«

In meiner kindlichen Naivität schüttelte ich den Kopf. »Nein, mein Pa ist in der Stadt. Vorräte einkaufen.«

Ein hintergründiges Lächeln huschte der Frau über das volle Gesicht. »Gut! Hör zu, Kleiner, du musst mir helfen. Bist doch ein lieber Junge, oder? Hol erst mal Verbandszeug und was zu beißen.«

Ich nickte und flitzte ins Wohnhaus, um das Verlangte zu holen. Mit ein paar Bandagen, Heilsalbe, Brot und Schinken kehrte ich zurück.

»Wie haben Sie sich verletzt?«, fragte ich die Frau, während ich half, die Blessur am Oberarm zu verarzten.

»Bin in einen Nagel gefallen«, lautete die Antwort. »Gib mir mal das Messer. Ein abgebrochenes Stück des Zinkens steckt noch drin, das muss ich ausbröckeln. Die Klinge ist doch wohl sauber?«

Ohne meine Antwort abzuwarten, pulte sie in der Wunde herum. Das Blut floss in Strömen. Doch kein Laut des Schmerzes kam über die Lippen der Frau, ihr cooles Grinsen behielt sie bei. Das imponierte mir. Nach einer Weile förderte sie ein plattes Stück Metall zutage. Ich stutzte. Das matt blinkende Ding sah eher aus wie eine Pistolenkugel und nicht wie ein Nagel. Schnell ließ es die Frau in ihrer Hosentasche verschwinden. Bevor ich fragen konnte, forderte die Unbekannte mich auf, ihr beim Umwickeln des Arms zu helfen. Als der Verband angelegt war, hatte ich meine Frage bereits vergessen.

»Danke, mein Kleiner«, seufzte die Frau, während sie sich über den Schinken hermachte. »Sag, wie heißt du eigentlich?«

»Theo. Eigentlich Theodore. Und Sie?«

»Nenn mich Kate.« Sie stieß einen langen Rülpser aus, der mich zum Lachen brachte. »Weißt du, Theo, was jetzt noch fehlt? Etwas zu trinken.«

»Milch?«

»Bier!«

Eifrig eilte ich zurück ins Haus, um den Gerstensaftvorrat meines Vaters zu plündern. Nachdem Kate sich gestärkt hatte, folgte ihre nächste Forderung.

»Theo, du musst mich hier wegbringen.«

»Warum?«

»Frag nicht. Ich kann eben nicht bleiben. Dringende Termine«, zwinkerte sie mir zu. »Dummerweise habe ich mir auch noch den Fuß verknackst und kann nicht richtig laufen.«

»Tja, am besten ist es, wir warten, bis mein Dad wieder da ist. Dann kann er Sie mit dem Auto fahren.«

Kate winkte ab. »Nein, es ist besser, wenn mich keiner sieht. Du musst wissen«, raunte sie mir zu, »ich habe da ein paar hartnäckige Verehrer. Die möchte ich abschütteln.«

Das leuchtete ein.

»Ich könnte Sie mit meinem Leiterwagen aus der Stadt schmuggeln«, schlug ich vor. »Ich fahre, Fuzzy zieht, und Sie können sich unter ein paar Decken verstecken.«

»Perfekt!«

»Wo müssen Sie denn hin, Missis Kate?«

»Erst einmal zur Fireside-Raststätte oben an der Route 58. Dann sehen wir weiter. Es müsste dort jemand auf mich warten.«

Ein weiteres Bier später zogen wir los. Ich hatte noch etwas Proviant eingepackt und meinem Dad einen Zettel auf den Küchentisch gelegt. Er solle sich keine Sorgen machen, stand darauf, ich wäre mit Fuzzy auf Hasenjagd und gegen Abend wieder daheim. Auf Kates Wunsch nahmen wir den Feldweg durch die Maisfelder und nicht die Straße durch die Stadt, obwohl das drei Meilen mehr bedeutete. Wir kamen nur langsam voran. Kein Wunder, Fuzzy war keine Lokomotive. Aber immerhin zeigte er sich nicht wie sonst stur. Möglicherweise war dies Missis Kates Ausstrahlung zu verdanken. Sie war eben eine Respektsperson.

»Was meinst du, Kleiner, wie lange dauert es, bis wir da sind?«, fragte meine Passagierin nach etwa drei Stunden.

»Ich schätze, mindestens den halben Tag.«

Kate stieß ein missbilligendes Knurren aus.

»Wenn wir am großen Teich sind, ist es nicht mehr weit«, erklärte ich beruhigend. »Von da ab ist es nur noch eine Stunde bis zur Landstraße.«

Kate stöhnte geräuschvoll, aber es klang weniger nach Schmerz als nach Ungeduld.

»Was machen Sie eigentlich in unserer Gegend, Missis Kate?«, fragte ich neugierig. »Ich habe Sie hier noch nie gesehen.«

»Durchreise«, lautete die knappe Antwort.

»Wo ist denn Ihr Auto?«

»Liegengeblieben. Beim Geldholen.«

»Oh, da haben Sie aber großes Pech gehabt. Was ist denn mit dem Wagen?«

»Reifenschaden.«

»Aha. Und dann sind Sie zu Fuß weiter?«

»Yup.«

»Um vor Ihren lästigen Verehrern abzuhauen?«

»Genau.«

»Missis Kate, wenn die Männer Sie belästigen, sollten Sie zur Polizei gehen.«

Unter der Decke ertönte ein Prusten. »Keine Polypen. Bloß das nicht.«

Ich musste kichern. »Was sind denn Pollüpen?«

Kate lugte verschmitzt unter den Stoffbahnen hervor. »Kann ich dir sagen: neugierige Wichte, die ihre Schnüffelnasen überall reinstecken.«

Ich verstand. Schweigend ging es weiter. Erst als wir am Tümpel ankamen, sprach ich Kate wieder an.

»Der Teich, der Teich!«, krähte ich fröhlich.

Kate schreckte auf. »Halt die Klappe, Kleiner«, fuhr sie mich an. »Nicht so laut!«

»Hier ist niemand«, gab ich eingeschnappt zurück. »Nur Frösche und Grillen.«

»Dann ist ja gut.«

So langsam wurde ich misstrauisch. Zugleich dämmerte mir, dass ich sehr leichtfertig handelte. Uns Kindern wurde immer gesagt, man solle auf gar keinen Fall mit Fremden mitgehen. Aber hier war die Lage ja ein bisschen anders. Streng genommen ging die fremde Frau mit mir mit, das war ein Unterschied. Oder etwa nicht ...? Kate schien meine Gedanken zu erraten. Wieder linste sie unter den Plünnen hervor.

»Weiß du, Kleiner«, meinte sie, »irgendwie erinnerst du mich an meinen Jüngsten. Der hatte wie du ein goldenes Herz, aber eben auch 'nen Sockenschuss. Er hat immer nur von zwölf bis Mittag gedacht und war viel zu leichtgläubig und gutmütig.«

Mir entging nicht, dass Kate in der Vergangenheit sprach. »Ist was mit Ihrem Jüngsten?«, fragte ich.

»Der Sensenmann hat ihn abgeholt. Er ist tot.« Kates Stimme klang jetzt ziemlich brüchig. »Schon lange. Man hat ihn zersiebt.«

»Wie wird man denn zersiebt?«, konnte ich mir nicht verkneifen zu fragen.

»Er ist nicht in Deckung gegangen, als es anfing zu hageln. Wie gesagt, er war viel zu vertrauensselig.«

Einmal mehr verstand ich nicht genau, was Kate meinte. Aber mir fehlte die Traute nachzuhaken, und wenig später hatte ich bereits wieder anderes im Sinn. Das knallige rotgelbe Reklameschild des Fireside-Motels kam in Sichtweite. Kate stieß ein zufriedenes Schnauben aus, als ich sie auf die Firmentafel aufmerksam machte. »Na endlich!« So sehr ich Kate auch mochte, ich war froh, bald wieder nach Hause gehen zu können. Ein bisschen flößte sie mir doch Furcht ein.

Wir erreichten den Parkplatz der Raststätte. Streng befahl mir Kate, abseits am hinteren Rand stehen zu bleiben. Sie quälte sich aus dem Leiterwagen und hielt nach einem bestimmten Wagen Ausschau. Rasch fand sie ihn, wie ihr erleichtertes Lächeln verriet. So schnell sie konnte, humpelte die unverwüstliche Lady auf den schwarzen Plymouth zu, dessen Türen sich öffneten. Zwei Männer stiegen aus. Ein weiterer Herr stürzte aus dem Hauptgebäude und gesellte sich zum Trio. Finstere Typen, alle noch recht jung. Kate begrüßte die drei mit Handschlag und unterhielt sich mit ihnen. Dem wilden Gestikulieren nach zu urteilen, schien es eine heftige Diskussion zu sein. Verstehen konnte ich nichts, dafür war ich zu weit entfernt. Kate deutete auf mich, der ich zaghaft in der Ecke stand, und die Männer sahen mich mit kaltem Blick an. Einer machte das Zeichen des Kehledurchschneidens. Das kannte ich aus den Piratenbüchern, die ich und mein bester Freund Jimbo förmlich verschlangen. Von denen hatten wir Dutzende in unserem Baumhaus gestapelt, es verging kein Tag, an dem wir nicht in ihnen schmökerten. Jetzt kriegte ich richtig Angst. Doch Kate machte eine ablehnende Handbewegung. Die Kehle bleibt ganz. Als der fiese Kerl offenkundig Widerworte gab, knallte Kate ihm kurzerhand eine. Klatsch! Das Geräusch der Ohrfeige drang sogar bis zu mir. Mit einer herrischen Armbewegung wies Kate die drei Männer an, ins Auto einzusteigen. Nachdem auch sie im Wagen Platz genommen hatte, brauste das Quartett ohne weiteren Aufschub davon.

Ich trollte mich mit Fuzzy heimwärts und dachte nicht lange darüber nach, wieso sich Kate bei mir nicht verabschiedet oder gar bedankt hatte. So war sie eben. Immerhin hatte sie mich gegen den Fiesling verteidigt. Warum mir der Mann ans Leder hatte gehen wollen, war mir allerdings völlig unklar. Ich war doch eigentlich Kates Retter. Den ganzen langen Rückweg grübelte ich über diese Frage. Sie beschäftigte mich so sehr, dass ich die Zeit vergaß. Eh ich mich versah, war ich zu Hause.

Als ich Fuzzy zur Tränke führte, raste mein Kamerad Jimbo auf mich zu.

»Theo, Theo, hast du es schön gehört?«, rief er mit sich überschlagender Stimme. »Du glaubst es nicht! Ma Baker und ihre Jungs sind in der Gegend. Ungelogen! Die berühmte Gangster-Mom und ihre fiesen Söhne treiben sich bei uns herum! Die Bankräubersippe, die jeden umnietet, der ihr in die Quere kommt. - Holy Moses!«

Während mein Freund tief Luft holte, befiel mich ein mulmiges Gefühl.

»Mann, ich werd verrückt«, röhrte Jimbo. »Seit fünf Jahren schon hetzt das FBI hinter der Bande her – ohne Erfolg. Und dann taucht die Killerbrut ausgerechnet hier auf.«

Meine Knie wurden weich.

»Die Gang hat versucht, die Bank in Kirksville zu überfallen«, fuhr Jimbo erbarmungslos fort. »Aber der Sheriff hat einen Tipp gekriegt. Er und seine Leute haben der Bande aufgelauert und sie unter Feuer genommen. Die Bakers sollen ganz schon was abgekriegt haben.«

»Sind welche entkommen?«, erkundigte ich mich.

»Alle vier. Obwohl man den Fluchtwagen, in dem Ma Baker saß, förmlich geschrotet hat. Die zwei Bandenmitglieder, die Schmiere standen, haben die Polizei leider so lange in Schach halten können, bis sich ihre Mutter aus dem Staub gemacht hatte. Weit wird die alte Elster aber nicht kommen. Es hieß, man habe die Reifen zerschossen. Und Ma selbst soll sich einen Querschläger eingefangen haben.«

Ich musste mich setzen.

»Was hast du?«, fragte Jimbo besorgt. »Ist dir ein Gespenst erschienen? Du bist ja blasser als ein Käsekuchen.«

Nachdem ich einen dicken Kloß runtergeschluckt hatte, erzählte ich ihm von meiner Begegnung. Ich konnte nicht anders. Es musste raus. Staunend hörte Jimbo zu. Er kriegte den Mund gar nicht mehr zu. Als ich geendet hatte, pfiff er durch die Zähne. »Mensch, Theo, ist dir klar, was du für ein Glück gehabt hast? Die Bakers machen keine Gefangenen. Zeugen legen sie normalerweise ohne viel Federlesens um. Zwei Dutzend Menschen soll die Bande bereits abgemurkst haben.«

Das war zu viel. Mir wurde schwarz vor Augen. Ich sackte weg.

Als ich wieder aufwachte, waren viele, sehr viele Augen auf mich gerichtet. Vom Dorfpfarrer bis zum Sheriff waren alle wichtigen Leute da, dazu standen mein Dad, Freunde der Familie, meine Spielgefährten, die Nachbarn und noch zig andere Personen um mein Krankenbett. Man kann nicht sagen, dass die Blicke sonderlich freundlich gewesen wären. Eigentlich waren sie sogar richtiggehend missmutig. Verwundert konnte man darüber nicht sein. Ich war schließlich derjenige, welcher der berüchtigten Ma Baker und ihrer Bande zur Flucht verholfen hatte. Indes, in den Augen meiner Altersgenossen sah ich noch etwas anderes. Etwas überaus Aufbauendes: Neid! Ab diesem Tag war ich so etwas wie der Tom Sawyer von Greentop. Okay, zu Anfang meiner Geschichte habe ich gesagt, es wäre mir lieber, wenn sich das bedeutsame Zusammentreffen nie ereignet hätte. Aber das Gefühl, von all meinen Kameraden fortan ehrfurchtsvoll betrachtet zu werden, hätte ich zugegebenermaßen nicht missen wollen. So was prägt fürs Leben. Natürlich würde ich es vorziehen, man hätte Ma Baker damals dingfest gemacht. Dadurch wäre viel Leid vermieden worden. Aber bei allen Untaten, die Kate zu verantworten hat, irgendwie schaffe ich es nicht, sie für ein Ungeheuer zu halten und zu verdammen. Wie der Rest der Welt es tut!

Der gedrungene Mann hinter dem unaufgeräumten Schreibtisch blätterte nachdenklich in dem gehefteten Skript, fuhr sich durchs Haar, knetete seine Wangen, sog geräuschvoll Luft durch die Nase ein, verfiel in Starre, fuhr sich wieder durchs Haar, knetete erneut die Backen ... Schließlich ging ein Ruck durch ihn. Schelmisch, aber eindringlich schaute er den schlicht gekleideten Mittfünfziger an, der ihm mit erwartungsvoller Miene gegenüber saß.

»Wissen Sie, Mr. Clark, Theo ... ich darf Sie doch Theo nennen? Das ist ein wirklich hübsches Drehbuch, das Sie uns da abgeliefert haben. Auch Ihre Idee, einen Film über die berühmt-berüchtigte Ma Baker zu drehen, finde ich großartig. Sagte ich ja schon bei unserem ersten Gespräch. Aber das hier ist nicht so ganz das, was ich im Sinn habe. Seien Sie nicht sauer. Ihre Ma Baker ist irgendwie viel zu menschlich. Kann ja sein, dass alles der Wahrheit entspricht, doch das wollen die Leute nicht sehen. Die möchten was Knalliges: Blei, Blut und Busen. Noch dazu ist das Ende verplätschert. Es fehlt eine überraschende Wende, eine dramatischer Schlussakt! Und dann der Titel. »Mutter Baker und ihre Kinder« – uaaah, viel zu sperrig und unoriginell. Wer lässt sich denn damit ins Kino locken? So können wir das Sujet nicht umsetzen. Vertrauen Sie mir, Theo, ich bin seit 30 Jahren Filmproduzent, ich kenne den Publikumsgeschmack. Wir hier bei »Corman International Pictures« hauen nicht umsonst einen Blockbuster nach dem anderen raus. Ihr Drehbuch ist zu mild, zu verständnisvoll. Kontemplativ geradezu! Um nicht zu sagen: lau! Das ist hohe Kunst, keine Kinounterhaltung. Sie machen aus Ma Baker eine nette, kinderliebe Großmutter mit traurigem Background. Die breite Masse will aber ein Monster sehen, einen Weibsteufel der feurigsten Sorte. Und was gibt es bei Ihnen zu bestaunen? Zwei Blutströpfchen und eine Ohrfeige! Nein, nein, nein, so funktioniert das nicht.

Überarbeiten Sie das Skript noch mal. Das muss richtig fetzen. Hören Sie zu, Theo, ich stelle mir das folgendermaßen vor: Unsere Ma Baker wird eine skrupellose Killerbraut – verdorben, geldgierig, brutal, cholerisch, sadistisch, psychopatisch und auf teuflische Art hochintelligent. Eine ultimative Bedrohung für die Gesellschaft, eine Furie, die das Gesetz immer wieder austrickst und bei ihrem Kampf gegen die Staatsgewalt im Blut badet. DAS wird ein Film! Ha! Und nennen werden wir den Streifen ... »Damned Mama«!

Musik sprengt alle Grenzen

Sabine Deitmer

Durch die geschlossene Tür drang das Schreien einer Männerstimme: »Ich hasse dich.«

Darauf folgte ein lautes Geräusch, als wenn auf jemanden mit einer Peitsche fest eingeschlagen würde.

»Ich hasse dich«, schrie die Stimme wieder, gefolgt von dem gleichen peitschenartigen Knall.

»Ich hasse dich. Ich hasse dich ja so sehr«, vernahm Beate und kurz darauf ein hemmungsloses Schluchzen.

Sie öffnete die Tür und sah sich um: In der Mitte des weißen leeren Raumes stand eine Fußbank, auf der sie eines der Sofakissen wiedererkannte, die von ihrer Schwiegermutter bestickt worden waren. Auf dem Kissen lag ein Ledergürtel, und neben dem Kissen lag Karl, ihr Mann, nur mit einer Unterhose bekleidet, schweißüberströmt auf dem Boden. Er lag zusammengerollt auf der Seite und presste schluchzend die Knie an sein Kinn. Er bot einen jämmerlichen Anblick, und wie schon so oft stand Beate hilflos vor ihm und wusste nicht, was sie tun sollte.

In sich versunken nahm Karl sie gar nicht wahr. Beate kniete sich an seine Seite und griff mit ihrer kräftigen Hand nach seiner mageren Schulter.

»Karl«, rief sie sanft, und dann noch einmal: »Karl.« Er sah sie an mit seinen ausdruckslos verdrehten Augen. »Karl«, versuchte sie es noch einmal, und langsam schwand die Leere aus seinem Blick. Die Augen schienen Beate zu registrieren.

»Karl.«

»Ach, du, Beate«, entgegnete er müde.

»Karl«, sagte Beate eindringlich, »wir haben Gäste heute Abend. Du hast sie selbst eingeladen. Die Leute aus deiner Gruppe.«

Mit einem Ruck war er aus der Embryoposition hochgefahren:

»Na, das ist doch toll, Bea, einfach toll«, strahlte er sie an.

»Ja, aber, da müssen wir doch ...«

»Gar nichts müssen wir, Bea. Gar nichts. Damit ist es vorbei. Wir müssen überhaupt nichts mehr«, sagte er freudig wie ein Kind.

»Na, dann nicht. Es sind schließlich deine Gäste.«

Beate sah auf ihre Uhr. Es war halb eins.

»Ich muss«, sagte sie bestimmt zu Karl, der inzwischen Zehengymnastik machte und seinen Kopf im Kreis über die Schultern rollen ließ.

Beate stand auf, zog eine Strickjacke an und packte ihre Handtasche. Sie schaute nach, ob sie auch nichts vergessen hatte, schlug die Wohnungstür zu und ging zu ihrem Auto, für das sie direkt vor der Tür einen Parkplatz gefunden hatte.

Sie betätigte den Anlasser und atmete tief durch. Ein strammes Programm stand ihr bevor. Als Erstes musste sie ihre Tochter Elke von der Schule abholen, dann in den Kinderhort bringen und sich beeilen, um pünktlich um halb zwei ihren Dienst bei der Firma Kühne anzutreten. Vormittags arbeitete sie als Kontoristin bei Grauhack und Söhne. Den Nachmittagsjob musste sie noch dazu nehmen, als Karl vor einem halben Jahr seine Stelle als Bankkaufmann von einem Tag auf den anderen an den Nagel gehängt hatte. Jetzt musste er nicht mehr, dafür musste sie doppelt: Nach der Arbeit einkaufen und Elke wieder im Hort abholen ... und ... und ... und ...

Alles hatte schnell zu gehen, wenn der sorgfältig ausgetüftelte Zeitplan nicht durcheinander geraten sollte.

Unterdessen arbeitete Karl daran, seine Entspannungstechniken zu verbessern. Er hatte es sich auf einer Decke am Boden bequem gemacht und spürte schon die Schwere in den Beinen. Er konzentrierte sich auf das Grün der Yucca-Palme neben dem Fenster und rollte gerade mit einer blonden Frau in den Armen über grüne Wiesen, als das Telefon schellte.

»Karl«, dröhnte ihm eine nur allzu vertraute Stimme aus dem Hörer entgegen. »Ich brauche deine Hilfe.« Es war seine

Mutter. »Du musst mir helfen, Junge. Den Keller aufräumen. Nächste Woche kommen die Kohlen. Warum antwortest du nicht? Hast du nicht gehört, Karl?«

»Aber ja doch, Mutter. Natürlich komme ich. Muss ja nicht sofort sein. Übermorgen vielleicht? Na, ja morgen geht auch. Wenn's sein muss. Ist in Ordnung, Mutter.«

Sie lebte in Kiel. Fünfhundert Kilometer entfernt.

»Verflucht«, schimpfte er laut, sobald sie den Hörer aufgelegt hatte.

Als Beate um halb sieben mit Elke und den vollen Einkaufstaschen zu Hause ankam, war alles ruhig. Sie packte die Taschen aus und bereitete das Abendessen für sich und ihre Tochter zu: Spinat mit Spiegeleiern. Karl konnte sie seit einem halben Jahr mit ihren Kochkünsten nicht mehr begeistern. Er aß nur noch Körner in den abenteuerlichsten Variationen, und das auch nur zwischen seinen Fastenzeiten.

»Was macht Papi?«, fragte Elke neugierig.

Karl hatte ihr verboten, ihn zu stören, wenn sie abends nach Hause kamen. Beate lauschte und hörte klassische Musik aus Karls Zimmer, das einmal ihr gemeinsames Wohnzimmer gewesen war. Albinoni, um genau zu sein.

»Papi medi ..., Papi schläft«, antwortete Beate, »und du schläfst auch gleich.«

»Oooohhhhhhh«, machte Elke enttäuscht und schmierte sich den Spinat über die Oberlippe.

Beate hatte die Wahrheit gesagt. Mit Albinoni entspannte sich Karl schon nach den ersten Takten so vollkommen, dass er sofort in einen Tiefschlaf verfiel, der in der Regel eine halbe Stunde dauerte. Während er schlief, hätte ihm Elke auf dem Bauch herum hopsen können, ohne dass er es bemerkt hätte. Karl war stolz darauf, dass er sich diese Technik so perfekt angeeignet hatte. Und manchmal beneidete ihn Beate darum. Wie jetzt zum Beispiel. Nach einem Arbeitstag wie diesem würde ihr Albinoni auch gut tun.

Eine Stunde später, Beate wollte Elke gerade ins Bett bringen, kam Karl zur Tür herein. Er war ganz in Weiß gekleidet und sah blendend ausgeruht aus. Beate musterte ihn kühl. Wenn sie ihn nicht mehr mitfinanzieren musste und eine kleinere Wohnung nehmen könnte, würde ihr vielleicht eine Halbtagsstelle reichen - und sie sähe auch wieder etwas erholter aus. Sobald Elke im Bett war, kam Karl zu ihr und fragte: »Beachen, leihst du mir den Wagen, morgen? Bitte.«

Sie sah ihn ungläubig an: »Den Wagen? Geht es dir nicht gut?«

Seit er aus seinem Beruf ausgestiegen war, hatte er den Wagen nicht mehr angerührt und nur noch über die Energieverschwendung geschimpft.

»Ja, den Wagen«, sagte er kleinlaut. »Mutter will, dass ich ihr den Keller aufräume.«

Beate musste laut auflachen. Sie dachte, wenigstens das musste er noch versuchen: ein braver Junge zu sein.

»Wann willst du los?«

»So früh wie möglich.«

»Gut, dann kannst du Elke zur Schule bringen und mich anschließend bei Grauhack absetzen. Das liegt ja direkt auf dem Weg.«

»Alles, Beamaus, alles, ich tue alles für euch«, sagte er erleichtert und setzte Teewasser auf.

Es schellte, und Beate sah durch den Spalt der Küchentür, wie Karl einem Pärchen überschwänglich um den Hals fiel; erst ihm, dann ihr. Er führte sie in sein Zimmer. Während es mehrmals an der Haustür klingelte, ging Beate ins Bad, um sich frisch zu machen.

Bei Karl im Zimmer war die Party voll im Gange. Zwei Kannen Jasmintee standen auf den Stövchen, und in den Ecken des Zimmers brannten Räucherstäbchen. In den Schalen auf dem Boden lagen Nüsse und Sesamplätzchen. Alternative Gastlichkeit, dachte Beate, und alles von meinem Geld. Die Leute schienen sich gut zu amüsieren. Jedenfalls hatten die meisten ein entrücktes Lächeln auf den Lippen. Für die gesunde Ernährung sahen sie allerdings etwas bleich aus. In einer Ecke massierte ein blonder Jüngling einer Frau mit kurz geschnittenen grauen Haaren den Rücken. Karl hatte sich eine jüngere Partnerin ausgesucht, der er die Hände um die Taille legte und tief in die Augen blickte. Beate gähnte und ging aus dem Zimmer. Niemand bemerkte es. Im Flur zwischen den achtlos auf dem Boden verstreuten Mänteln und Taschen von Karls Besuchern beschloss Beate, noch eine Runde zu drehen. Sie steckte Autopapiere und Schlüssel ein. Vielleicht würde sie bei ihrer Freundin Irene vorbeifahren.

Sie startete den Golf und legte eine Kassette ein: Reggae. Ihr war nach etwas Handfesterem als der indischen Meditationsmusik. Ihr war nach einem anderen Leben. Versonnen blickte sie auf den Kassettenrecorder, dessen rotes Lämpchen vor ihr am Armaturenbrett blinkte.

Am nächsten Morgen saßen sie pünktlich um halb acht zu dritt im Auto. Beate hatte sich automatisch ans Steuer gesetzt. Zuerst fuhr sie zu Elkes Schule.

»Tschüs, Mami, tschüs, Papi«, rief Elke, und weg war sie.

Als Beate auf dem Parkplatz vor der Firma Kühne anhielt, stieg Karl aus, um das Steuer zu übernehmen. Beate griff in ihre Handtasche, nahm einen flachen Gegenstand heraus und ließ ihn zu den Kassetten gleiten, die in einer Schachtel neben der Handbremse lagen. Karl öffnete die Tür an ihrer Seite, und Beate stieg aus. Sie gab ihm einen Kuss auf die Wange. »Grüß Maria von mir. Und von Elke«, fügte sie hinzu.

»Aber klar doch, Beamaus«, erwiderte Karl ein wenig zerstreut, während er sich am Außenspiegel zu schaffen machte. Seit einem halben Jahr saß er das erste Mal wieder am Steuer. Natürlich war er nervös. Er winkte ihr noch einmal kurz aus dem offenen Fenster zu und war schon im vorbei fließenden Verkehr verschwunden.

Kurz nachdem Beate wie jeden Abend mit vollen Einkaufstaschen und mit Elke nach Hause gekommen war, klingelte es an der Tür. »Polizei?«

»Es tut uns leid, aber wir haben eine schlechte Nachricht für Sie«, sagte der eine von zwei Männern mittleren Alters, die vor ihrer Tür standen. »Ihr Mann ist in der Nähe von Hamburg verunglückt. Er muss am Steuer eingeschlafen sein. Er hat die Kontrolle über den Wagen verloren und ist gegen einen Brückenpfeiler geschleudert.«

»O Gott, ist er ...?«

»Er war sofort tot«, versicherten ihr die beiden Polizisten. »Können Sie uns wohl noch ein paar Fragen beantworten?«

Beate ließ sie herein.

Nachdem die Freunde und Helfer die Wohnung wieder verlassen hatten, gratulierte sie sich selbst. Zur Feier des Tages würde sie mit Elke fernsehen. Das hatten sie schon lange nicht mehr gedurft. Und gleich morgen würde sie ihren Nachmittagsjob bei Kühne kündigen. Und anschließend wurde sie mit Elke zusammen einkaufen gehen und alle Platten von Albinoni kaufen, die sie kriegen konnte. Karls Albinoni-Kassette lag in einem zertrümmerten Auto irgendwo in der Nähe von Hamburg, vielleicht auf einem Schrottplatz. Und wer würde sich jetzt noch dafür interessieren, ob auf der Kassette mit der Aufschrift BAP auch wirklich Rockmusik war ...

Little Helpers

Regina Schleheck

Roland ließ die Tür hinter sich ins Schloss schnappen. Er lauschte. Unter der Wohnzimmertür war ein Lichtschimmer. Er stellte die Aktentasche neben die Inliner, das Skateboard und die Ranzen an die Garderobe. Das Jackett streifte er ab und hängte es auf einen der schwarz gelackten Bügel, die an dem chromfarbenen Stahlrohr hingen, teils bereits mit Anoraks, einer bunten Wolljacke und leichten Mänteln bestückt. Im Vorbeigehen warf er einen Blick in die Küche, in der sich das schmutzige Geschirr auf der Spüle stapelte. Er zögerte, bevor er die Wohnzimmertür öffnete.

Auf dem Glastisch vor der Ledergarnitur stand eine zu drei Vierteln geleerte Rotweinflasche. Das Glas daneben wies eine schwärzliche Neige am Boden und bordeauxrote Lippenstiftspuren auf. Roland bückte sich nach der Tablettenschachtel unter dem Tisch, öffnete sie, zog einen Streifen heraus und zählte die Löcher in der Schutzfolie ab. Durch die geöffnete Terrassentür fiel ein schwacher Lichtschein, der von Jürgens Wintergarten kam. »Oops, I did it again«, sang Britney Spears und brachte den Duft von Flieder vom Garten mit herein.

Roland widerstand dem Impuls auf die Terrasse hinaus zu treten. Er wandte sich der Treppe zu, die von der Empore im Wohnzimmer zum ersten Stock führte. Nach wenigen Schritten hatte er Britney hinter sich gelassen. Auf den Stufen lag schmutzige Wäsche, ein Badmintonschläger, eine zerfledderte Zeitung, ein Turnschuh, noch einer.

Lisas Zimmertür stand offen, die Bettdecke war zurückgeschlagen. Im Badezimmer Licht, aber keine Lisa. Hinter der weit geöffneten Schlafzimmertür ein unberührtes Ehebett.

Janoschs Tür war angelehnt, und Roland stieß einen Seufzer der Erleichterung aus. Lisas dunkler Lockenkopf lugte unter Janoschs Schulter hervor. Er lag auf dem Bauch, sein Arm quer über dem Gesicht seiner kleinen Schwester. Lisas quietschgelbes Diddl-Schlafanzug-Oberteil hob und senkte sich mit ihren regelmäßigen Atemzügen, schneller als Janoschs Brust, die überraschend breit geworden war über den letzten Winter. Dass Janosch Eva allmählich über den Kopf wuchs, war Roland schon aufgefallen, als er bei Lisas Kommunion die drei nebeneinander für das Fotoalbum aufbaute. Aber er hatte lange nicht mehr den Arm um seinen Sohn gelegt. Weil er in der letzten Zeit so häufig spät nach Hause kam? Weil Janosch nur noch am Computer hockte oder auf irgendwelchen Turnieren war? Weil er sich nicht mehr so ohne weiteres in den Arm nehmen ließ? Roland verzichtete darauf, Janoschs Arm von Lisas Gesicht zu ziehen. Im Hinausgehen schloss er die Tür leise hinter sich, immer noch auf die ungleichen Atemgeräusche der Kinder horchend.

Als er die Treppe wieder hinunter stieg, verlangsamte sein Schritt sich von Stufe zu Stufe. Eros Ramazotti hatte Britney abgelöst. In der Terrassentür blieb Roland stehen. Der Flieder duftete jetzt so intensiv, dass es etwas Betäubendes hatte. Der Mond war nicht mehr ganz voll. Seine linke Backe schien eingefallen, und er blickte griesgrämig auf Roland herunter, der von Eros nichts wissen wollte und doch musste.

Hinter den Milchglasscheiben des Wintergartens, die Jürgen im letzten Sommer als Sichtschutz eingebaut hatte, konnte er die massige Gestalt des Nachbarn deutlich erkennen. Fast wäre Roland über den leeren Bierkasten gestolpert, der neben der Tür stand. Im letzten Moment sah er ihn, zögerte, ärgerte sich, dass er nicht davor getreten hatte. Vielleicht würde das Scheppern dafür sorgen, dass er nicht sehen musste, was er doch wusste. Stattdessen klopfte er an und zählte langsam bis drei, ehe er die Klinke herunter drückte.

Jürgen war eben dabei sich hastig die Hose hoch zu ziehen. Er drehte Roland den Rücken zu. Auf dem Verandatisch lag eine Gestalt mit hoch gezogenem Rock. Sie hob den Kopf, starrte den Eindringling mit glasigen Augen an. »Nomadi d'amore« sang Eros Ramazotti, aber Jürgen brachte ihn zum Schweigen. Roland hielt Eva die Hand hin. »Komm«, sagte er in die plötzlich eingetretene Nüchternheit, »du musst deine Tabletten noch nehmen.«

Ich. Schlangenbrut

Daphne Carpentier

Die Tür schnappt leise ins Schloss. Gefangen.

Letztes Mal hat es eine ganze Woche gedauert, bis sie zurückkam. Im Knast haben sie es besser, da gibt es was zu essen, und es ist warm. Seit sie uns das Gas abgestellt haben, frieren wir. Einer ihrer Typen hat zwar einen Benzingenerator aus seinem Gartenhäuschen angeschleppt, aber ich kriege das unheimliche Ding nicht in Gang. Und das stinkt so. Eines Tages liegen wir tot in unseren Betten.

Die Kleinen haben sich irgendwo verkrochen. Mucksmäuschenstill ist es in der Wohnung, nur der Wasserhahn in der Küche tropft, gleichmäßig, nicht wie mein Herz. Das rast und stolpert. Sonst nervt mich das Geräusch, jetzt beruhigt es mich. Wenigstens läuft das Wasser noch.

Ich laufe in den Flur, nachsehen, ob ihr Mantel noch an der Garderobe hängt. Vielleicht ist sie nur kurz runter, den Abfall wegbringen. Nein, der falsche Leopard und die Stiefel sind verschwunden. Ich durchwühle den Berg Klamotten auf dem Boden, aber werde nicht fündig. Da fange ich an zu heulen, das ist mir lange nicht passiert. Der Rotz rinnt aus meiner Nase wie bei unserem kleinen Schmuddel. Aber Lucca darf das noch, der ist ja keine zwei. Verdammt! Nun haben es auch die Kleinen gemerkt, dass sie sich fortgeschlichen hat. Felix steht im Türrahmen und schaut mich groß an. Der sagt selten was. Lucca und Angie klammern sich an meinen Beinen fest. Ich gehe in die Knie und umarme sie.

»Sanne, wo ist Mama?« - »Mama is nur kurz was holen«, versuche ich sie zu beruhigen. »Sie kommt gleich zurück. Ganz bestimmt.«

Mir fallen keine guten Ausreden mehr ein. Angelina hängt sich an meinen Hals und erwürgt mich fast. »Sanne, Mama!«, schluchzt sie, »Mama, Sanne! Ich will meine Mama!« Lucca vergräbt sein Gesicht in meinen Schoß, zittert und bebt, ich streichel ihm über den Rücken. Wir lauschen und hoffen, dass im Hausflur das Klickklack ihrer hohen Absätze zu hören ist, dass sie es sich anders überlegt und umkehrt. Doch es bleibt still im Haus. Totenstill.

Soll sie doch endlich ganz abhauen! Muss ich mich nur noch um uns vier kümmern. Ich könnte sie umbringen! Meine Nase läuft und läuft, aber ich hab keine Hand frei, um sie abzuwischen. Bloß nicht krank werden. Angie hat auch schon ganz heiße Backen.

Alles lässt sie an mir aus, nur weil ich die Älteste bin. Ich bin schuld an ihrem Elend, sagt sie. Wenn es mich nicht gäbe, dann wäre ihr Leben anders. Ich hab's ihr versaut! Ich kann froh sein, dass ich mir keine gefangen hab. Wenn sie gesoffen hat, schlägt sie um sich. Und zu. Und wie. Ich sei zu nichts zu gebrauchen, hat sie gebrüllt. Eine Schmarotzerin, nur weil ich gefragt hab, ob sie Geld für Brot hat.

»Brot? Guck doch mal in den Spiegel, dann siehste, was für'n fettes Monster du bist!«

Die Sprüche kenn ich schon, die hab ich gefressen. Auch wenn ich so tu, als ob mir das am Arsch vorbeigeht.

»Keinen Cent kriegst du von mir! Ich schufte für nix und wieder nix, und ihr fresst mir die Haare vom Kopf«, hat sie getobt und uns ins Schlafzimmer geschubst. »Ab mit euch! Ich will nichts mehr von euch hören!« Nur damit wir nicht mitkriegen, dass sie wieder abhaut.

Dabei war ich richtig froh, als sie endlich heimkam, drei Plastiktüten unterm Arm, das hieß, sie hatte Geld bekommen. War ja der Erste. Hab ganz schön blöd geguckt, als ich die Tüten ausräumen wollte. Wodka, Schokobonbons und Chips hat sie angeschleppt! Nichts Anständiges zum Futtern. Dafür war ihr Haar frisch gemacht. Sah toll aus! Und erst die Fingernägel: tausend Glitzersteinchen auf türkisen Halbmonden. Richtig cool! Ich mein das ernst. Sie sah schön aus, meine Mama – fast so wie früher. Mir ist lieber, sie geht ins Nagelstudio und verprasst da das Haushaltsgeld, als wenn sie alles in der Kneipe versäuft.

»Du siehst aus wie eine Prinzessin«, Angelina schmiegte sich an sie wie eine Katze und wollte auf ihren Arm. Die Kleine ist super anhänglich, selbst bei total Fremden klettert sie gleich auf den Schoß und will schmusen. Mama hat gelächelt, sie hoch genommen und dabei nur ganz leicht geschwankt. Da hab ich mich getraut und gefragt, ob sie mir ein paar Euro zum Einkaufen gibt. »Du hast sie wohl nicht mehr alle!«, sie war auf hundertachtzig. »Hast du immer noch nicht den Rachen voll?« Und zeigte auf die prallen Plastiktüten.

»Räum lieber die Bude auf! Hier sieht's aus wie im Schweinestall. Du faule Schlampe!«

Dann geh ich halt zur Tafel, dachte ich. Die Leute da sind echt nett und geben mir immer so viel Zeug, dass ich es kaum heimschleppen kann. Denen hab ich gesagt, dass Mama sich schämt und lieber mich schickt. Aber dann kam mir Angie in den Kopf, sie braucht vielleicht Medizin. Und die kriege ich da nicht. »Mama, Angelina hat Fieber, ich muss in die Apotheke«, bettelte ich. Sie verzog das Gesicht, kramte in ihrer Tasche, schmiss mir ein Aspirin hin. Ich gab nicht auf: »Mama, wir brauchen Milch. Und Lucca hat keinen Brei mehr.« »Elende Drecksgöre! Da haste alles!« Sie griff sich die Plastiktüten und schüttete deren Inhalt vor meinen Füßen aus. Dabei ging der Wodka zu Bruch. Bin mit den Kleinen schnell ins Kinderzimmer geflüchtet. Aufgeputzt hat sie nicht, die ganze Küche hat nach Wodka gestunken. Einfach abgehauen ist sie. Nachschub holen oder in die nächste Kneipe.

Hab nicht auf die Uhr gesehen, aber es war sehr spät, als sie endlich nach Hause kam. Für uns ist es egal, ob Tag oder Nacht ist. In einem lichten Moment muss sie sich in ihrem zugedröhnten Hirn an uns erinnert haben und ist heimgewankt. »Mami hat euch ja so lieb«, lallt sie und will Felix über den struppigen Kopf streichen, aber der kratzt sie mitten ins Gesicht, als sie ihn an sich zieht. Felix ist jetzt neun, der will sich nicht mehr streicheln lassen. Der will sich überhaupt nicht mehr anfassen lassen. Das kapiert die einfach nicht. Und seinen Geburtstag letzte Woche hat sie auch vergessen. Felix, der Glückliche, dem sein Name passt echt nicht.

Mich hat er mal in den Arm gebissen, ganz fest und tief, die Wunde hat sich entzündet, ging nicht anders, ich musste zum Arzt. Der hat mich gründlich untersucht und dabei meine blauen Flecken gesehen. Bin schnell abgehauen, bevor er blöde Fragen stellen konnte.

Sie hat einen dicken Schmarren auf der Backe, muss weh getan haben, was Felix da gemacht hat, aber sie hockt bloß auf dem Stuhl. Mit diesem leeren Blick. Den hat sie jetzt immer öfter drauf. Der macht mir richtig Angst. Das Blut verläuft mit der schwarzen Wimperntusche. Hat sie wohl mal wieder geheult in der Kneipe, um zu schnorren. Irgendein Kerl hockt immer an der Theke, lässt sich von ihrem Gejammer erweichen und gibt ihr einen Schnaps aus. Und noch einen. Was Gutes tut er da nicht, will er wohl auch gar nicht. Ihr geschwollenes Gesicht sieht echt krass aus, selbst Lucca fängt an zu weinen. Da schnappt sie sich den kleinen Stinker und knutscht ihn von oben bis unten ab. Einfach eklig! »Was haste denn, mein Süßer?« Dabei schaut sie mich vorwurfsvoll an, als könne ich was für sein Weinen. Ich fasse es nicht, die kriegt nichts mehr mit, nicht mal, dass er stinkt wie 'ne Kloake, weil er die Hosen schon wieder voll hat. Die Windeln sind alle, und kein Geld da, um neue zu kaufen. Das hat sie versoffen. Und die fragt mich, was los ist! Ich hoffe nur, sie kommt nicht wieder auf die Idee, ihm den Hintern in der Küchenspüle abzuwaschen. Das hat sie letzte Woche gebracht, weil die Badewanne voll dreckiger Klamotten war.

»Was soll er schon haben. Hunger! Ist nichts mehr im Haus. Nur Zwieback, den will er nicht.«

»Gib her, ich mach das. Bei Mama isst er. Wirst schon sehen.«

Sie hockt den Winzling mit Schwung vor sich auf den schmierigen Küchentisch. Lucca zappelt, schmeißt sich hin und her, aber er hat keine Chance. Sie hat ihn fest im Schraubstock. Mit der freien Hand zieht sie die Tüte Zwieback zu sich rüber, schüttet ein paar Krümel auf einen der dreckigen Teller, die sich auf dem ganzen Tisch stapeln. Die vergammelte Pizzaecke von letzter Woche kippt sie einfach auf den Boden. Der Kurze schwankt und patscht ins Marmeladenglas, gleich wird er auf den Boden knallen. Sie greift sich eine offene Cola, kippt das abgestandene Zeug über den Zwieback und versucht, ihm den schmierigen Brei und die Brösel zwischen die Lippen zu pressen. »Komm, mein Dickerchen, sei brav. Lecker Brei. Der schmeckt gut. Ist ganz süß.«

Doch Lucca will das Spiel »Ein Löffelchen für Mami, ein Löffelchen fürs Baby« nicht mitmachen. »Lucca«, rufe ich, »iss was! Bitte!«, und will ihm zur Hilfe kommen, doch sie schubst mich weg. Die Tischkante rammt sich hart in mein Kreuz. Der Kleine presst die Lippen fester zusammen, bis sie blau werden. Als ihm doch ein bisschen Flüssigkeit in den Hals rinnt, verschluckt er sich, würgt und spuckt ihr die Pampe ins Gesicht. »Scheiße«, brüllt sie, »du kleiner Dreckskerl!«, und schüttelt ihn heftig. Da passiert es. Lucca streckt seine Ärmchen nach mir aus und ruft kläglich: »Mama! Mama!«

Sie wird ausrasten! Ich stehe in der Ecke, außerhalb ihrer Reichweite, festgenagelt. »Du kleiner Mistkerl«, schreit sie, »das ist bloß deine blöde Schwester! Ich bin deine Mama!« Sie reißt ihn vom Küchentisch hoch und schleudert das hilflose Bündel, das sich nun einfach wie tot hängen lässt, mit aller Kraft zu Boden. Als sei das noch nicht genug, gibt sie ihm einen Tritt. Der Kleine krümmt sich zusammen und wimmert leise. Mich würgt es, ich kann nicht mehr zusehen, renne hin, zerre sie von Lucca weg und gebe ihr einen kräftigen Stoß vor die Brust, sodass sie zu Boden geht. Gleich wird sie mich schlagen. Ich schlinge die Arme um meinen kleinen Bruder und ducke mich über ihn. Mein Herz rast. Aber sie haut nicht zu, hat keine Kraft mehr, hockt sich auf den Boden neben uns und heult Rotz und Wasser.

»Ihr seid so gemein. Ihr habt eure Mama nicht lieb.« Sie

muss heute Abend wirklich 'ne Menge gesoffen haben.

Ich drücke dem Kleinen einen dreckigen Schnuller in den Mund. Ruhe ist, nur Angie weint in ihrer Ecke leise vor sich hin und hält sich ihr Schmusetuch vors Gesicht, eine alte Windel, denkt wohl, so sieht sie keiner. Felix ist ins Schlafzimmer gestürmt und verbarrikadiert sich dort. Ich hab vergessen, den Schlüssel abzuziehen, als ich ihn vorhin da eingesperrt hab, weil er nur noch um sich getreten hat. Der ist tollwütig! Der hat Bärenkräfte! Ich kriege ihn nicht mehr gebändigt. Also hab ich ihn weggesperrt. Ich weiß, dass ich es damit nur schlimmer mache.

Und wieder bin ich schuld, nehm ihr die Kinder weg und hetz sie gegen sie auf. Wo sie doch keine Zeit hat. Geld beischaffen muss. Die alte Leier. »Wofür hat man eine große Tochter«, jammert sie, »wenn man sich nicht auf sie verlassen kann.« Ich bin doch erst zwölf! Alles mache ich falsch, manchmal zertrümmert sie deshalb den Holzlöffel auf mir oder eine leere Bierflasche. Was halt gerade greifbar ist. »Das hast du von deinem Vater geerbt, dem miesen Schwein, der wollte auch nicht arbeiten, der feine Herr!« Die Prügel sind wohl eher für ihn gedacht.

Weiß nicht, ob sie damit Recht hat, ich kenne den Mann nicht. Hab nur ein altes Foto von ihm, da steht er vor dem Wohnblock, den Arm um sie gelegt, und grinst fett in die Kamera. An den Füßen dämliche Stiefel aus Schlangenleder. Als ich klein war, hab ich glatt geglaubt, er wär' ein echter Cowboy. So blöd war ich. Dabei hat er sich nur in den Westen abgesetzt, sich aus dem Staub gemacht - wegen dem Unterhalt und der ganzen Verantwortung und so. »Nur rumkriegen wollte er mich«, heult sie, »ins Bett kriegen.« Das Baby in ihrem Bauch hat ihn nicht interessiert.

Das Baby kann froh sein, dass es überlebt hat. Einige Väter schlagen kräftiger zu. Der von Angie hat getreten, daher hat sie wohl ihren Dachschaden. Bringt kaum einen Satz raus, hockt stundenlang in ihrer Ecke und wiegt sich hin und her, die Arme fest um ihren Bauch geschlungen. Als tue der ihr weh und nicht der Kopf. »Mama Sanne. Sanne Mama!« flüstert sie dabei vor sich hin. Oft pisst sie einfach auf den Boden, dabei ist sie schon fünf. Der kann man nichts beibringen, die kapiert einfach nichts, noch nicht mal, dass man aufs Klo geht, wenn man pinkeln muss. »Sanne ist dir nicht böse«, tröste ich sie dann, kann ja nichts dafür, die arme Angie. Ich wisch halt auf. Wären die Kleinen nicht, hätte ich schon längst alles hingeschmissen, aber die brauchen mich. Ich will, dass wir zusammenbleiben. Dafür tu ich alles.

Einmal war eine Tusse vom Jugendamt da, »Case Manager« stand auf ihrem Ausweis, die fragte, was los wär bei uns, ich käme nicht zur Schule. »Bin oft krank«, hab ich geantwortet. »Aber ich gebe immer eine Entschuldigung ab. Da können Sie nachfragen.« Das stimmt. Die schreib ich mir selbst. Ich bin gut in der Schule. Da achte ich drauf. »Wollen Sie mein Zeugnis sehen?« »Lass gut sein, Kind. Ich glaube dir.« Die Managerin war zufrieden und strich mir übers Haar. Das mag ich nicht! Dann ist sie durch die ganze Wohnung, schnüffeln, aber ich hatte zum Glück gerade aufgeräumt. Wo meine Mutter wäre, hat sie noch gefragt. »Auf Arbeitssuche natürlich, wo sonst?« Da ist die Frau vom Amt endlich gegangen. Hat nie wieder jemand nachgehakt.

»Der Franz war meine große Liebe, so 'nen Mann findste nicht noch mal, der ist nur wegen dir weg.« Dabei haben sich die anderen Kerle genauso schnell verdünnisiert, wenn es ernst wurde. Die Papas von Felix, Angie und Lucca. Trotzdem bin ich an allem schuld, nur weil es mich gibt, weil ich die Erste bin. Mit mir hat ihr ganzes Elend angefangen. Das predigt sie mir, seit ich auf der Welt bin, ihre Stimme ist dann ganz kalt, und mich friert's.

Ich. Schlangenbrut.

»Ab ins Schlafzimmer! Mama ist müde und will allein sein.« Gut, dass sie uns rausschickt, bevor noch mehr passiert. Man weiß nie, wo man dran ist bei ihr. Vorsichtig hebe ich Lucca hoch, der ist ganz leicht und still. Ich bringe ihn rüber zum Bett und lege mich neben ihn. Stille. Dann hör ich im Flur ein Rascheln. Die Tür klappt zu, ja, und dann hat sich der Schlüssel vorsichtig im Schloss gedreht. Sie hat uns eingeschlossen! Das hat sie noch nie gemacht. Eingesperrt, weggesperrt. Jetzt können wir nicht mehr raus! Höchstens aus dem Fenster springen, aber unsere Wohnung liegt im 11. Stock. Ich renn in den Flur, rüttel wie wild an der Türklinke. Zu. Da dreh ich durch, hämmer mit den Fäusten auf die Tür ein, bis sie bluten. Schrei erst nach Mama, dann um Hilfe. Obwohl ich weiß, dass ich mir die Mühe sparen kann. Rechts von uns die Wohnung steht seit 'ner Ewigkeit leer, wer will schon hier hinziehen, wenn er nicht muss? Über uns dröhnt den ganzen Tag so 'nen Rap-Müll, da wohnt irgend so 'n Hirni. Links von uns, die brüllen sich den ganzen Tag an, bis sie in der Kiste landen. Meine Hilferufe verstehen die nicht. Sind nur noch Russen und Türken hier, die Deutschen sind längst weg.

Es hat ewig gedauert, bis sie uns gefunden haben. Da war sie über zwei Wochen weg. Ich hab nichts davon mitgekriegt, war fast tot. Nur Felix konnte noch aufrecht sitzen. Aus dem Haus hat niemand die Polizei verständigt. Trotzdem kamen die Bullen. Aber nur, weil sie mich und Felix zur Schule bringen sollten. Sonst hat sich kein Mensch für uns interessiert.

Sie haben uns mitgenommen, jeder kam in ein anderes Heim. Das ist gemein, aber die geben sich alle Mühe mit mir. Ich gehe sogar wieder zur Schule. Aber ich bleib da nicht. Ich gehöre nicht zu denen. Wenn der Winter vorbei ist, hau ich ab. Lucca, Angie, Felix und Mama sind fort - und die sind schuld. Ich hab keinen mehr, um den ich mich kümmern muss. Nur mich selbst.

Einmal komme ich an einem schönen Haus mit Garten vorbei, klettere über das Gitter und verstecke mich zwischen den Büschen. Weil ich mein', ich hätt Luccas Stimme gehört. Da sitzt tatsächlich ein kleiner blonder Junge auf einer Decke und spielt mit einem roten Plastikbagger in der Sonne. Das ist Lucca, ich hab ihn gefunden! Aber dann ruft eine Frau von drinnen: »Komm, Finn. Essen ist fertig!«

Bin ich blöd, konnte der Kurze ja gar nicht sein. Lucca ist tot, das haben mir die vom Heim gesagt, aber das glaub ich denen nicht.

Kinder wie mich gibt's ne Menge, ich hab neulich welche am Alex kennen gelernt. Zu denen geh ich jetzt. Uns findste überall in der Stadt. Wir schlafen in Abbruchhäusern, auf Parkbänken, Friedhöfen und in Erdlöchern und schnorren uns durchs Leben.

Wir leben auf Platte. Die Stadt gehört uns. Wir werden täglich mehr. Uns kannste nicht mehr zurückholen. Dazu ist es zu spät, das werden die anderen schon noch merken. Und was das bedeutet für die Zukunft und so, das auch! Aber das ist nicht unsere Schuld, nee, das haben die sich ganz alleine eingebrockt.

Mir geht's jetzt gut, nur manchmal, da frag ich mich:

Wo ist Mama?

Gente del Sud

Jutta Wilbertz

Wann ihre Freundschaft genau angefangen hatte, konnte Stefania nicht sagen. Das Wort »Freundschaft« war auch ehrlich gesagt ziemlich übertrieben. Sie hatte es sich halt angewöhnt, abends, wenn sie ihre Wohnung in der Via Latina verließ, kurz zu Rosa rüber zu schlendern und einen kleinen Plausch zu halten. Im Anfang, weil sie es aufregend und etwas anrüchig fand, später, weil sie Rosa wirklich mochte. Manchmal brachte sie ihr einen Cafe Latte raus, und sie quatschten über dies und das. Allerdings niemals über Vergangenes, über das Woher und Warum, obwohl sie ahnte, dass Rosa höchstwahrscheinlich aus der gleichen Gegend stammte wie sie selbst. »Gente del Sud«, Menschen aus dem Süden, erkannten sich schnell in Rom. Wenn Stefania von ihrer Familie und dem kleinen Dorf bei Cosenza erzählte, hoffte sie immer, dass auch Rosa etwas von sich preisgeben würde, aber die schwieg beharrlich. Auch über ihre Tätigkeit sprach sie selten und dann nur so, wie es genervte Verkäuferinnen über lästige Kunden tun. Aber sie erzählte von ihrer Wohnung an der Viale Marconi, und dass sie froh war, nicht mit dem Bus zur Arbeit zu müssen, sondern von Ludovico, ihrem Zuhälter, auf der Vespa gebracht und abgeholt zu werden. Stefania sah ihn häufig, ein magerer Lockenkopf, nicht mehr der Jüngste und wohl auch nicht mehr besonders gut im Geschäft. Am liebsten sprach Rosa jedoch über ihre elfjährige Tochter, Marinella, ihr Goldstück, ihren Engel, ihr ein und alles. Marinella war noch nie zur Ecke Via Latina gekommen, aber Rosa trug ständig neue Fotos bei sich und erzählte stolz, was für eine gute Schülerin das Mädchen doch sei, dass sie Lehrerin werden wolle und ständig irgendein Buch mit sich rumschleppe.

»Die wird es mal anders haben als ich«, sagte sie dann, und sie sagte das so häufig, als sei es ein Mantra.

Einmal tat sie sehr geheimnisvoll und winkte Stefania zu sich rüber.

»Schau mal, die sind für ihren Geburtstag. Ich habe sie extra anfertigen lassen. Sind sie nicht wunderschön?« Stefania betrachtete die glitzernden Ohrringe mit den riesigen blauen Seepferdchen.

»Kitschig«, dachte sie, und: »Süß, genau richtig«, sagte sie.

Es war noch empfindlich kalt, als Stefania müde nach ihrem Panda suchte, den sie in der Nähe vom alten Schlachthof, dem Ex Mattatoio in Testaccio geparkt hatte. Die Party war toll gewesen, wie immer hatte sie zum harten Kern gehört und bis in den frühen Morgen ausgeharrt, über Gott und die Welt diskutiert und dabei Pierros zunehmende Vertraulichkeiten abgewehrt. Er war auch der Grund, weshalb sie es vorgezogen hatte, lieber morgens um fünf noch nach Hause zu fahren, anstatt sich wie alle anderen irgendwo zum Schlafen hinzulegen. Plötzlich stutzte sie. Fast unmittelbar neben ihrem Auto stand eine aufgeregte Menschentraube und diskutierte. Oh, nein! Wahrscheinlich waren sämtliche Wagen wieder einem nächtlichen Raubzug zum Opfer gefallen! Sie hatte wohlweislich niemals Wertsachen oder ein Radio im Auto, aber das letzte Mal waren alle Kabel herausgerissen worden. Frustrierte Drogati, die nun woanders Geld für den nächsten Schuss besorgen mussten. Sie beschleunigte ihre Schritte.

Dann sah sie die verbeulte Vespa. Diese Aufkleber von Lazio Roma, schon halb abgefetzt, die kannte sie doch!

»Man muss einen Arzt holen«, »Das hilft dem auch nicht mehr«, »Disgraziato« ...

Eine reglose, magere Gestalt lag auf dem Pflaster. Jemand drehte ihn gerade auf den Rücken, und Ludovicos tote Augen starrten ins Leere.

Stefania hätte beinahe aufgeschrien. Nicht, dass sie ihn besonders gekannt oder gar gemocht hätte. Aber erst gestern hatte sie ihn bei Rosa gesehen, wild gestikulierend, über irgendeinen

Bekannten schimpfend. Als die Polizei eintraf, ging sie lieber schnell zu ihrem Auto. Sie hatte keine Lust, sich zu seiner Person äußern zu müssen. Etwas ließ sie dann aber doch noch einen Moment stehen bleiben.

Sobald Stefania am Abend das Feuer sah, ging sie zu Rosa rüber. Die sah müde aus und viel älter als sonst.

»Schau mal, was ich gefunden habe.«

Rosa starrte verwirrt auf den blauen Seepferdchenohrring, den Stefania in die Höhe hielt.

»Danke«, sagte sie schließlich tonlos, aber Stefania zog schnell die Hand zurück.

»Was soll das?«, fauchte Rosa, »nun gib schon her, den muss Marinella verloren haben, sie hat mich auf der Arbeit besucht.« »Quatsch«, sagte Stefania, »oder stehst du seit neuestem am Mattatoio?«

Das saß. Rosa sackte in sich zusammen und sagte erst einmal gar nichts. Dann stöhnte sie leise: »Ich habe ja gewusst, dass es nicht gut gehen würde. Aber was sollten wir denn tun?«

»Was ist passiert?«

Rosa schwieg und blickte sie an.

Da verstand sie. »Marinella?« Rosa nickte.

»Ich war nur kurz weg zur Pasticceria. Als ich wiederkam, lag er schon auf ihr. Ich wollte ihn nicht töten, aber nachdem ich ihm einen Schlag mit der Flasche versetzt hatte, wusste ich, dass ich weitermachen musste. Er hätte es immer wieder versucht, ich hätte sie nicht schützen können.«

Stefania schluckte. »Warum Testaccio?«, fragte sie dann.

Rosa blickte verzweifelt auf. »Silvana steht dort. Es sollte wie ein Unfall während seiner üblichen Runde aussehen. Er durfte doch nicht in unserem Viertel gefunden werden.« Sie verstummte. »Aber«, Stefania überlegte, »wie hast du ihn denn überhaupt so weit wegbringen können?«

»Mit der Vespa.« »Was?« Sie starrte Rosa ungläubig an.

»Wir haben ihn in unsere Mitte genommen, Marinella saß

hinten und hat ihn festgehalten. Sie war so tapfer und so vernünftig.« Nun begann Rosa zu schluchzen. »Wenn sie mich verhaften, hat sie doch niemanden, zu dem sie gehen kann. Was soll denn nun aus ihr werden?«

»Was schon?«, Stefania zuckte die Achseln.» Sie wird weiter zur Schule gehen und Lehrerin werden, und du wirst weiter auf sie aufpassen.« Sie legte den Ohrring in Rosas Hand.

»Mein Vater hätte keine Flasche, sondern gleich ein Gewehr genommen«, sagte sie noch. Dann ging sie.

Ohne Krone

Judith Merchant

Ich sehe die Kriminalbeamten schon von Weitem. Das Land ist hier ziemlich flach, und die Zäune bestehen aus Stacheldraht, sodass man meilenweit gucken kann, wenn man will, nur gibt es nicht viel zu sehen an den meisten Tagen.

Ich trockne meine Hände sorgfältig, binde mir die Schürze ab und setze Kaffee auf, denn ich gehe davon aus, dass die Herren einige Fragen haben. Bei einer Tasse Kaffee redet es sich leichter, finde ich. Und natürlich ist es auch nett, ein wenig Gesellschaft zu haben, fast, als hätte ich Besuch.

Nach kurzem Zögern stelle ich die bunte Dose mit den dänischen Butterkeksen auf den Tisch, die ich wegen Marko unter Verschluss halte. Der sitzt zum Glück in seinem Zimmer und spielt mit der Playstation.

Im »Tatort« schauen die Ermittler sich ja meist erst unauffällig um, wenn sie Zeugen in ihren eigenen vier Wänden befragen, aber die beiden Herren setzen sich gleich an den gedeckten Tisch und legen los. Dass man den armen Helmer endlich gefunden hat, ist natürlich schon längst von Hof zu Hof gewandert, fast zwei Wochen lang hat er in der Jauchegrube von Bauer Breitscheid gelegen, wo ihn die Spürhunde nicht haben wittern können. Besonders nachdrücklich gesucht hat ihn aber ohnehin keiner, seine eigene Frau war nicht sicher, ob er verschwunden war oder sie nur mal wieder verlassen hat. Für Aufregung sorgt hier vor allem das mit dem Schafbock, den dasselbe Schicksal ereilt hatte, sie lagen quasi Arm in Arm mit gespaltenen Köpfen in der Gülle.

Das alles erzählen mir die feinen Herren aus der Stadt, während sie Kaffee trinken und die Kekse aus der Dose futtern.

»Haben Sie eine Ahnung, weswegen jemand ein Schaf umbringen will?«, fragt der mit dem Schnauzbart.

Mein Löffel schwebt einen Augenblick über der Tasse, dann

rühre ich um und nehme einen Schluck. »Nein, natürlich nicht.«

»Sie selber halten auch Schafe?«

»Ja«, sage ich. Dann kaue ich und schlucke den süßen Keks, irgendwas muss ich schon erzählen, sonst kommt denen das komisch vor. »Aber nur aus Liebhaberei. Die Zucht lohnt sich nicht mehr. Ein Kilo Wolle gibt heutzutage kaum einen Euro.«

Die Beamten wechseln einen Blick, ich sehe ihnen an, dass sie von Wollpreisen keine Ahnung haben.

»Und weswegen züchtet Ihr Nachbar dann welche?«

Ich wundere mich ein bisschen über die blöden Fragen, das können sie ja auch von seiner Frau erfahren oder von sonst wem, die befragen eh die halbe Nachbarschaft. Na ja, im Tatort reden die auch manchmal um den heißen Brei rum.

»Er verkauft sie ganz. Da gibt es eine große Nachfrage, besonders zu muslimischen Schlachtfesten. Die Familien kommen zu ihm, vor allem aus den großen Städten, suchen sich eins aus, nehmen es mit und schlachten zu Hause. Das ist für Helmer praktisch, kaum Arbeit, wenig Dreck. Und für die Käufer ist es ein netter Tagesausflug.«

»Und warum machen Sie es nicht genau so?«

Ja, warum lebe ich arm und verlottert, und der Nachbar macht den Reibach? Ich finde die Frage bescheuert, darum rühre ich bedächtig in meiner zweiten Tasse und betrachte die Bilder über dem Kachelofen so nachdrücklich, bis die Blicke der Ermittler meinem folgen.

Ich hab es ja sonst nicht so mit dem Einrichten, aber auf meine Küchenwand bin ich stolz. Marko hat mir geholfen, sie zu streichen, als er noch kein fetter Teenager war, der zu nichts Lust hat. Er durfte die Farbe aussuchen, und seitdem leuchtet die ganze Wand in einem knalligen Grün. Tags darauf haben wir viele kleine Bilderrahmen gekauft, für jedes Schaf eines, und seitdem ist die Anzahl der Bilder mit jedem neugeborenen Lämmchen gewachsen, eine richtige kleine Herde ist es, hier an meiner Küchenwand. Nur die Frau vom Jugendamt fand das doof, sie kam letztes Jahr, um den Zuschuss für Markos

Klassenfahrt mit mir zu besprechen. Als sie die Fotos sah, fragte sie sofort, weswegen ich kein einziges Bild von meinem Sohn aufgehängt hätte, und ich antwortete ihr, dass der immerhin noch keinen Wettbewerb gewonnen hätte, und dann drängte ich sie, mit mir auf die Weide zu gehen, damit sie Luzie betrachten könne, Luzie war damals auf dem Höhepunkt ihrer Schönheit.

Das war direkt nachdem sie den ersten Platz gemacht hatte, das schönste Schaf von Nordrhein-Westfalen war sie geworden, vor allem aber hatten wir auf der Ausstellung Lenin kennen gelernt und Jens. Jens ist Student der Agrarwissenschaft, und Lenin hatte den zweiten Platz gemacht, wir hatten nach der Preisverleihung Waffeln am Stand gegessen und abgemacht, dass er seinen Lenin im November vorbeibringt zum Decken, das wäre eine echte Chance für Luzie gewesen.

Meine Küchenwand sagt mehr als tausend Worte. Meine Schafe sind meine Familie. Sie werden nicht geschlachtet, da bleibe ich lieber arm. Beantwortet das die Frage, liebe Kriminalpolizei? Ich würde niemals ein Schaf töten, es sei denn, es hat mir oder meinen Lieben was getan.

Ich nehme Luzies Bild von der Wand und betrachte es zärtlich, dann gebe ich es dem mit dem Schnäuzer in die Hand und hoffe, dass er den perfekten Schwung der Ohren sieht, die sanften Augen, die näher beisammen stehen als üblich bei Heidschnucken, und die gleichmäßige Färbung des Fells.

Er nimmt das Bild und guckt drauf, so blöd könnte ein Schaf nie gucken, denke ich.

»Wollen Sie Luzie sehen?« Ich warte die Antwort gar nicht ab. Natürlich wollen die Herren ihre Zeit nicht damit verschwenden, ein Schaf zu betrachten, und sei es so schön wie Luzie, aber das ist mir egal. Es wird für Luzie nicht mehr viele Bewunderer geben.

Ohne mich umzusehen, gehe ich den Weg zum Stall, ich weiß, dass die wohlerzogenen Herren mir folgen. Luzie steht jetzt nicht mehr bei den anderen auf der Weide. Das ist sicherer. Natürlich vermisst sie die anderen ein bisschen, Schafe sind am liebsten in ihrer Herde, aber ich besuche sie wirklich jede freie Minute und rede mit ihr und bringe Leckereien.

»Das ist sie.«

Sie blökt leise und liebevoll, als ich sie hinter dem Ohr kraule, und reibt ihren Kopf an meinem Bein. Die Herren schauen sich um, sichtlich schockiert von dem Durcheinander im Stall.

»Machen Sie die ganze Arbeit hier alleine?«, erkundigt sich der Dünne.

Ich zucke die Achseln. »Wer sonst? Mein Sohn geht zur Schule und interessiert sich nicht mehr für die Tiere, und einen Mann habe ich nicht.« Oh, das macht die Herren verlegen, bestimmt haben sie von den anderen eh schon alles über unsere Familiensituation gehört, unverheiratete Mütter sind selten hier auf dem Land.

Eine peinliche Stille entsteht, peinlich für die, nicht für mich, denke ich und hole für Luzie eine Handvoll Hafer aus der Kiste, während sich die Herren bemühen, nicht auf meinen Hüftspeck zu schauen, der unter meinem hochgerutschten Strickpullover hervor quillt, als ich mich bücke. Der Tag, an dem sie mir das Krönchen aufgesetzt haben, ist lange vorbei, Erntekönigin 91, man glaubt es kaum, wenn man mich heute sieht. Ach ja, neun Monate nach der Feier kam Marko, das hatte ich dann von meinem Krönchen. Zwei Jahre alleinerziehend, und ich war nicht mehr wiederzuerkennen. Ich sehe jetzt scheiße aus, ganz ehrlich.

Die Herren wollen gehen, das sehe ich genau. Der mit dem Schnäuzer wischt mit einem Papiertaschentuch an seinem Hosenbein herum, ja, mein Lieber, Ställe sind schmutzig.

»Das wäre es dann. Einen schönen Tag noch, und wenn Ihnen noch etwas einfällt, hier ist meine Visitenkarte.«

»Jaja«, sage ich und stecke die Karte in meinen rechten Gummistiefel, natürlich werde ich ihn nicht anrufen, egal, was mir einfällt. Wer einen Mord aufklären will, noch dazu einen Doppelmord, sollte ein bisschen mehr Biss haben.

Ich streichle die arme Luzie und sehe den Herren durch das Stallfenster nach. Man kann ja sehr weit sehen, hier.

Deswegen habe ich auch genau gesehen, wie der Bock vom Helmer den Zaun eingerissen und sich über die arme Luzie hergemacht hat, Luzie, die auf einer separat eingezäunten Weide gestanden und auf den prächtigen Lenin gewartet hat.

Noch etwa drei Monate, dann bekommt die arme Luzie ihren Bastard, ihre ganze Zukunft ist versaut, sie wird keinen Schönheitswettbewerb mehr gewinnen, und Papiere wird das arme Lamm auch nicht haben, weil der Vater jetzt nicht der Zuchtbock Lenin ist, sondern ein hergelaufener Nachbar.

Trotzdem freue ich mich irgendwie, es wird sicher ein hübsches Lämmchen, und es wird nie in die Pubertät kommen und fett werden und den ganzen Tag fernsehen und Playstation spielen wie Menschenkinder. Luzie wird jedenfalls nicht allein da sitzen, sie hat ja mich und die Herde.

Ja, Menschen haben es schwerer, wenn sie Bastarde bekommen, denke ich. Und das alles wegen Helmer. Beim Gedanken an Helmer grinse ich zufrieden. Der sah auch scheiße aus, wie er da mit zerschmettertem Schädel in der Pisse versank, dabei war er 1991 richtig hübsch, der Helmer.

Aber er hat ja bekommen, was er verdient hat, wenn auch verspätet. Und sein blöder Bock auch.

Eisblumen

Doris Preusche

Die Nacht war klar und kalt gewesen. Mein feuchter Atem, zu Eis erstarrt, schmiegte sich an die Fensterscheiben. Sein filigranes Muster warf einen kalten Schleier ins Zimmer. Ich fror.

Hustend zerrte ich am oberen Ende der schweren Daunendecke und zog schützend beide Beine enger an meinen Leib. Der rechte Fuß stieß dabei an den Ziegelstein, den mir meine Mutter am vergangenen Abend ins Bett gelegt hatte. Er war noch lauwarm, aber zu kalt, um meinen Körper zu wärmen. Das Feuer im Ofen war längst erloschen, und ich sehnte mich nach dem lebendigen Knistern und Knacken von glimmendem Holz und brennenden Zweigen.

»Der Junge ist zäh. Er wird's überleben.«

Ich erinnerte mich an die beruhigenden Worte des Arztes - seit Tagen schon. Seitdem waren die Schatten unter den Augen meiner Mutter dunkler und ihr Gesicht noch blasser geworden.

Ich lag still und lauschte. Mein Bett stand an der Wand, nur wenige Zentimeter unterhalb des Fensters. Der eisige Wind, der durch die Ritzen des morschen Fensterrahmens drängte, huschte über mein fiebrig-feuchtes Gesicht. Er roch nach frischem Schnee. Langsam schob ich eine Hand aus der schützenden Wärme hervor, wanderte mit den Fingern über die mit Eisblumen reichlich verzierte Glasscheibe. Das neugeborene Weiß schob sich unter meine Nägel, die Fingerkuppen wurden kalt und nass.

»Thomas!« Meine Mutter war ins Zimmer getreten. Sie hatte die Gabe, sich leise zu nähern, ohne dass man es mitbekam. Auch ich konnte das.

»Du sollst doch ruhig im Bett liegen bleiben und dich ausruhen.« Ihre Stimme klang vorwurfsvoll. »Dr. Schrör sagt, du könntest einen Rückfall bekommen.« Behutsam griff sie nach meiner Hand, zwang sie zurück unter die rot-karierte Bettdecke. Mit weit ausholenden und hastigen Bewegungen strich sie den Baumwollstoff glatt. Sie setzte sich auf die Bettkante, schweigend, den schmalen Körper in ein dünnes schwarzes Kleid und eine verwaschene Kittelschürze gepackt. Ich wich ihrem Blick aus. Sie lächelte sanft. Doch ich wusste, dass sie sich sorgte.

Der Aufprall von Schneebällen durchbrach das Schweigen. Mehrere davon waren gegen meine Fensterscheibe geprallt, andere gegen die Hauswand. Kaum merklich zuckten meine Muskeln. Mit festem Griff umfasste meine Mutter meine Schultern, schob mich bestimmt auf die dreiteilige Matratze zurück und hielt mich auf meinem Lager gefangen. Mein schwacher Versuch, mich aufzurichten, war gescheitert.

»Sie werden morgen wieder kommen«, flüsterte sie und küsste mich auf die fiebrige Stirn. Zärtlich streichelte sie meine Wangen, während ich erschöpft die Augen schloss.

Als ich wieder aufwachte, war es dunkel und das kleine, schmale Zimmer, das einmal eine Abstellkammer gewesen war, wohlig warm. Feuer tanzte im gusseisernen Ofen, und ein Butterbrot lag an meiner linken Seite. Der Zuckerbelag ähnelte der Winterlandschaft, durch die ich vor drei Tagen gestapft war.

Ich hatte keinen Hunger, trank vom Lindenblütentee und richtete meinen Blick auf die eisblumengeschmückte einfach verglaste Fensterscheibe. Wo die Wärme meiner Finger das Muster durchbrochen hatte, hatte sich bereits eine neue Eisschicht gebildet, dünn und zerbrechlich.

»Sie haben ihn gefunden, den Martin.« Mutter stand in der Tür. »Ertrunken ist er, im Teich.« Ihre Stimme zitterte. Ich schwieg. Was hätte ich darauf antworten sollen, wo ich es doch längst wusste? Mein Hustenanfall unterbrach ihre ungewohnte Mitteilsamkeit. Schnell eilte sie herbei, richtete mich auf und öffnete ebenso geschwind das Fenster. Kräftige Schläge auf meinen Rücken folgten, gezielt platziert, schmerzhaft und wohltuend zugleich. Danach fiel mir das Atmen leichter.

Vom Erdgeschoss her drang das Geräusch des rhythmischen Auf und Ab der Nähmaschinennadel. Es war das einzige, was in der Dunkelheit zu hören war. Schon seit einer Weile saß meine Mutter an der Nähmaschine. Sie war müde. Ich merkte es an den schleppenden Bewegungen der Fußpedale.

Tagsüber stand sie in ihrem kleinen Miederwarengeschäft, abends und früh am Morgen kümmerte sie sich um unsere beiden Hausschweine, die das Jahr über gemästet und im Winter geschlachtet wurden. Das war so, seitdem mein Vater an einer Lungenentzündung gestorben war.

»Es ist gut«, hatte sie beim Hinausgehen gesagt, »dass du dich nie mit Martin abgegeben hast.«

Mit einer Ausnahme, hätte ich ihr am liebsten hinterher geschrien.

In der Nacht sah ich Martin am Fußende meines Bettes stehen. Der Hund war nicht dabei. In seiner linken Hand hielt er die Angel und in der rechten ein Stück schwarzen Stoff. Martin war ungewöhnlich still. Nur seine Augen sprachen von seiner Wut, seinem Hass. Ich wusste, dass er mich hasste. Er hatte es gesagt, als er zornig meinen Kopf ins eisige Wasser drückte, draußen am Teich.

Mein Schrei erstickte. Tausend Nadeln bohrten sich in meinen Schädel. Und meine Hände griffen verzweifelt ins Leere.

»Du hast schlecht geträumt«, sagte meine Mutter, umwickelte meine Waden mit essiggetränkten Tüchern und legte mir behutsam einen kühlenden Waschlappen auf die Stirn. »Und hohes Fieber hast du auch.«

Eigentlich hatte ich einen anderen Weg gehen wollen mit meinem Schlitten und dem hölzernen Gepäck.

»He, du«, hatte Martin gerufen, »hast wohl wieder für deine verkommene Mutter Reisig und Holz geklaut, was?«

Er war allein. Ich hätte ihn ignoriert, wäre nicht der Hund gewesen. Sein Kopf steckte in einer Schlinge. Er zerrte, bellte, versuchte sich aus der qualvollen Umklammerung zu befreien. Der Knoten zog sich mehr und mehr zusammen und drohte ihm die Luft zu nehmen. Dann wurde er leiser, verharrte schicksalsergeben. Und Martin lachte.

Seine Wangen waren gerötet wie das tote Fleisch, das in der Verkaufstheke der elterlichen Metzgerei lag. Es hob sich wie alles andere an ihm aggressiv vom reinen Weiß der Winterlandschaft ab. Martin war drei Jahre älter, größer und kräftiger. Seine Schultern waren breit, sein Körper im Gegensatz zu meinem wohlgenährt.

Martin zog abermals fest an seiner Angel. Sein Opfer, daran festgebunden, jaulte und stemmte sich dagegen. Schneeflocken, groß und luftig, fielen auf seine angstgeweiteten Augen.

»Lass ihn los.« Entschlossen war ich auf die dicke Eisdecke getreten. Meine Worte wurden verschluckt vom Schnee und laut läutenden Glocken.

Martin hielt inne. Er blickte auf die Kirchturmuhr, rund fünfhundert Meter von uns entfernt.

Es war Essenszeit.

Meine Mutter richtete sich nach den Glockenschlägen. 24 Stunden lang lag ihre Aufmerksamkeit auf den Zeigern der Uhr. Sie gaben ihr den Rhythmus vor.

Das regelmäßige Ticken und Schlagen hatte meinem Vater ebenfalls den Takt vorgegeben. Täglich hatte er das Uhrwerk auf dem Wohnzimmerschrank aufgezogen, das einzige im Haus. Die alte Kaminuhr hatte ihm gehört, zuvor seinem Vater.

Nun stand die Uhr still - seit Jahren schon.

Zwei Stunden Schlaf, und Mutter war bereits wieder auf den Beinen. Und ich hatte mich die ganze Nacht unruhig hin und her gewälzt. Vor meinem Fenster krachte das Beil auf den Holzblock, spaltete das Brennholz in kleinere und größere Teile. Ein Eimer klapperte, begleitet von raschen Schritten, die durch den Schnee und die Dunkelheit hasteten. Im Hintergrund hörte ich das Quieken der hungrigen Schweine.

Die Haustür wurde geöffnet. Frostige Morgenluft suchte sich ihren Weg durch das Treppenhaus und schließlich zu mir. Ich erschauderte.

Mama. Ich wollte sie rufen, ihr alles erzählen. Mama. Aber wie sollte ich ihr das alles erklären?

Sie reinigte und schob den schweren Aschenkasten, zündete das Feuer, schrubbte und polierte die eiserne Herdplatte. Es klapperte. Wasser plätscherte in dünnem Rinnsal aus dem Kaltwasserhahn am steinernen Spülbecken. Ein kurzes erschöpft klingendes Stöhnen. Sie hatte den großen Topf auf den Herd gestellt – so wie jeden Morgen.

»Du kannst mich mal.« Martin hatte verächtlich eine Grimasse gezogen und dann auf das Eis gespuckt. »Meinst du etwa, ich lasse mir von dem blöden Köter einen Fisch klauen?«

Zielstrebig steuerte er dem Loch entgegen. Groß und dunkel klaffte es bedrohlich wie das weit geöffnete Maul eines Ungeheuers inmitten des zugefrorenen Teiches.

Das Loch - der Hund. Meine Gedanken überschlugen sich. Rasch begab ich mich aufs Eis, näherte mich unbemerkt dem überrasch-

ten Tierquäler und griff nach der Angel. Geschrei, Gebell, dann die Schwere von Martins Gewicht auf meinem Rücken, sein lautes Schimpfen und schließlich die eisige Kälte.

Mein Kopf folgte willenlos der rhythmischen Bewegung seiner brutalen Hände. Ungebändigt ließ er seinem Hass freien Lauf. Verzweifelt rang ich nach Sauerstoff, taub für den Schmerz und allzu schockiert zum Denken, überhörte ich jegliche Geräusche um uns herum.

Das aufgewühlte Eiswasser spiegelte mein verzerrtes Gesicht und Martins gemeines Grinsen. Doch dann sah ich nur noch Schwarz.

In der Ferne hörte ich das aufgeregte Bellen eines Hundes, dazwischen Kinderstimmen.

»Sie werden bald hier sein«, sagte meine Mutter. Nach dem Sonntagsgottesdienst hatte sie sich an meine Seite gesetzt. Seitdem betete sie leise. Den Rosenkranz fest in der rechten Hand, ließ sie nervös und mit traurigem Blick eine Perle nach der anderen durch ihre Finger gleiten.

Jetzt wärmte ein altes Baumwollkleid ihren Leib. Nur die beiden Nähte am rechten Ärmel waren neu. Wie frische Narben zogen sie sich bis zum Ellenbogen, umklammerten dabei ein Stück fremden Stoffs, der erst in der vergangenen Nacht dort seinen Platz gefunden hatte.

Mutters Kleid rief mir Martin und das gewaltsam aufgebrochene Loch, das er zum Fischen in den zugefrorenen Teich geschlagen hatte, ins Gedächtnis. Ebenso sein fassungsloses Erstaunen und den weit aufgerissenen Mund, der sich zu einem stummen Schrei geformt hatte. Mit einem schwarzen Stofffetzen in der geballten Faust war er in der Tiefe versunken, während ich unerwartet von meiner Last befreit worden war.

»Es wird alles wieder gut«, meinte meine Mutter und strich unruhig über ihren rechten Arm. Ihre Hand zitterte. Schwerfällig erhob sie sich vom Stuhl. Tränen rannen ihr über das in nur wenigen Tagen gealterte Gesicht.

Und das Schwarz ihres Kleides wirkte noch dunkler, seitdem ein altes Backblech die Eisblumen an meinem Fenster verdeckte. Sie hatte es am Abend zuvor dort hingestellt, um die Kälte auszusperren.

»Es wird Zeit«, sagte meine Mutter und streckte mir einen kleinen silberfarbenen Schlüssel entgegen. »Zeit, dass die Wohnzimmeruhr wieder tickt.«

Tür an Tür

Sabine Deitmer

Wissen Sie, im Nachhinein mache ich mir richtig Vorwürfe. Da lebt man jahrelang Tür an Tür auf dem gleichen Treppenabsatz. Grüßt sich jedes Mal, wenn man sich sieht, auf der Treppe. Und ahnt nichts von dem, was sich hinter der Tür abspielt, gleich nebenan. Man fragt sich, ob man nicht doch hätte helfen können. Das Schlimmste verhindern. Aber jetzt ist es eh zu spät … Die Kleine hat ja oft geschellt, wenn sie aus der Schule kam und den Schlüssel vergessen hatte. Dann hab ich ihr einen Kakao gekocht, und sie hat hier bei mir am Tisch gesessen und ihre Schulaufgaben gemacht und mit dem Hansi gespielt, bis ihre Mutter von der Arbeit kam. Eine süße Kleine, die schon viel zu früh erwachsen werden musste. Mir hat sie immer leid getan, wie sie mit dem Schlüssel um den Hals und dem viel zu großen Tornister morgens losgezogen ist. Höchstens sieben oder acht war sie da. Und schon so vernünftig, viel zu vernünftig für das Alter. Dass die Mutter und der Stiefvater sich nicht verstanden haben, war ja kein Geheimnis. Das wusste jeder im Haus. Aber dass das mal so enden würde ... Mir hat immer nur die Kleine leid getan.

Mich hat das eigentlich nicht überrascht. Hab selber fünf Kinder und fahre nachts Taxi. Da sieht man so allerhand. Und wundert sich selten. Und die Kleine, das war 'ne ganz pfiffige, rotzfrech. Meine fünf, die hatte sie voll unter Kontrolle. Die hat sie um den Finger gewickelt. Auch die Großen. Und immer hatte sie die Knie aufgeschlagen, war 'ne große Rollschuhfahrerin. Na ja, bei dem Zirkus, der da bei ihr zu Hause war, tat sie gut dran, schnell abzuhaun. Der Stiefvater war so ein aalglatter Vertretertyp, immer 'ne Spur zu freundlich, und die Mutter hatte mehr als einmal 'ne Fahne, wenn ich ihr auf der Treppe begegnet bin. Kann man ja verstehn bei dem Mann. War sonst eigentlich 'ne nette Frau und arbeitete hart, das sah man ihr an. Aber die Kleine hat da mehr mitgekriegt, als gut war für ihr Alter. Vor mir hatte sie Angst. Wieso, weiß ich nicht. Als ich ihr einmal mit der Hand über die Haare gestrichen habe, ist sie richtig zusammengezuckt. Ich hab sie dann nie mehr angefasst.

Die Biene war meine Freundin in der Grundschule. Wir waren viel zusammen. Sie ist oft gleich von der Schule mit zu mir nach Hause gekommen, weil ihre Mutter ja arbeiten ging, und meine war immer da. Manchmal hat sie auch bei mir geschlafen. Ich hab nie bei der Biene geschlafen. Die Biene war in Ordnung. Sie hat mir viel geholfen mit den Schulaufgaben und mir die Sachen erklärt, die ich nicht verstanden habe. Die Biene hat schnell kapiert. Von sich zu Hause hat sie nur ganz selten was erzählt. Das wusste ich gar nicht, dass das ihr Stiefvater war. Das habe ich alles erst später erfahren. Die Biene hat mir das nicht gesagt. Aber ich hab ihn gesehen. Ein paarmal, wenn er die Biene im Auto von der Schule abgeholt hat. Dann hat er so komisch gepfiffen wie für einen Hund, und die Biene musste springen. Wenn er wütend war, hat er mit den Backenzähnen geknirscht. Das haben wir vor dem Spiegel geübt, die Biene und ich. Wenn er das machte, hatte sie Angst. Das ist das einzige, was sie mir erzählt hat. Ob sie ihn gemocht hat, weiß ich nicht. Ich weiß nur, dass sie Angst vor ihm gehabt hat.

Ich wusste überhaupt nicht, wer alles hier wohnt in dem Haus. Vierundzwanzig Klingelknöpfe. Das hat mir gereicht. Auf jeder Etage drei. Da sprangen so viele Leute rum im Treppenhaus. Wenn ich die alle hätte kennen wollen. Ich kannte ja noch nicht mal die anderen Studenten, die mit mir da unter dem Dach wohnten. Na ja, die Gesichter, mehr nicht. Und die Kleine ist mir per Zufall über den Weg gelaufen. Als ich ein paar Hemden auf dem Speicher aufhängen wollte. Mein Zimmer war nämlich nur eine Art vergrößerter Schrank. Und wie ich auf dem Trockenspeicher rumturne, höre ich auf einmal so ein Wimmern aus einer Ecke, wie von einem kranken Tier. Völlig verstört war die Kleine, heulte vor sich hin und ließ sich nicht von mir anfassen. Da ist mir eingefallen, dass ich noch so 'n Ding für Seifenblasen in meinem Zimmer hatte von der letzten Fete. Das hab ich ihr dann gegeben. Und sie hat aufgehört zu heulen und Seifenblasen gemacht. Ich musste ihr versprechen, die Tür zum Speicher zu bewachen und niemanden rein zu lassen. Im Haus war schwer was los, das Gekreische hallte bis nach oben. Türenschlagen, Polizeisirenen und volles Pipapo. Der Kleinen hab ich meinen Schlafsack geholt, und ich hab mir mein Physiologiebuch mitgebracht und neben der Speichertür gehockt und gelernt. Da bin ich dann irgendwann eingeschlafen. Und die Kleine war weg aus dem Schlafsack, als ich morgens aufgewacht bin.

Für die Kinder im Haus bin ich die »gute Tante«, so nennen sie mich. Ich habe immer ein paar Bonbons für sie und viel Zeit. Mehr Zeit als die Eltern. Das wissen sie, und deshalb kommen sie zu mir. Und ich freue mich. Das bringt ein bisschen Leben in meine Wohnung. Vielleicht ist das auch nur, weil ich selber keine Kinder habe. Vielleicht hole ich sie mir deshalb von der Straße. Das Mädel aus dem vierten Stock war auch oft bei mir. Eine ganz besonders Aufgeweckte war das. Kommandierte selbst die älteren Jungen von der Straße herum. Aber es gab auch Zeiten, da war sie richtig scheu. Drückte sich an meiner Tür vorbei mit den klappernden leeren Flaschen, für die sie volle holen musste, und sagte kein Wort, wenn ich die Tür einen Spalt öffnete. Das wusste doch jeder im Haus, dass der Stiefvater tagsüber, wenn die Mutter arbeitete, seine Geliebte mit hoch in die Wohnung nahm und das Mädel dann auf die Straße schickte. Die hatte es nicht leicht, die Kleine. Eine Mutter, die trinkt, und ein Stiefvater, der mit anderen Frauen im Bett liegt. Wie soll das denn so ein kleines Mädchen verkraften? Ich hätte nie geglaubt, dass das nicht seine leibliche

Tochter ist. So stolz hat er sie überall rumgezeigt. »Das wird mal ein Klasseweib«, hat er immer gesagt. »Guck sie dir genau an, Friedrich. Ein Klasseweib wird das.« Und dann hat er ihr immer gesagt, sie soll mal vor uns auf und ab gehen. Und ich musste immer sagen, dass ich das auch fände, dass sie mal ein Klasseweib wird. Und ob sie ihren Papi auch lieb hat, hat er sie immer gefragt. Und wenn sie nicht gleich geantwortet hat, die Kleine, dann hat er mit den Zähnen geknirscht, so lange, bis sie gesagt hat, was er hören wollte. Der war vielleicht stolz auf sie. Richtig verliebt war der in die Kleine. Das hätte ich nie gedacht, dass das nicht seine leibliche Tochter war.

Sie können ruhig alles wissen. Jetzt, wo es vorbei ist. Ich steh zu dem, was ich getan habe. Hundertprozentig. Das hab ich doch für die Kleine getan. Was blieb mir anderes übrig? Hätte ich zusehen sollen, wie er nach mir auch noch die Kleine kaputtmacht? Ich hab doch alles versucht, um von ihm weg zu kommen. Zweimal hab ich die Kleine zu Verwandten geschickt, und jedes Mal hat er ihr wieder aufgelauert und sie nach Hause zurückgebracht. Und ich hab wieder gekuscht vor ihm, um es nicht alles noch schlimmer zu machen für die Kleine. Natürlich habe ich getrunken. Auch harte Sachen. Ich war doch am Ende. Ich wusste mir keinen Rat. Aber die Kleine wollte ich doch beschützen vor ihm. Und die anderen haben mir das alle nicht geglaubt. Keiner wollte das glauben. Meine eigene Schwester hat gedacht, ich wär‘ verrückt, als ich ihr gesagt habe, dass ich Angst habe um die Kleine. Angst, dass er sich an ihr vergreift. Das war doch längst nicht mehr normal, wie der sie immer angeguckt hat. Sie musste mit ihm zusammen baden. Und sie hat geweint und ist zu mir gelaufen. Sie wollte nicht mehr mit ihm in die Badewanne. Das hat er dann eingesehen, dass sie nicht mehr wollte. Aber von da ab musste sie ihm den Rücken schrubben. Da half nichts. Und als sie auch das nicht mehr wollte, kam sie heulend zu mir in die Küche. Da bin ich dann rein zu ihm ins Badezimmer. Und da lag der

Rasierer auf dem Waschtisch gleich neben der Badewanne. Ich brauchte ihn nur einzustöpseln und in das Wasser zu werfen. Ich musste das einfach tun. Ich konnte nicht anders. Das war dann das Ende. Leid tut mir das nicht. Kein bisschen. Das hätte ich schon viel eher tun sollen, dann wär' der Kleinen einiges erspart geblieben.

Bis einer weint

Sandra Lüpkes

Liebes Tagebuch!

Timon ist scheiße. Er bohrt beim Essen in der Nase. Ich halte das nicht aus.

Ein paar Freundinnen sagen, sie wünschen sich einen großen Bruder, aber meiner hat immer Chipskrümel an den Händen (dazu noch abgekaute Fingernägel!) und macht andauernd fiese Witze über meine Pickel, obwohl ich ja nichts dafür kann.

Timon und ich treiben meine Mutter in den Wahnsinn. Das ist mir schon irgendwie klar. Doch was soll ich machen, wenn Timon ständig so scheiße ist?

Meine Mutter hat einen harten Job in einer Tiefkühlpizzen-Firma in Bielefeld. Sie muss die Bestellungen zusammenpacken. Bei uns zu Hause gibt es dann auch immer diese Tiefkühlpizza. Ich kann es schon nicht mehr sehen: Pizza mit Thunfisch oder Salami oder Schinken oder Bolognese. Aber meine Mutter hat keine Zeit zum Kochen. Sie arbeitet den ganzen Tag, weil Papa nicht zahlt, obwohl er eigentlich müsste. Timon und ich sind viel alleine zu Hause. Wenn wir uns zanken, fängt es immer ganz klein an. Es geht um Bleistiftanspitzer, um Computerspiele, ums Müllnachuntenbringen. Echt eigentlich ganz unwichtige Sachen. Und dann zoffen wir uns. Erst fast mehr aus Spaß. Und wenn meine Mutter das mitkriegt, dann ruft sie immer: »Hört doch auf!«

Und wir rufen zurück: »Wir machen nur Spaß!«

Und sie jammert: »Bis einer weint!«

Und komischerweise hat sie immer Recht. Immer weint einer am Schluss. Immer wird es richtig schlimm am Schluss. Und dann sagt sie ganz traurig: »Hab ich es nicht gesagt?«

Ich bin nicht gern zu Hause. Obwohl ich ein eigenes Zimmer habe. Und einen eigenen Fernseher mit DVD. Trotzdem hasse ich unsere Wohnung. Ich möchte gern abhauen. Vielleicht gehe ich auch zu Papa. Der ist wieder verheiratet, wohnt in Bad Oeynhausen, und seine neue Frau ist immer bei dem kleinen Baby, welches die beiden bekommen haben. So etwas hätte ich auch gern. Eine kleine Schwester statt Timon. Und eine Mama, die zu Hause bleibt.

So, ich mach Schluss für heute, auf RTL kommt GZSZ.

Marie

Liebes Tagebuch!

Ich könnte kotzen. Timon macht beim Kauen nie den Mund zu, und dann kann man immer sehen, dass er hinten am Backenzahn ein Loch hat. So was von widerlich!

Ich habe gesagt: »Geh zum Zahnarzt und anschließend zum Benimmkurs!«

Er hat gesagt: »Erst wenn du endlich mal die Sauerei vom Badezimmerspiegel wegwischst.«

Das ist fies. Ich kann doch nichts dafür. War doch schon beim Hautarzt. Aber der hat gesagt, ich soll die Pille nehmen, dann wird das besser mit der Haut, aber das wollte meine Mutter nicht. Aber wenn Timon mal zum Zahnarzt gehen würde, könnte man schon was an seinem Gebiss tun.

Ich habe also gesagt: »Du bist ekelhaft!«

Er hat gesagt: »Wegen dir haben wir so viel Fliegen in der Wohnung.«

Da habe ich meine Federmappe nach ihm geschmissen. Leider hat sie nicht getroffen, stattdessen ist der Porzellanschwan vom Wohnzimmerschrank gefallen.

Er hat gesagt: »Das sage ich Mama, dass du das warst mit deiner scheiß Federmappe.«

Ich habe nichts gesagt.

Mama hat aus der Küche gerufen: »Hört doch auf!«

Wir haben beide gleichzeitig gesagt: »Wir machen nur Spaß!«

Mama dann wieder: »Bis einer weint!«

Ich habe dann auch geweint. Weil Timon die Sache mit dem Porzellanschwan gepetzt hat und meine Mutter sich von meinem Taschengeld einen neuen kaufen will. So einen bescheuerten Porzellanschwan. Den hat von uns kein Mensch mehr angeschaut, seit Jahren verstaubt er in unserem großen Wohnzimmerschrank. Und nun sagt meine Mutter, sie will einen neuen, weil sie so an dem Teil gehangen hat. Und der kostet sechs Euro. Und ich wollte doch sparen, weil ich mir den GZSZ-Terminkalender kaufen will, der farblich genau zu diesem Tagebuch hier passt. Aber das kann ich mir wohl abschminken.

Ich hasse mein Leben!

Marie

Liebes Tagebuch!

Habe ich geschrieben, dass ich mir eine Mutter wünsche, die zu Hause bleibt?

Vergiss es! Seit ein paar Tagen ist meine Mutter zu Hause, weil sie ihren Job bei der Tiefkühlpizzen-Firma verloren hat.

Nun ist sie zu Hause. Sie hat jetzt Zeit zum Kochen. Aber leider schmeckt es nicht besonders gut. Dafür ist der Wohnzimmerschrank endlich abgestaubt.

Meine Mutter telefoniert viel mit einem Anwalt, damit mein Vater endlich mal Geld rüberschickt. Sonst müssen wir uns eine kleinere Wohnung nehmen, dann müsste ich mir ein Zimmer mit Timon teilen. Und das wäre der blanke Horror. Meinen Fernseher mit DVD hat sie schon im Internet versteigert. Damit ich meine Klassenfahrt machen kann, hat sie gesagt. Ich wäre aber lieber hier geblieben und hätte DVD geguckt, statt mit meiner bescheuerten Klasse nach Helgoland zu fahren. Aber na ja, meine Mutter hat entschieden, dass Klassenfahrten wichtiger sind. Einen Vorteil hat das Ganze: Fünf Tage ohne Timon!!

Fünf Tage, in denen mir niemand morgens immer so viel Butter in die Nutella schmiert. Fünf Tage, ohne dass ich seine Käsesocken auf dem Sofa rumliegen sehen muss. Fünf Tage, ohne seine feuchte Aussprache, wenn er schmutzige Witze erzählt.

Marie

Liebes Tagebuch!

Helgoland war supertoll! Eine andere Gruppe aus Ratzeburg war dabei, schon neunte Klasse, und die Jungs waren supersüß. Besonders Richard. Richard aus Ratzeburg!!!

Morgen mehr,

Marie

P.S. Timon hat sich leider nicht verändert in den fünf Tagen.

Liebes Tagebuch!

Mir geht es richtig gut. Meine Pickel sind weg. Die Jungs aus der Schule schauen mich endlich einmal länger an, als nötig. Leider schreibt Richard nicht. Ich habe ihm schon acht Briefe geschickt, deswegen komme ich auch so selten dazu, ins Tagebuch zu schreiben, sorry. Aber das mit Richard ist auch nicht so schlimm. Ich mag den Sven aus der Parallelklasse. Er hat heute »Hallo« zu mir gesagt. Mir geht es richtig gut. Außer morgens. Da ist mir schlecht.

Marie

Liebes Tagebuch!

Wenn man meint, alles ist okay, dann wird es immer besonders schlimm. Wie wenn Timon und ich sagen: »Wir machen nur Spaß«, und meine Mutter sagt: »Bis einer weint.« Es geht immer schlecht aus, vielleicht läuft es im Leben so, keine Ahnung. Jedenfalls weiß ich jetzt, warum meine Pickel weg gegangen sind. Und auch, warum mir morgens immer so schlecht war und ich zwei Kilo abgenommen habe. Scheiße, ich traue mich gar nicht, es aufzuschreiben, aber ich glaube, ich bin schwanger! Von Richard aus Ratzeburg. Ich habe überhaupt keine Ahnung, was ich machen soll.

Eigentlich wollte ich es vorhin meiner Mutter erzählen, aber ausgerechnet heute hat sie Timon und mir erzählt, dass wir ab nächsten Monat in zweieinhalb Zimmern leben, direkt neben dem Bahnhof, 50 Quadratmeter. Erdgeschoss, jetzt leben wir noch so schön unter dem Dach, im fünften Stock, es ist so schön sonnig hier, aber dann leider im Erdgeschoss. Sie hat geheult und ganz doll aufgepasst, dass sie nicht allzu schlecht über unseren Vater spricht, denn letztlich ist es ihm zu verdanken, dass es uns so miserabel geht. Ich weiß das wohl.

Aber da konnte ich es meiner Mutter natürlich nicht erzählen mit dem Kind. Da wäre sie vielleicht kaputt gegangen, meine Mutter. Ich bin ja erst vierzehn. Und nächstes Jahr habe ich eigentlich die Schule zu Ende und soll eine Lehre machen. Bei einer Bekannten im Friseursalon in Heepen. Hatte meine Mutter alles schon irgendwie geregelt. Denn auch wenn wir jetzt in eine Miniwohnung ziehen müssen und das Essen jämmerlich schmeckt: Meine Mutter hat immer irgendwie alles geregelt. Sogar Timon und meine ewigen Streitereien.

Aber dass ich jetzt ein Kind kriege, wird sie kaputt machen, da bin ich mir sicher.

Was soll ich tun? Scheiße, scheiße, scheiße!

Marie

Liebe Marie!

Das kriegen wir schon irgendwie hin. Mach dir keine Sorgen. Es kann ja nicht ewig bergab gehen. Es wird schon wieder ein Weg nach oben führen. Wir müssen ihn nur finden.

Dein Tagebuch

Liebes Tagebuch!

Ich will ja gar nicht wissen, wer du bist und wie du dazu kommst, auf meine geheimen Fragen zu antworten. Es ist mir egal! Ich kann mit niemandem sprechen und bin heilfroh, dass ich wenigstens darüber schreiben kann.

Also sage mir, wo ich nach einem Weg suchen soll, der Mama, Timon und mich endlich wieder einmal an die Sonne bringt. Sag es mir! Ich werde alles tun. Ich fühle mich nur so hilflos.

Marie

Liebe Marie,

deine Klassenfahrt ist nun schon vier Monate her. Dies bedeutet, dass du dein Kind bekommen wirst, da es für eine andere Lösung inzwischen zu spät ist. Die Wohnung ist auch gekündigt, ein Nachmieter steht schon vor der Tür. Außerdem ist definitiv kein Geld für eine größere Unterkunft da. Deine Mutter bemüht sich um Arbeit, aber wenn das Kind dann im nächsten Jahr da ist, wirst du ihre Hilfe brauchen, sie kann keinen Ganztagsjob annehmen. Also ist auch von dort kein Geld zu erwarten. Der Weg, den du finden musst, liegt bei deinem Vater. Er hat ein sicheres Einkommen, aber er weigert sich, etwas davon abzugeben. Eigentlich ist er im Unrecht, laut Gesetz muss er auch für seine »alte« Familie sorgen. Auch wenn er einmal sterben sollte, würdet ihr immer noch als seine Erben eingesetzt werden, ihr seid immer seine Kinder, auch wenn er es jetzt nicht wahrhaben will. Dort liegt der Weg, Marie. Verstehst du mich? Bestehe auf dein Recht, welches du an deinem Vater hast. Deine Mutter sieht dort keine Chancen mehr. Er will nicht mit ihr sprechen, er will nichts von den Problemen hören. Aber vielleicht ist es anders, wenn seine große Tochter auf einmal dasteht.

Dein Tagebuch

Liebes Tagebuch!

Ich verstehe, was du meinst. Aber allein kann ich das nicht schaffen. Vielleicht rede ich einmal mit Timon darüber.

Gut, er ist ein widerlicher Bruder. Aber eigentlich müsste auch er kapieren, worum es geht. Ich werde mit ihm sprechen. Wenn wir beide als Geschwister auftreten, kann die Sache nur noch besser funktionieren.

Wir werden das schaffen, denke ich.

Marie

Liebes Tagebuch!

Nie hätte ich gedacht, dass man mit Timon mehr als drei Sätze wechseln kann, ohne dass er einem auf den Geist geht.

Aber es ist möglich! Endlich habe ich auch jemandem von dem Baby erzählen können. Das tat richtig gut. Obwohl er schockiert war, ja echt, er hat seinen Mund gar nicht mehr zu gekriegt und ich habe wieder seinen kaputten Backenzahn gesehen. Aber er hat toll reagiert. Er hat gleich gesagt: Ja, da mache ich mit! Das müssen wir ändern! Das kann Mama nicht alles allein schaffen!

Und dann haben wir in der letzten Nacht fast keine Stunde geschlafen, sondern dauernd überlegt, wie wir es anstellen sollen. Und wir haben eine Lösung gefunden! Eine geniale Lösung! Wir werden meinen Vater fragen, ob er beim Umzug hilft. Das ist ein guter Vorwand. Er wird uns diese Bitte nicht abschlagen können, ein solcher Unmensch ist er dann auch nicht. Alles andere regeln wir dann, wenn er kommt.

Was meinst du, liebes Tagebuch?

Marie

Liebe Marie!

Ich halte das für eine sehr gute Idee! Nächstes Wochenende geht es los. Es ist ohnehin nicht verkehrt, wenn jemand hilft, die schweren Möbel aus dem fünften Stock herunter zu tragen. Du und Timon, ihr seid ein wirklich gutes Team, auch wenn ihr das bislang noch nicht so recht gemerkt habt.

Dein Tagebuch

Liebes Tagebuch!

Er kommt. Ich habe ihn heute Nachmittag angerufen, seine neue Frau war am Apparat, und da habe ich gesagt: »Wir ziehen doch am Samstag um, weil wir uns die große Wohnung nicht mehr leisten können. Und kann der Papa da nicht mithelfen? Wir haben doch auch kein Geld für ein paar Möbelschlepper ...« Ich habe das schlechte Gewissen von Papas neuer Frau richtig durch den Telefonhörer kriechen sehen. Echt wahr. Und sie hat ganz schnell geantwortet: »Ich werde es ihm ausrichten. Natürlich wird er euch helfen, er ist doch euer Vater.« Im

Hintergrund hat meine kleine Halbschwester geheult, ich habe sie noch nie gesehen, ich war auch noch nie in dem Haus, wo sie jetzt leben. Aber auf einmal habe ich gemerkt, dass ich da niemals leben möchte, nicht mit dieser anderen Familie. Auch wenn ich das früher mal in dieses Tagebuch geschrieben habe. Ich will bei Timon und meiner Mutter bleiben. Aber bald wird sowieso alles besser. Am Samstag kommt mein Vater!

Marie

Liebes Tagebuch!

Wir sind in der neuen Wohnung. Alles hat super geklappt. Genau wie geplant, wir haben den Weg nach oben gefunden! Komisch eigentlich, weil es ja im Grunde genommen ein Weg nach unten war, der für uns den Weg bergauf bedeutet hat. Fast schon witzig. Aber fünf Stockwerke nach unten, ich habe die Stufen gezählt, achtzig Stück. Und passiert ist es so ziemlich genau in der Mitte, auf dem Absatz zwischen Stockwerk drei und zwei. Es war ganz einfach. Und jetzt wird es endlich besser werden. Mehr dazu morgen, ich bin soo müde. Mein Bauch wird langsam rund. Das ist ein schönes Gefühl. Ich werde eine gute Mutter werden. Genauso wie meine Mutter.

Marie

Liebes Tagebuch!

Er war schon ziemlich k. o. - Timon und ich hatten ihm immer die schwersten Umzugskartons gegeben. Die mit den Büchern und den Computerspielen und so, mein Vater hat sich echt einen abgeschleppt. Sonst war er eigentlich ganz nett. Für ein paar Augenblicke hatte ich sogar das Gefühl, dass er es schön fand, mal wieder bei uns zu sein. Vielleicht wäre er ja auch ab und an zu Besuch gekommen. Wenn er nicht … Mensch, eigentlich war es wirklich einfach. Er hat den schweren Wohnzimmerschrank geschleppt. Der ist ja nun auch unser einziges wirklich sauschweres Möbelstück. Timon und ich haben oben ein bisschen mitgetragen, aber mein Vater, der die untere Kante trug, geriet ziemlich ins Schwitzen. Trotzdem hat er versucht, ein paar Späßchen zu machen. Hat gelacht und gesagt: »Ihr beide seid aber ein gutes Team. Früher habt ihr euch immer gezankt!«

Zwischen Stockwerk vier und drei hat mein Vater schon ganz schön schwer geatmet. »Und wenn wir jetzt loslassen?«, hat Timon gefragt.

»Dann bin ich platt wie ein Pfannkuchen!«, hat mein Vater geantwortet.

»Wir machen ja nur Spaß!«, haben Timon und ich gesagt.

»Jaja, bis einer weint«, hat mein Vater gesagt. Der sagt das also auch. Und er hat Recht behalten. Genau wie Mama.

Eine Treppe weiter unten haben Timon und ich dann losgelassen, und jeder hat noch mit einem kräftigen Tritt nachgeholfen. Das ging sehr schnell. Mein Vater hat das Gleichgewicht verloren, kein Wunder, wenn so ein riesiger Schrank auf einen zugerast kommt. Er ist mit den Beinen umgeknickt, und dann rutschte das ganze Möbelstück über ihn, sein Weinen war kurz und sehr laut. Timon und ich haben der Form halber um Hilfe geschrien. Die Nachbarn kamen heraus und haben ein wenig mit angefasst. Er war nicht so platt wie ein Pfannkuchen, eher wie Rührei.

Marie

Liebe Marie!

Was habt ihr getan? War das Absicht? Um Gottes Willen? Warum?

Dein Tagebuch

Liebes Tagebuch!

Natürlich war das Absicht. Du hast doch selbst geschrieben:

Auch wenn er einmal sterben sollte, würdet ihr immer noch als seine Erben eingesetzt werden, ihr seid immer seine Kinder, auch wenn er es jetzt nicht wahrhaben will. Dort liegt der Weg, Marie.

Und das stimmt ja auch. Nicht zu vergessen die Lebensversicherung, die uns auch zur Hälfte zusteht. Hat doch alles wunderbar geklappt. Timon und ich gucken schon in den Wochenendausgaben der Zeitung nach einer größeren Wohnung. 100 Quadratmeter sollte sie schon haben, ein Zimmer mehr für das Baby, einen kleinen Garten zum Toben. Da will ich wohnen. Mit meiner Mutter und Timon.

Ich könnte mir kein schöneres Leben vorstellen.

Marie

Schneewittchen

Sandra Niermeyer

Der Schnee lag in einer sauberen Linie. Die Flocken glitzerten auf der verspiegelten Fläche. Auf das Personal war Verlass. Die Schauspielerin blätterte in einer Ausgabe der Vogue. Sie sollte sich schonen, hatte ihr Schönheitschirurg gesagt. Das letzte Fettabsaugen am Bauch war nicht gut verlaufen. Der Chirurg hatte zu viel Haut weggeschnitten, nun lief sie gekrümmt. Sie schlug gereizt eine Seite um. Das Papier schnitt in die Haut an ihrem Zeigefinger, ein Blutstropfen fiel auf das Hochglanzpapier, sie fluchte, lutschte an der Kuppe. Der Tropfen traf ein dunkelhaariges Model, lief zwischen seine Lippen, ließ die exakten Konturen des Mundes ausfransen. Die Schauspielerin schaute sich das Bild interessiert an. So eine Tochter, dachte sie, mit glänzenden schwarzen Haaren und einem Mund wie ein Blutfleck. Sie beugte sich über den Schnee, hielt ein Goldröhrchen an die Linie und atmete kräftig ein. Eine Haut, weiß wie Schnee, ging es ihr durch den Kopf. Ihre Karriere stagnierte, nur noch Angebote für Sitcoms, warum nicht schwanger werden? Sie stand auf und suchte nach ihrem Bodyguard.

Neun Monate später bekam sie eine Tochter, deren Kopf mit pechschwarzen Haaren bedeckt war und deren Mund so tiefrot im pausbäckigen Babygesicht prangte, dass es obszön aussah. Sie nannte ihre Tochter Schneewittchen, nach dem Schnee auf ihrem Taschenspiegel.

Der Bauch der Schauspielerin war nun vollends ruiniert, aber ihr Gesicht konnte sich noch immer sehen lassen. Sie war eine ausgesprochene Schönheit. Aber Talent fehlte, das hatte selbst Hollywood irgendwann gemerkt.

Das Kind bekam drei Nannys, und die Schauspielerin suchte erst einmal ihren Frisör auf. Der konnte sie immer wieder richten.

»Nach der Geburt wird das Haar schlaff«, sagte er. »In der Schwangerschaft wird es gut mit Hormonen versorgt, aber hinterher …«. Er seufzte und ließ eine Strähne durch die Finger gleiten. Die Schauspielerin richtete sich alarmiert auf. »Du willst sagen, dass ich fortan mit Schnittlauchhaaren leben muss, Rupert?!«

Rupert strich beruhigend über ihre Schultern. »Ich habe einen neuen Conditioner, der wirkt Wunder. Du bist immer noch meine schönste Kundin.«

Sie sah ihn dankbar im Spiegel an. Die Crème de la Crème Hollywoods ließ sich von ihm frisieren.

Schneewittchen wuchs unterdessen heran. Ihre Mutter kümmerte sich nicht um sie, zwischen Frisör, Kosmetiksalon und Maniküre blieb keine Zeit, aber sie hatte für alles gesorgt. Schneewittchen lernte von der einen Nanny Französisch, von der anderen Spanisch, bekam täglich die Börsenberichte vorgelesen, ging zum Ballett und Klavierunterricht, war in diverse Frühförderprogramme integriert und konnte schon mit zwei Jahren das große Einmaleins. Ihre Haare frisierte Rupert, und sogar ihre erste Schönheitsoperation hatte sie schon hinter sich. Ihre Augenbrauen waren angehoben worden, was ihr einen leicht erstaunten Gesichtsausdruck verlieh.

Als die Schauspielerin wieder einmal bei Rupert saß, sah sie lächelnd in den Spiegel und sagte: »Bin ich immer noch deine schönste Kundin?«

Rupert lächelte zurück. »Wie könnte es anders sein«, sagte er, »die einzige, die dir jemals Konkurrenz machen könnte, ist deine Tochter.« Er zwinkerte ihr zu. Die Schauspielerin sog scharf die Luft ein. »Meine Tochter!«, rief sie aus.

Rupert strich ihr sanft das Haar aus der Stirn. »Noch ist es nicht so weit«, sagte er.

Zu Hause suchte die Schauspielerin sofort den Trakt auf, in dem das Kinderzimmer lag. Die Nannys sahen sie erstaunt an, sie war ein seltener Gast in diesem Teil des Gebäudes. Sie fand ihre Tochter, die gerade in einem Buch über Quantenphysik blätterte.

»Steh auf!«, befahl die Schauspielerin. »Dreh dich!« Schneewittchen tat wie geheißen. Pirouetten hatte sie schon mit achtzehn Monaten gelernt.

Die Schauspielerin spürte ihre Galle überlaufen. Rupert hatte Recht. Ihre Tochter war eine ausgesprochene Schönheit.

Abends stellte sie sich nackt vor den Schlafzimmerspiegel. Es gab einige Teile, die einer Überholung bedurften. Warum nicht ihre Tochter als Ersatzteillager benutzen? Sie hatte sie schließlich geboren. Sie rief ihren Schönheitschirurgen an. »Woher bekommst du die Nasen, die Augenbrauen, die Brüste, die knackigen Hintern?«

Der Chirurg räusperte sich. »Afrika«, murmelte er, »Asien ...«

Sie klatschte in die Hände. »Wusste ich es doch!«, rief sie. »Ich habe eine Organspenderin, für die du deine Händler nicht ausschwärmen lassen musst. Ich bringe sie dir morgen früh vorbei. Ich will ihre Augenbrauen, die habe ich schließlich bezahlt, und ihren glatten straffen Bauch, und wenn du schon dabei bist, dann gib mir auch ihre Lunge und ihre Leber, meine Zellen brauchen frisches Blut und frischen Sauerstoff.«

Sie hörte, wie der Chirurg sich die Hände rieb. »Wir machen ein Kunstwerk aus dir«, sagte er.«

Am nächsten Morgen packte die Schauspielerin Schneewittchen ins Auto und sagte: »Wir fahren zum Onkel Doktor.« Sie schubste ihre Tochter ins Wartezimmer und brauste ohne Abschied davon. Der Chirurg ließ Schneewittchen ins Sprechzimmer kommen und betastete sie. »Schönes Material«, murmelte er, »ausgezeichnete Ware.«

Schneewittchen wurde mulmig zumute. Sie hatte zu Hause ein illustriertes Buch mit dem Titel »Mit Fremden gehe ich nicht«.

Sie versetzte dem Chirurgen einen gezielten Tritt vors Schienbein und einen Handkantenschlag gegen die Nieren - neben den Ballettstunden hatte sie auch Selbstverteidigung gelernt - und rannte davon.

Der Chirurg seufzte und rieb sich die Seite. Ein solch perfektes Original konnte man ohnehin nicht kopieren. Er würde der Schauspielerin einfach Leber und Lunge eines afrikanischen Kindes geben. Ob so ein Kind im Dreck saß und Fliegen in den Augenwinkeln sammelte oder auseinandergepflückt wurde, war schließlich egal. Er legte noch ein Paar Augenbrauen dazu und die zierliche Nase eines asiatischen Kindes, dann brachte er alles der Schauspielerin. Der kam eine Transplantation gerade ungelegen, da sie sich auf eine oscarverdächtige Rolle vorbereitete, also warf sie die Teile in eine Suppe, salzte und kochte ausgiebig, und aß alles auf.

Die Augenbrauen kitzelten ein wenig im Hals, und von der Lunge musste sie drei Stunden lang aufstoßen, aber sie freute sich, dass sie ihre Tochter endlich wieder da hatte, wo sie hingehörte: in ihrem Bauch.

Schneewittchen war unterdessen in Vierteln der Stadt unterwegs, die ein Kind ihres Standes nicht aufsuchen sollte. Sie fror und war hungrig.

Endlich fand sie unter einer Brücke ein paar brennende Mülleimer, die Wärme spendeten, und einen Abfallhaufen mit Schachteln und Tüten, in denen sie Ketchupreste und labberige Pommes fand. Sie aß gierig. Zwischen ein paar alten Zeitungen und Tüten machte sie es sich bequem und sank in tiefen Schlaf.

Nachts kamen die Bewohner des Brückenplatzes nach Hause. Sieben Kinder, die von zu Hause ausgerissen waren, weil ihre Väter tranken und schlugen, ihre Mütter Drogen nahmen und ihre Großmütter als Prostituierte arbeiteten. Ihre Decknamen waren Mona, Dina, Micha, Donja, Frank, Sam und Sonia.

»Wie sieht‘s hier denn aus?«, rief Donja. »Wer hat den Abfall verrückt?«

»Scheiße!«, rief Sam. »Wer hat den ganzen Ketchup aufgefressen?!«

»Wie bei Hempels unterm Sofa«, sagte Sonia, die sich immer sehr gewählt ausdrückte oder es zumindest versuchte.

Als sie die Mülleimer gerade rückten, fanden sie Schneewittchen unter ein paar Tüten.

»Scheiße, ist die schön«, sagte Sam. »Wie von so nem blöden Plakat, vor dem alle Autos Unfälle bauen.«

Donja schwieg eifersüchtig.

Schneewittchen wachte auf. Sie rieb sich die Augen. »Wer seid ihr?«, fragte sie.

»Das müssten wir dich eigentlich fragen«, sagte Donja.

»Schneewittchen«, sagte Schneewittchen schlicht. »Meine Mutter hat mich zu einem komischen Mann geschickt, der war, glaube ich, ein Serienkiller, und so bin ich weggelaufen, bis ich hier gelandet bin.«

»Eltern«, sagte Donja, »von denen können wir ein Lied singen.«

»Hier kannst du nicht bleiben«, schaltete sich Dina ein, »wir sind schon zu viele.«

»Doch«, sagte Sam, »wir brauchen noch eine Dienerin für die niederen Tätigkeiten, wie Blow Jobs und so.«

Schneewittchen sah ihn erschrocken an. »Hör auf«, Frank stieß Sam ärgerlich an. »Wenn du tagsüber unsere Mülltüten zusammenfaltest und uns abends ein paar Tüten bastelst, die wir nach getaner Arbeit rauchen können, dann reicht das vollkommen.«

»Einverstanden.« Schneewittchen strahlte.

Und so lebte sie friedlich mit den sieben Kindern zusammen, bis die Schauspielerin wieder einmal zum Frisör musste.

Seit dem Verzehr der Leber hatte sie ein kleines Refluxproblem. Aber diese kleine Unannehmlichkeit ließ sich verschmerzen, denn Schneewittchens Organe hatten ganze Arbeit geleistet. Die Schauspielerin war schöner denn je. Ihre Augen strahlten, ihre Wangen waren prall wie ein Apfel, ihr Bauch hatte sich auf wundersame Weise gestrafft, und nun mussten nur noch ihre Haare glänzen.

Rupert lächelte sie im Spiegel an und strich ihr zärtlich über Hals und Schultern. Manchmal hatte sie den Verdacht, dass er gar nicht schwul war.

»Was meinst du«, fragte sie herausfordernd, »ich bin ein

Traffic-Stopper, nicht wahr?«

Rupert nickte. »Ohne Zweifel«, sagte er, »aber ich muss dir leider sagen, dass deine Tochter schöner ist als du. Und das, obwohl sie mit Mülltüten bekleidet ist.«

»Was?!« Die Schauspielerin sprang auf. »Sie lebt?«

»I'm afraid so«, Rupert neigte den Kopf.

»Dieser verdammte Chirurg«, murmelte sie, »er hat mir wahrscheinlich billige chinesische Fälschungen untergejubelt. Kein Wunder, dass das Zeug ständig hoch kommt.«

Sie kannte die Gegend, von der der Frisör sprach. Unter der Brücke hatte sie einmal eine Leiche mimen müssen. Die Rolle war ihr Durchbruch gewesen.

»Rupert«, sagte sie, »verwuschel mein Haar!«

Rupert wuschelte. Später ließ sie sich von ihrer Maskenbildnerin in eine Drogensüchtige verwandeln. Mit einer Spritze, die dekorativ aus ihrem Arm ragte, machte sie sich auf den Weg zur Brücke. Sie klopfte an eine der brennenden Mülltonnen und wartete, bis ihre Tochter über die Tonnen schaute.

»Ich habe eine Corsage für meine Tochter mit den Dreadlocks dabei«, sagte die Schauspielerin.

»Ich darf niemanden herein lassen«, entgegnete Schneewittchen, »besonders keine Erwachsenen. Denen kann man nicht trauen, meinen meine Freunde.«

Die Schauspielerin hustete herzzerreißend. Auftritte wie diese waren ihre Spezialität. »Ich bin extra diesen weiten Weg gekommen«, weinte sie. »Ich wollte meine Tochter so gerne in der Corsage sehen. Aber vielleicht kannst du mir einen Gefallen tun und sie anprobieren. Es würde dir auch gut tun, aus diesem unvorteilhaften Müllsack heraus zu kommen und mal etwas Figurbetonteres anzuziehen. Du solltest mehr aus dir machen, Mädchen«

Schneewittchen zuckte zusammen. Die Frau hatte einen wunden Punkt getroffen. Ihre Mutter hatte sie auch ständig kritisiert. Und so hob sie den Vorhang aus Müllsäcken und ließ die Frau herein.

Die Schauspielerin fackelte nicht lange. Sie riss Schneewittchen die Plastiktüten vom Leib, streifte ihr die Corsage über und schnürte sie so fest, dass Schneewittchen ohnmächtig wurde. Dann lief sie davon.

Abends kamen die Kinder nach Hause. Sie fanden Schneewittchen in der Reizwäsche auf dem Boden.

»Cool«, sagte Donja. »Das will ich auch mal anprobieren.« Sie schnürte die Corsage auf, und in dem Moment fing Schneewittchen an zu atmen.

»Deine Mutter war da«, schnaufte Schneewittchen zu Mona gewandt, »sie wollte deine Unterwäsche an mir anpassen. Irgendwie ist mir dabei schwindelig geworden.«

Frank legte einen Arm um Schneewittchen. »Ich würde sagen, es war wohl eher deine Mutter.«

»Meinst du?« Schneewittchen sah ihn mit großen Augen an. Sie war zwar bewandert in Quantenphysik, aber der gesunde Menschenverstand fehlte ihr.

Vielleicht hat sie auch einfach ein zu gutes Herz, dachte Frank.

»Es könnte aber wirklich meine Mutter gewesen sein«, ging Mona dazwischen, »sie hackt ständig auf mir herum, ich solle mich schicker anziehen, mir die Dreadlocks abschneiden und so, und wenn ich mir dann was Neues gekauft habe, behauptet sie, da würde sie auch reinpassen.«

»Welche Mutter auch immer«, unterbrach Donja, »dieses Teil gehört jetzt mir.«

»Lass niemanden mehr herein«, sagte Frank, der seinen Arm immer noch um Schneewittchen gelegt hatte.

Die Schauspielerin konnte nicht bis Tagesanbruch warten. Sie brach das Schloss des Frisörsalons auf, kämpfte sich im Dunkeln an gespenstisch aussehenden Trockenhauben vorbei, bis sie den Spiegel erreichte. Der Frisörstuhl schwang herum, und Rupert saß darin. Die Schauspielerin schrie erschrocken auf. Sein Gesicht war kaum zu erkennen, nur das Weiß seiner Augen blitzte.

»Ich wollte wissen«, stammelte die Schauspielerin, »wer die Schönste ist.«

Rupert ließ den Stuhl zurück schnellen und sah sie im Spiegel an. »Immer noch deine Tochter«, sagte er.

Die Schauspielerin griff sich ans Herz. »Du musst mir helfen«, jammerte sie. »Haarfärbungen sind doch giftig. Gib mir eine besonders giftige, und mach sie noch giftiger.«

Rupert stand auf. »Sollst du haben«, sagte er. Er holte eine Sprühdose, auf der ein Totenkopf abgebildet war. Das Zeug stank so stark, dass die Schauspielerin schwankte. Sie hielt sich am Stuhl fest.

Am nächsten Morgen ging sie, versteckt unter einer Kutte, zur Brücke zurück. »Klopf, klopf«, sagte sie, als sie vor den Mülltonnen stand.

Schneewittchen lugte zwischen den Plastikvorhängen hervor.

»Guten Tag«, sagte die Schauspielerin, »ich bin von den Assisi-Schwestern. Wir nehmen uns der armen Straßenkinder an. In diesem Monat haben wir uns etwas ganz Besonderes ausgedacht: eine Farb- und Typberatung für Brückenkinder.«

»Ich darf niemanden herein lassen«, sagte Schneewittchen müde. Den Spruch hatte Frank ihr nachts immer wieder eingeschärft. Aber diese Assisi-Schwester hörte sich so gütig und hilfsbereit an.

Die Schauspielerin ließ sich von der Absage nicht beeindrucken. »Du bist ganz klar ein Wintertyp«, sagte sie, »die weiße, fast durchsichtige Haut, der rote Mund, die tiefschwarzen Haare. Allerdings passt deine Haarfarbe nicht zum Hautton.«

»Wieso denn nicht«, sagte Schneewittchen, »damit bin ich doch geboren worden.«

Die Schauspielerin schüttelte den Kopf. »Die Natur macht Fehler. Dein Hautton hat eine leichte Nuance ins Bläuliche. Dieser Blauton fehlt den Haaren. Sieh hier.« Sie hielt Schneewittchen einen Spiegel vor die Nase, der so ungünstig beleuchtet war, dass Schneewittchen sich wie ein Zombie fühlte. »Man muss den Blauton in den Haaren wiederholen«, fuhr die Schauspielerin fort, »um das Gesamtbild stimmiger und harmonischer zu machen. Zufällig habe ich eine Blautönung dabei.«

Ehe Schneewittchen ablehnen oder zustimmen konnte, sprühte die Schauspielerin drauflos. Schneewittchen sackte zu Boden. Die Schauspielerin trat ihrer Tochter ein paar Mal in den Rücken, und als diese sich nicht rührte, lief sie zufrieden davon.

Als die Kinder abends nach Hause kamen, fanden sie Schneewittchen mit einer blauen Wolke über dem Kopf auf der Erde liegen. »Endlich hat sie mal was mit ihren langweiligen Haaren gemacht«, sagte Mona, die an ihren Dreadlocks zupfte.

»Verdammt, das ist Gift!«, rief Frank. Er zog Schneewittchen zu einer Pfütze und wusch ihr die blaue Färbung heraus. Langsam kam Schneewittchen zu sich.

»Wieder die eigene Mutter nicht erkannt, was?«, fragte Donja, die sich dazu gesellt hatte. »Du bist wirklich dümmer, als die Polizei erlaubt.«

»Es war eine Farb- und Stilberaterin von den Assisi-Schwestern«, sagte Schneewittchen. Donja verdrehte die Augen.

Frank nahm Schneewittchen in den Arm. »Du musst vorsichtiger sein«, sagte er. »Glaub nicht jedem. Die Welt ist schlecht.«

Schneewittchen sah ihn mit kugelrunden Augen an. Sie ist von außen und innen schön, dachte Frank. So rein und unschuldig.

Die Schauspielerin, die nur von außen schön war, rief ihren Frisör an.

»Rupert«, sagte sie in den Hörer, »bin ich schön?«

»Wunderschön«, bestätigte Rupert. »Aber deine Tochter ist noch schöner.«

Die Schauspielerin knallte den Hörer auf. »Dieses Blag!«, rief sie. »Es soll sterben!«

Sie rief bei einem befreundeten Lebensmittelhändler an, dessen genmanipulierte Äpfel schon mehrere Todesfälle verursacht hatten, und fragte ihn: »Kannst du mir einen Apfel machen, der nur zur Hälfte genmanipuliert ist und zur anderen Hälfte nicht?«

»Kein Problem«, sagte der Lebensmittelhändler., »ich kann dir sogar einen machen, der zu einem Drittel genmanipuliert, zu einem Drittel normal ist und zu einem Drittel Bioqualität hat.«

»Nein, nein«, sagte die Schauspielerin, »Halbehalbe reicht.«

Der Apfel wurde noch am selben Tag geliefert. Er war riesig. Und damit man die bestrahlte Seite von der anderen unterscheiden konnte, war die eine knallrot und die andere grün. Die Schauspielerin stieg aus ihren Pradastiefeletten und schlüpfte in vernünftige Schuhe. Dann zog sie eine weite Hose an, eine Bluse, die über den Bund hing, und band sich die Haare zum Pferdeschwanz. Sie sah aus wie eine Sozialarbeiterin.

So bewehrt ging sie zur Brücke. »Ich darf niemanden herein lassen«, rief Schneewittchen, die schon von weitem die Schritte hörte.

Die Schauspielerin trat näher und lächelte. »Ich will überhaupt nicht hinein«, sagte sie, »ich will nur nach dem Rechten sehen. Ich bin vom Jugendamt, einmal im Jahr kommen wir vorbei und überprüfen, ob vielleicht jemand zu seinen Eltern zurück möchte.«

»Kann ich mir nicht vorstellen«, sagte Schneewittchen, »von meinen Freunden will keiner zu seinen Eltern zurück. Meine Mutter soll auch eine richtige Hexe sein, meint Donja.«

Die Schauspielerin ließ verletzt ihre Augenbrauen in die Höhe schnellen. Nicht zu glauben, was dieses undankbare Blag sich einfallen ließ. Sie holte den Apfel aus der Tasche und biss herzhaft in die grüne Seite.

Schneewittchen gingen fast die Augen über. »Das ist aber ein schöner Apfel«, sagte sie, »ich habe schon seit Wochen nichts Frisches mehr gegessen.«

»Möchtest du eine Hälfte?«, fragte die Schauspielerin. Sie schnitt den Apfel in der Mitte durch und reichte Schneewittchen die rote Seite.

Schneewittchen zögerte, aber als sie sah, dass die Dame vom Jugendamt ihre Hälfte schon beinahe verzehrt hatte, biss sie in das pralle Fruchtfleisch. Sie aß so gierig, dass ein großes Stück des genmanipulierten Apfels in ihrem Hals stecken blieb und sie röchelnd zur Erde sank.

Die Schauspielerin legte ein Ohr an Schneewittchens Brust. Ihre Tochter atmete nicht mehr. Auch ihre Lippen waren nicht mehr blutrot, sondern kalkweiß.

Zufrieden ging sie davon.

Humpelnd kam sie ein paar Stunden später bei Rupert an. Ihre verkürzten Sehnen waren das Laufen in flachen Schuhen nicht gewohnt.

»Nun?«, fragte sie schon in der Eingangstür.

»Gute Nachrichten«, sagte Rupert. »You are the one and only.«

»Ha!« Die Schauspielerin lachte. »Ich bin die Schönste im ganzen Land.« Sie schloss die Augen und ließ sich von Rupert nach allen Regeln der Kunst verwöhnen.

Als die Kinder von ihren Schnorrtouren und Dealergeschäften nach Hause kamen, fanden sie Schneewittchen seltsam verdreht auf dem Boden vor.

»Nicht schon wieder«, stöhnte Donja.

Sie rissen an Schneewittchens Unterwäsche, aber die war so ausgeleiert, dass sie nicht für Atemnot sorgen konnte. Ihre Haare waren zwar fettig, aber nicht blau, daran konnte es auch nicht liegen.

Frank fing an zu weinen. Donja schüttelte Schneewittchen wütend hin und her. »Idiotin«, murmelte sie.

»Sag mal, hatte sie schon immer so einen Kropf?«, Sam war hinzu getreten und musterte Schneewittchens Hals abschätzig.

»Wir haben alle einen Kropf«, fauchte Donja. »Das Regenwasser ist nicht jodhaltig genug.«

Nachdem sie Schneewittchen zwei Stunden geschüttelt und geohrfeigt hatten, gaben sie es auf. Frank lief der Rotz aus der Nase.

»Wir müssen sie begraben«, sagte Mona, »sonst haben wir bald die Ratten.«

»Nein«, schluchzte Frank.

»Dann wenigstens luftdicht verpacken«, sagte Donja, »sonst halten wir es vor Gestank nicht aus.«

Sie wickelten Schneewittchen in Frischhaltefolie und packten sie in eine durchsichtige Plastikkiste. Dann setzten sie sich im Kreis um sie und rauchten ihr zu Ehren eine Tüte.

Schneewittchen lag lange Zeit in der Kiste und verweste nicht. Die Frischhaltefolie war Qualitätsware.

Eines Abends, als die Kinder nach Hause kamen, stand ein Filmteam auf dem Platz.

»Scheiße, was machen die denn hier?«, sagte Sam.

»Ich mach mich ein, das ist Dread Fit«, sagte Dina.

Und tatsächlich stand Dread Fit auf dem Platz, der derzeitig amtierende sexiest man alive.

Der Film, in dem die Schauspielerin eine oscarreife Leiche gegeben hatte, sollte eine Fortsetzung bekommen. Allerdings ohne die Schauspielerin, sie war inzwischen zu alt, und auch ihre Generalüberholung konnte nicht darüber hinweg täuschen, dass es jüngere Leichen gab. Die neue Leiche stand nun allerdings schmollend neben einem Brückenpfeiler, denn das Team hatte Schneewittchen entdeckt. »Einfach perfekt«, und: »Zu schön, um wahr zu sein«, hörte man aus den Reihen der Kameraleute und Regieassistenten. Schneewittchen würde die neue Leiche geben.

Die Szene war schnell abgedreht, und das Team packte seine Ausrüstung zusammen. Dread Fit jedoch rührte sich nicht von der Stelle. Gebannt stand er vor der Kiste und starrte Schneewittchen an.

»Ich kaufe sie«, sagte er zu den Kindern.

»Kaufen?!«, Frank drängte sich entrüstet nach vorne. »Sie ist unverkäuflich.«

Dread Fit fiel auf die Knie. »Bitte«, hauchte er, »ich kann ohne sie nicht mehr leben.« Mona, Dina, Donja und Sonia schmolzen dahin. Wie er dort kniete mit seiner breiten Brust, einfach unwiderstehlich.

Die Jungen allerdings, das merkte Dread Fit, waren härtere Brocken. »Ich gebe euch allen Rollen in meinem neuen Film Bridge's Seven«, rief er.

Micha und Sam waren sofort einverstanden, aber Frank scheuchte seine Freunde in eine Ecke zusammen.

»Sag mal, spinnt ihr«, sagte er. »Habt ihr gesehen, wie dieser Fred Fit sie angestarrt hat? Der ist wahrscheinlich total nekrophil.«

Donja warf einen Blick über Franks Schulter auf Dread Fit, der sich gerade die Erde von den Hosenbeinen klopfte. »Und?«, fragte sie. »Wo ist das Problem?«

Und so kam es, dass Schneewittchen von Fits Bodyguards abtransportiert wurde. Sie stolperten über ein vergessenes Filmkabel, und Schneewittchen in ihrer Kiste wurde ordentlich durchgeschüttelt, aber sie litt keinen Schaden dadurch.

Dread Fit ließ sie in seine Villa am Meer bringen und im Schlafzimmer aufbahren. Er war nicht nur nekrophil, sondern auch pädophil, denn Schneewittchen hatte gerade mal die Vorpubertät erreicht. Bis dahin hatte er seine Leidenschaften nicht ausgelebt, er führte mit der sexiest woman alive eine Scheinbeziehung. Die war allerdings gerade nicht da, sondern wieder in Afrika und Asien, wo sie Kinder adoptierte, die sie sammelte wie andere Hummel-Figuren.

Dread Fit hob Schneewittchen aus der Kiste und legte sie auf sein Wasserbett. Er schälte sie vorsichtig aus der Frischhaltefolie. Sie roch ein bisschen. Schüchtern legte er sich neben sie. In neuen Situationen war er immer ein wenig zurückhaltend, so dass er volle zehn Minuten wartete, bis er sich auf sie rollte. Aber was lag schließlich in seiner Stellung als sexiest man alive näher, als mit der sexiest woman dead eine Verbindung einzugehen?

Er küsste sie auf den Mund, dann schob er das Kleid aus Mülltüten nach oben. Alles war ein wenig kalt und klamm und eng, und Dread Fit musste sich sehr mühen, bis er sein Ziel erreichte. Er machte ein paar unbeholfene Stöße, die an ein epileptisches Kaninchen erinnerten, und vom Wasserbett in ruhigen Wellen beantwortet wurden. Fast schien es, als würde nicht das Bett sich bewegen, sondern Schneewittchen. Das gefiel ihm gar nicht. Sie sollte sich wie eine Tote verhalten, dafür war sie schließlich hier. Er schubste sie vom Bett. Schneewittchen fiel hart auf den Steinfußboden. Sie knallte auf Hinterkopf und Rücken, und der genmanipulierte Apfel sprang aus ihrer Kehle wie ein Geschoss. Sie richtete sich auf und rieb sich die Augen. »Wo bin ich?«, fragte sie erstaunt. Dread Fit bekam beinahe einen Herzinfarkt. Das Mädchen lebte! Darum hatte es ihm keinen Spaß gemacht.

Schneewittchen erkannte ihn sofort. »Dread!«, hauchte sie. Im Kinderzimmer im Haus ihrer Mutter hing sein Poster über ihrem Bett.

Dread Fit war die Situation sehr peinlich. Und weil er in peinlichen Situationen immer das Falsche sagte, sagte er: »Heirate mich!«

Schneewittchen war einverstanden.

Die sieben Freunde wurden eingeladen. Frank hatte verquollene Augen. Donja legte tröstend einen Arm um ihn. »Das sind Schauspieler«, sagte sie, »die lassen ihre Ehe nächste Woche wieder annullieren.«

Frank betrank sich auf der Feier ganz fürchterlich. Jedem, der es hören wollte, und jedem, der es nicht hören wollte, erzählte er unter Tränen: »Dieser Fred kennt sie seit zwei Tagen, und schon heiratet sie ihn. Ich kenne sie viel länger.« Seine Freunde versuchten ihn aufzumuntern. »Sie ist genau wie ihre Mutter.«

Dread Fit hatte in seiner Verlegenheit ganz Hollywood eingeladen. Auch die erfolglose Schauspielerin, Schneewittchens Mutter.

Die kam leichenblass zur Feier. Als sie Rupert beim Styling gefragt hatte: »Werde ich die Schönste auf der Hochzeit sein?«, hatte der geantwortet: »Nein, das wirst du nicht. Fits zukünftige Frau wird die Schönste sein.«

Als die Schauspielerin den Saal betrat, erkannte sie Schneewittchen sofort. Sie fing an zu zittern.

Schneewittchen zupfte aufgeregt an Donjas Ärmel. »Meine Mutter ist gekommen«, flüsterte sie, »wie nett.«

Donja verdrehte die Augen. »Du kapierst es einfach nicht«, sagte sie.

Schneewittchen sah ratlos zu ihrer Mutter. Als sie die Schauspielerin aufgedonnert und in ihrer wahren Gestalt an der Tür sah, fiel es ihr plötzlich wie Schuppen von den Augen. Sie ging zu ihrer Mutter und sagte: »Du hast mir zwar den Apfel der Erkenntnis gegeben, aber es hat eine Weile gedauert, bis ich erkannt habe, was du für eine bist.«

Die Schauspielerin kräuselte die Lippen. »Wie redest du mit deiner Mutter?«, schnappte sie. »Habe ich dich nicht geboren und deine Frühförderkurse bezahlt?«

Schneewittchen lächelte. »Komm, tanz mit mir«, sagte sie. Die Schauspielerin trug goldene Sandalen von Prada, elend hohe Dinger, sie konnte kaum gehen, geschweige denn tanzen. Schneewittchen jedoch drehte und drehte sich mit ihrer Mutter im Kreis, wozu hatte sie schließlich Pirouetten gelernt? Und so kam es, dass die Schuhe der Schauspielerin durch die Reibung Feuer fingen. Schnell züngelten kleine Flammen an ihren Knöcheln empor, und es dauerte nicht lange, da brannte sie lichterloh.

Die Gäste schalteten die Lichter aus und bestaunten das Feuerwerk mit lauten Ohs und Ahs. »Nein, was er sich alles einfallen lässt«, sagten sie und applaudierten. Schneewittchen verbeugte sich lächelnd. Aber die Schauspielerin hatte keine Ohren und keine Augen mehr für Beifallsbekundungen. Als sie nur noch ein Haufen Asche war, wandten sich die Gäste anderen Attraktionen zu. Ein nackter Mann sollte aus einer Eisbombe geschossen werden.

Wäre die Schauspielerin nicht so mit Verbrennen beschäftigt

gewesen, hätte sie gemerkt, dass dieses ihre beeindruckendste Vorstellung war, ihr Abschiedsauftritt, der authentischer und mitreißender war als alles zuvor Dagewesene. Aber so verbrannte sie einfach und verpasste das Dessert.

Kurende

Gitta Edelmann

»Und was ist Matjes nach Hausfrauenart?«, fragt Ella.

»Nix für dich und mich«, erklärt Petra mit deutlich bayrischem Zungenschlag. »Da sind Äpfel in der Soße.« Gegen Äpfel sind Ella und Petra allergisch.

»He, ihr Nordlichter – könnt ihr was empfehlen?«, fragt Susanne, deren schwäbische Herkunft nicht zu überhören ist.

»Nehmt doch den Matjes in Speckstippe mit grünen Bohnen«, meint Silke.

»Okay.« Gaby schlägt die Speisekarte zu.

»Ich nehm den Matjes in Currysahne«, entscheidet sich Constanze. »Das krieg ich daheim in Leipzig nicht.«

Heide und Marion wählen den Matjes in Rotwein.

»Gibt's auch Matjes Müllerin?«, fragt Ella zweifelnd.

Die lange Speisekarte überfordert sie. Eine schöne Forelle wäre ihr jetzt lieber. Aber sie ist noch nicht wieder zu Hause im Schwarzwald, Gott sei Dank, sondern sitzt hier auf der Nordseeinsel Juist zusammen mit anderen Frauen aus dem Mütterkurheim beim Abschiedsessen in der neu eröffneten Matjesstube am Janusplatz. Morgen um zehn fliegt das Flugzeug, und um halb drei fährt die Fähre. Dann sind sie alle zurück in Deutschland. Am Anfang hat Ella gelacht, als sie die Bezeichnung der Juister für das Festland hörte, inzwischen denkt sie schon genauso wie die Insulaner.

»Na los, Ella«, drängt Gaby. »Wir wollen bestellen.«

»Das Zeug mit den Bohnen«, sagt Ella und seufzt. Die anderen lachen. Drei Wochen kennen sie sich erst, aber der Abschied voneinander fällt ihnen nicht leicht. Die Strandspaziergänge und ihre Gespräche über die Familien wird Ella besonders vermissen.

»Am liebsten würde ich hier bleiben«, sagt Ella.

»In der Inselboutique suchen sie eine Verkäuferin«, sagt Heide hilfsbereit.

»Nochmal 'ne Kur machen, mein ich«, erklärt Ella. »Mir ist jetzt nicht nach dem Scheidungskram, der mich daheim erwartet. Soll doch seine neue Tussi das Haus ausräumen und aussortieren. Sabinchen kann das bestimmt sowieso viel besser als ich.«

»Sabinchen war ein Frauenzimmer, gar hold und tugendhaft ...«, singt Constanze leise.

»Sehr tugendhaft, sich den Mann einer anderen zu angeln«, kommentiert Marion.

»Du könntest doch einfach mit einer Frau tauschen, die erst zur Kur kommt«, schlägt Susanne vor.

»Und ihr glaubt, da find ich eine Dumme, die das mitmacht?«

»Notfalls bringst du sie um und versenkst sie in der Nordsee«, ergänzt Gaby Susannes Vorschlag. »Wenn sich jemand drei Wochen nicht aus der Kur meldet, fällt das nicht auf.«

»Oder ich steck die Leiche in einen Koffer und schick ihn dir an den Starnberger See zum Versenken!«

Alle lachen und heben ihre Gläser, um auf ihre Heimkehr anzustoßen. Dann wird der Matjes serviert.

»Mmh! Ein Traum«, kommentiert Silke das Essen.

»Vielleicht sollten wir uns nächstes Jahr wieder zum Matjes-Essen treffen?«, schlägt Heide vor. »Es muss ja nicht unbedingt auf Juist sein.«

»München«, wirft Petra ein. »Auf dem Viktualienmarkt gibt's auch immer eine Matjes-Veranstaltung.«

Wieder lachen alle. München und Matjes, das ist schon eine irre Zusammenstellung, fast wie Weißwürste auf Juist.

»Boah, hab ich Durst«, flüstert Ella und schiebt ihren leeren Teller von sich.

»Der Fisch will schwimmen!«, erklärt Silke ernst.

Übermütiges Kichern ist die Folge, als Silke eine Runde Sanddornschnaps bestellt. Dieser Runde folgt eine zweite und schließlich eine dritte. Nach einem allerletzten Abschiedsgläschen machen sich die Frauen auf den Rückweg.

Die Luft ist frisch, und es ist wunderbar ruhig. Selbst das Klappern der Pferdehufe auf den Pflastersteinen ist jetzt, am späten Abend, verstummt.

Die letzte Nacht auf der Insel hat begonnen.

Das Pferdetaxi holt Ella schon um zehn vor neun ab, um sie zum Flugplatz zu bringen. Jetzt bedauert sie, dass sie nicht die Fähre gebucht hat, sondern den Flieger. Es wäre schöner gewesen, nachmittags mit den anderen nach Norddeich zu schippern. Nur fünf Minuten dauert der Flug über die Nordsee, fünf Minuten Aussicht auf das Wattenmeer, kaum Zeit genug, um die Flughöhe von nur zweihundert Metern zu erreichen. Ein Taxi bringt Ella im Nu an den Bahnhof Norddeich Mole. Jetzt muss sie hier noch eine Stunde und vierzig Minuten auf ihren Zug warten. Blöde Verbindung!

Es ist windig und ungemütlich, aber auf einen Kaffee in irgendeiner Kneipe, falls es so was hier in der Nähe gibt, hat Ella keine Lust. Irgendwie liegt ihr auch noch der Matjes von gestern Abend im Magen. Vielleicht passen ein Schwarzwälder Magen und Nordseefisch doch nicht ideal zusammen? Oder war es der Schnaps?

Sie setzt sich in den Warteraum und greift nach dem Inselkrimi, den sie sich für die Heimfahrt gekauft hat.

Es ist still im Warteraum, nur eine Frau erklärt einer kleinen Senioren-Reisegruppe die Besonderheiten der Insel Norderney. Dann bricht die Gruppe auf, und Ella ist allein. Noch über eine Stunde. Immerhin – der Krimi ist spannend.

»Fahren Sie zufällig auch nach Juist?«, fragt plötzlich eine Stimme.

Ella sieht auf. Neben dem Tisch, an dem sie sitzt, steht eine recht elegante, nicht ganz schlanke Frau, vielleicht etwas jünger als Ella. Ihr kurzes Haar ist schwarz mit einem Hauch von Rot, genau der Farbton, den Ella seit ein paar Jahren benutzt und der ihrem Mann immer so gut gefallen hat. Unwillkürlich nimmt Ella eine Strähne ihres langen Haars in die Hand und wirft einen prüfenden Blick darauf. Die Fremde lässt sich auf der Bank gegenüber nieder. Sie hat einen großen roten Koffer bei sich, dazu ein winziges schwarzes Handtäschchen und einen schwarz-rot karierten Beutel, aus dem eine Wasserflasche ragt.

»Nein, ich warte auf den Zug«, sagt Ella höflich und sieht wieder in ihr Buch.

»Ich fahre zur Kur«, erklärt die Frau. »Mein Freund hat sich von seiner Frau getrennt, und ich schaffe diesen ganzen Scheidungsstress nach dem ewigen Versteckspiel nicht. Die Kinder spinnen auch. Pubertät, Sie wissen schon.«

Ella nickt. Ihre Kinder sind glücklicherweise über die schlimmste Zeit hinweg. Sie würde jetzt gerne weiterlesen, aber ihrem Gegenüber scheint nach Plaudern zumute. In Länge und Breite erzählt die Frau von ihrem Bandscheibenvorfall im letzten Sommer und dem Urlaub mit ihrem Freund in Venedig, in dem er sich endlich für sie entschieden hat, und dem Umzugsstress von Freiburg in den Schwarzwald, während die verlassene Gattin irgendwo gemütlich Urlaub macht.

Ella hält die Luft an. Eine dunkle Ahnung steigt in ihr auf. Während die andere in ihrem Proviantbeutel wühlt, versucht sie, das Namensschild auf dem Koffer zu entziffern. Der erste Buchstabe könnte ein S sein, oder?

»Bin gleich wieder da«, sagt die Frau und geht hinüber zu den Toiletten. Sie wirft ein 50-Cent-Stück ein und verschwindet hinter dem Drehkreuz.

Blitzschnell beugt sich Ella über den Koffer. Das darf nicht wahr sein: Sabinchen, das Frauenzimmer. Kein Wunder, dass sie ihr ähnlich sieht. Sie passt genau in das Beuteschema ihres Nun-Fast-Ex-Mannes. Schon seine erste Freundin war schwarzhaarig gewesen und hatte ein paar Kilo mehr auf den Rippen gehabt. »Weich« hatte er das schmeichelnd genannt. Ja, Sabinchen und Ella könnten Schwestern sein.

Ella schnappt ihren Rucksack und sieht sich um. Der Warteraum ist jetzt völlig leer. Sie fischt eine Münze aus ihrer Jackentasche und geht durch die Drehtür in den Toilettenraum. Vor dem Waschbecken steht Sabine und schminkt sich.

Ella stellt ihren Rucksack neben das zweite Waschbecken. Gut, dass sie immer eine Ersatzstrumpfhose dabei hat. Das war schon mal hilfreich, als der Keilriemen des Autos kaputt war und ist jetzt sehr praktisch ...

Mit heftigem Schwung wirft Ella die Strumpfhose wie eine Schlinge um Sabinchens Hals und zieht zu. Es ist erstaunlich einfach und geht schneller, als Ella dachte, bis die andere reglos am Boden liegt. Es ist auch nicht schwierig, die Tote durch die Hintertür ans Hafenbecken zu schleppen und hineinzustoßen. Ella hat in der Krankengymnastik während der Kur eine gute Muskulatur aufgebaut. Na gut, irgendwann wird die Leiche wieder auftauchen, aber vielleicht hat die Gezeitenströmung sie bis dahin auch schon ganz woanders hin getrieben.

Ella huscht durch die Hintertür zurück in den Toilettenraum. Mit der Nagelschere schneidet sie sich die langen Haare struppig kurz und sprüht eine Ladung Haarspray drauf. Naja, für den Feinschnitt kann sie ja auf Juist noch mal zum Friseur gehen. Nun noch etwas Kriegsbemalung ... Wie gut, dass die Sozialtherapeutin, die sie in den letzten drei Wochen betreut hat, jetzt in Urlaub gefahren ist. Dann öffnet sie das schwarze Täschchen und holt das Fährticket nach Juist heraus. Sie nimmt den roten Koffer und macht sich auf zum Fähranleger. Gerade ist ein Zug angekommen, und einige Frauen steigen aus, die wohl mit ihr die Kur antreten werden. Fröhlich mischt sich Ella unter die Menge und betritt das Schiff.

»Hey Ella, was machst denn du hier?«

Eigenartig, das ist doch Heides Stimme.

»Alles in Ordnung?«, hört Ella auch Marion. Ella reißt die Augen auf.

Die ganze Gruppe der Frauen steht vor ihr, und alle starren sie an.

»Ich dachte, du wolltest mit dem Zug um halb 12 fahren. Hast du verschlafen?«, fragt Susanne.

Ella blinzelt, streicht ihre noch immer langen Haare aus dem Gesicht und sieht sich um. Norddeich, der Warteraum. Neben ihr auf der Bank liegt der angefangene Inselkrimi. Von einem großen roten Koffer ist genauso wenig zu sehen wie von einer Frau mit kurzen, schwarzen Haaren. Ellas Armbanduhr zeigt fünf nach vier. Sie seufzt tief.

»Leute, ihr werdet mir nicht glauben, was ich gerade geträumt habe.«

Sieben Augenpaare starren sie an.

»Erzähl!«, sagt Gaby.

Ella schüttelt den Kopf.

»Ich schreib euch. Jetzt muss ich erst mal schnell nach Hause,« sagt sie.

»Ich denke, du wolltest lieber hier bleiben«, sagt Heide.

Ella grinst. »Mir ist gerade eingefallen, dass ich noch was Wichtiges zu erledigen habe. Etwas sehr Wichtiges!«

Sie fängt an zu pfeifen. Ein bisschen schief, aber unverkennbar:

»Sabinchen war ein Frauenzimmer ...«

Falsche Zungen

Ingrid Noll

Zu seinem zehnten Geburtstag bekam Holger ein Tagebuch geschenkt, und ein paar Wochen lang schrieb mein Sohn wie ein artiges Mädchen seine kindlichen Erlebnisse auf. Es war absehbar, dass er bald die Lust daran verlor. Erst drei Jahre später tauchte das Buch wieder auf, zufällig entdeckte ich es unter Holgers Schlafanzügen. Seine ersten sexuellen Selbsterfahrungen haben mich eher belustigt als beunruhigt, denn Holger bemühte sich, sie auf Englisch zu formulieren. Zu faul, um ein Lexikon zu benutzen, übertrug er umgangssprachliche Ausdrücke wortwörtlich in die fremde Sprache. Welche Mutter hätte sich über diese unfreiwillige Komik nicht ebenso amüsiert wie ich!

Aber auch mit den englischen Dokumentarberichten hatte es bald ein Ende. Das Tagebuch ruhte eine Weile, bis es Holger mit etwa fünfzehn Jahren erneut zur Hand nahm. Inzwischen hatte ich längst herausgefunden, dass er sein Diarium in einer verschlossenen Schublade aufbewahrte. Der Schlüssel hing jedoch - welch unbewusste Symbolik! - unter einem gerahmten Foto direkt über seinem Schreibtisch. Abgelichtet bin ausgerechnet ich mit meinem winzigen, noch gar nicht fetten Söhnchen auf dem Arm. Es hat mich immer gerührt, dass Holger ausgerechnet dieses Foto ausgesucht hat, denn eigentlich hätte man ein Pin-up-Girl oder die Abbildung eines Rennwagens erwarten können. Erst sehr viel später wurde mir klar, dass er das plumpe Arrangement extra für mich installiert hatte.

Was er aufschrieb, war oft langweilig, gelegentlich aber auch zu Herzen gehend. *Wenn ich nur wüsste, ob ich schwul bin?,* vertraute mein Sohn seinem Tagebuch an. Selbstverständlich muss man davon ausgehen, dass sich sehr viele junge Menschen mit dieser Frage herumquälen. Die eigene Identität ist noch nicht geklärt, die Sorge, wie wohl die Eltern über ihre eventuelle Homosexualität urteilen würden, bereitet schlaflose Nächte. Hatten wir je über solche Probleme gesprochen? Ich konnte mich nicht daran erinnern, meine Antipathie gegen widernatürliche Praktiken auch nur ein einziges Mal geäußert zu haben.

Aber jetzt gelang mir ein Bravourstückchen der Verstellung, denn ich brachte bald darauf die Rede auf einen lieben Jugendfreund in Amerika, den es zwar in der Realität nicht gab, über dessen Schwulsein ich aber völlig beiläufig und unbefangen sprach. Holger konnte aus meinem Bericht mühelos entnehmen, dass ich überhaupt keine Probleme mit Homosexualität hatte, sondern sie für eine normale Möglichkeit menschlicher Beziehungen hielt und respektierte.

Zwei Tage später las ich: *In Mathe kriege ich wahrscheinlich eine fünf, Mama wird sich wahnsinnig aufregen.*

Beim Zwiebelschneiden und Speckauslassen sprach ich ganz nebenbei über meine eigenen Zeugnisse und erzählte ihm, wie sehr ich vor den Wutausbrüchen meines strengen Vaters gezittert hatte. Zum Glück sei das ja heute anders, sagte ich, sicher hätten seine Klassenkameraden - ebenso wie er selbst - keine Prügel zu befürchten. »Das nicht gerade«, meinte er, »ihr habt subtilere Methoden, um uns fertig zu machen.«

Nichts macht mir mehr Angst als Liebesverlust, und ich erkannte in Holgers Worten eine Drohung. Als das fatale Mangelhaft tatsächlich im Zeugnis stand, zuckte ich nicht mit der Wimper. »Halb so schlimm«, tröstete ich und lud Holger zu McDonalds ein.

Fast alle haben einen eigenen Laptop, las ich, *oder dürfen zumindest den ihrer Eltern benutzen. Mama ist in dieser Hinsicht leider eine Niete.* Das war allerdings richtig, denn bisher hatte ich nie einen Anlass gehabt, mich mit Computern zu beschäftigen. Es mag daran liegen, dass ich wesentlich älter bin als die Väter und Mütter von Holgers Klassenkameraden. Aber ich sah ein, dass ich egoistisch war; man durfte seinen Kindern nicht den Zugang zu modernen Medien verbauen. Also begleitete ich meinen Sohn in ein Fachgeschäft und bezahlte anstandslos ein ziemlich teures Gerät, mit dem ich nichts anfangen konnte. Aus pädagogischen Gründen bestand ich jedoch darauf, dass ich offiziell als Besitzerin fungierte. Bereits in der darauf folgenden Nacht kamen mir jedoch Bedenken. Wie, wenn Holger nun alle Aufzeichnungen auf seiner Festplatte speicherte und es nie wieder möglich war, auf diskrete Weise seine Ängste, Wünsche und Sehnsüchte zu erfahren?

Vielleicht hätte ich misstrauisch werden müssen, dass es trotzdem bei den handschriftlichen Eintragungen blieb. Ein einziges Mal, als er sein Handy in der Küche vergessen hatte und die Treppe hinunterlief, konnte ich rasch in sein Zimmer huschen und einen Blick auf den Bildschirm werfen. Der Computer war diesmal noch eingeschaltet, und ich konnte überfliegen, was mein Sohn notiert hatte. Leider handelte es sich um eine Liste, mit der ich nichts anzufangen wusste. Regelmäßige Einnahmen und Ausgaben waren ordentlich vermerkt, Daten und wohl die Initialen irgendwelcher Personen aufgeführt. Als ich Holger trapsen hörte, verschwand ich ebenso lautlos, wie ich gekommen war.

Immerhin wuchs in mir allmählich der Verdacht, mein Sohn könnte brisante Geheimnisse zu verbergen haben. Am nächsten Schultag, wo er laut Stundenplan bis zum Nachmittag nicht zu Hause war, begann ich mit einer umfassenden Razzia.

Auf einem Elternabend hatte uns Holgers Klassenlehrer über die Gefahren von Designerdrogen und Disco-Cocktails aufgeklärt, wofür Jugendliche in diesem Alter leider sehr empfänglich seien. Eine der Mütter, die ich wegen ihrer übertrieben liberalen Meinungen wenig schätze, fuhr mich anschließend nach Hause. »Von Haschisch war seltsamerweise nicht die Rede«, sagte sie und erzählte, dass ihr Sohn Gras rauche, ein reines Naturprodukt und längst nicht so gefährlich wie jenes

Zeug, vor dem der Lehrer gewarnt habe. In ihrer eigenen Jugend habe sie auch alles ausprobieren müssen.

Da sich Holger nie in Diskotheken herumtrieb, hätte auch ich Haschisch erwartet, als ich auf die Plastiktütchen stieß. Aber worum mochte es sich bei diesen namenlosen Pillen handeln? Tranquilizer, Anabolika, Halluzinogene, Weckamine? Am ehesten Appetitzügler, beruhigte ich mich selbst.

Nach dieser Entdeckung wollte ich mich fast schon wieder der liebevollen Dekoration einer Schwarzwälder Kirschtorte widmen, als ich fast zufällig in den ausgedienten Kachelofen griff. Seit langem wurde er nicht mehr befeuert und diente Holger als Schuhschrank. Ich muss gestehen, dass ich einen leichten Ekel vor den Turnschuhen pubertierender Knaben habe, selbst wenn es sich um die des eigenen Sprösslings handelt. Unter einem kunterbunten Gemenge unterschiedlicher Treter angelte ich einen artfremden Gegenstand hervor. Es war eine Brieftasche aus rehbraunem Leder, weder neu noch alt, weder teuer noch billig. Ich setzte mich auf die Ofenbank und öffnete die Börse, die auf jeden Fall nicht aus meinem Haushalt stammte. Innen befanden sich ein Führerschein, ein Personalausweis, eine Kreditkarte und etwa vierhundert Euro. Der Name des Besitzers, Matthias Rinkel, kam mir bekannt vor. Nach einigem Nachdenken erinnerte ich mich, dass es Holgers Sportlehrer war. Dabei hatte ich meinem Sohn schon vor längerer Zeit ein ärztliches Attest besorgt, um ihm die demütigende Turnstunde zu ersparen.

Mein Junge dealte und stahl. Sollte ich einen Psychologen einschalten?

Besser als ein studierter Seelenklempner kann eine Mutter die Gedanken ihres Kindes lesen. Holger war kein schlechter Mensch, sondern stand vermutlich unter dem Einfluss einer kriminellen Bande. Ich beschloss nach bewährter Methode vorzugehen und sprach zwei Tage später von einem eigenen Jugenderlebnis, das ich mir zugegebenermaßen bloß ausgedacht hatte.

Holger hörte sich die Geschichte vom Sparstrumpf seiner Urgroßmutter mit unbewegtem Gesicht an. »Wie viel Kohle war drin?«, fragte er. - »Genug, um mir endlich einen eigenen Plattenspieler zu kaufen«, sagte ich, »aber ich wurde schließlich doch von Skrupeln geplagt. Meine Oma hatte ja ebenfalls Pläne, was sie mit diesem Geld anfangen wollte. Sie brauchte dringend einen neuen Kühlschrank.«

»Und?«, fragte Holger und stopfte sich fünf Scheiben Serrano-Schinken in den Mund.

»Nach einigen Tagen habe ich Omas Ersparnisse klammheimlich wieder unter ihre Matratze gelegt«, sagte ich, »und glaube mir! Ich war glücklich und erleichtert über diese Entscheidung.«

Holger gähnte. »Und der CD-Player?«, fragte er. So etwas gab es damals noch gar nicht, belehrte ich ihn, aber es sei wie ein Wunder gewesen, dass mir meine Oma zu Weihnachten den ersehnten Plattenspieler geschenkt habe.

Als ich ein paar Tage später das Tagebuch aufschlug, kamen mir fast die Tränen. Als alleinerziehende Mutter hat man es nicht immer leicht, aber nun war ich bestimmt auf dem richtigen Weg.

Habe die Brieftasche in R.s Schließfach geworfen und kann endlich wieder ruhig schlafen. Ohne es zu ahnen hat mir Mama dabei geholfen.

Das Corpus delicti lag tatsächlich nicht mehr im Versteck. Auch schien mir fast, als hätte Holger sein Schuhlager ein wenig aufgeräumt. Einen winzigen Anflug von Verdacht habe ich damals gleich wieder verdrängt, obwohl es eigentlich auf der Hand lag, dass er bei seinem reumütigen Eintrag ein bisschen dick aufgetragen hatte.

Das war ihm aber wahrscheinlich selbst schon aufgefallen, denn er schrieb kurz darauf von einem Vergehen, das ich bei Gott nicht ernst nehmen mochte. Blumen auf dem Friedhof zu pflücken ist zwar nicht die feine englische Art, kann aber sicherlich als Jugendsünde zu den Akten gelegt werden. Ich verkniff es mir, von eigenen geringfügigen Delikten zu sprechen. Im Grunde war ich davon überzeugt, dass er den Frühlingsstrauß einer Angebeteten überreicht hatte, und das hatte schließlich eine sehr charmante, ja erfreuliche Komponente.

Kurz darauf verlangte er Geld für ein T-Shirt, denn das alte sei ihm zu eng geworden. Bei unserem abendlichen Entenbraten hatte er das neue bereits an. Auf rosa Untergrund glitzerte mir eine silberne Inschrift entgegen: I HATE MY MA. Über seinen skurrilen Humor hätte ich mich krank lachen können, aber ich verzog lieber keine Miene.

Vielleicht enttäuschte es ihn, dass ich weder auf den entwendeten Grabschmuck noch auf das T-Shirt reagiert habe. Als ich das nächste Mal sein Tagebuch aufschlug, erkannte ich aber mein listiges Söhnchen wieder und musste schmunzeln. Er hatte mein Spiel genauso durchschaut wie ich das seine. Und weil er sich wünschte, dass ich sein geniales Tagebuch auch weiterhin las, erfand er haarsträubende Lügengeschichten und bezichtigte sich sogar, bei Folterungen mitgewirkt zu haben.

In den Nachrichten sieht man täglich, wie überall auf der Welt Gräueltaten begangen werden, sei es von perversen Menschenfressern, sei es von fanatischen Selbstmordattentätern. Obwohl Holger ja Tag für Tag in der Schule hockte, schilderte er doch ausführlich, wie er in einem anderen Erdteil an bestialischen Verbrechen teilnahm. Ein sensibler Junge war er schon immer gewesen, nun schickte er sich offenkundig an, alle Schuld der Welt auf sich zu laden.

Wollte er womöglich seine realen Missetaten durch erfundene Geschichten ad absurdum führen? Ich nahm es nicht besonders ernst, dass er jetzt in die Rolle eines Monsters schlüpfte. Durch einen Kindskopf ließ ich mich auf keinen Fall provozieren; Gelassenheit war von jeher meine besondere Stärke. Allerdings habe ich es mir von da an völlig verkniffen, auf seine geschmacklosen Botschaften auch nur andeutungsweise einzugehen - dummes Geschwätz muss man einfach ignorieren.

Eines Tages las ich: *Demnächst werde ich Kikki umbringen.*

Dieser Satz gefiel mir gar nicht. Kikki war kein Phantom, sondern ein geistig zurückgebliebenes Mädchen aus unserer Straße, zwei Jahre älter als Holger. Täglich wurde sie von einem Bus zur Behindertenwerkstatt gefahren und nachmittags wieder heim gebracht. An freien Tagen lungerte sie gern vor ihrem Elternhaus herum und sprach Passanten an. Da sie arglos und gutmütig war, ließen sich viele auf einen kleinen Plausch ein, wenn ich persönlich auch keine Lust dazu hätte. In der Nachbarschaft munkelte man, dass Kikki neuerdings Interesse am anderen Geschlecht zeige. Wahrscheinlich hatte Holger das läppische Gegurre auf die Palme gebracht, was von einem Gymnasiasten auch nicht anders zu erwarten war. Ich konnte seine Abneigung gut nachvollziehen und hätte meine Hand dafür ins Feuer gelegt, dass er seine Aggressionen bloß verbal abreagieren wollte. Deswegen hielt ich es zunächst für überflüssig, die Rede auf Kretins zu bringen.

Zwei Wochen später las ich in der Zeitung, dass Kikki vermisst wurde, und konnte es anfangs kaum glauben. Aber meine strapazierten Nerven hatten mir keinen Streich gespielt, unter dem abgebildeten Foto stand tatsächlich *Erika Dietrich*. Die Bevölkerung wurde gebeten, auf ein Mädchen im blauen Anorak zu achten, das älter war, als es den Anschein hatte.

Nach Kikkis Verschwinden fühlte ich mich tagelang überfordert und ratlos und wagte nicht, meinem Sohn in die Augen zu sehen.

Heute früh musste ich lesen, dass man Kikkis Leiche im Stadtwald gefunden hatte, kann mir aber immer noch nicht vorstellen, dass mein Sohn etwas damit zu tun hat. Ich weiß ja aus Erfahrung, dass Holgers Selbstbezichtigungen immer nur haltlose Phantastereien waren.

Doch kann ich mich wirklich darauf verlassen? Seit einer

Stunde sitze ich nun schon am Küchentisch und grübele, ob es nicht eine einleuchtende Erklärung für Holgers Mordandrohung gibt. Hatte er die Tat vielleicht beobachtet oder die Leiche noch vor der Polizei entdeckt?

Aber leider erweisen sich meine psychologischen Argumente als haltlos, denn Kikki wurde ja noch gar nicht vermisst, als Holger ihren Tod ankündigte. Hals über Kopf renne ich in Holgers Zimmer. Ich muss mich noch einmal überzeugen, ob ich jenen verhängnisvollen Satz wirklich gelesen oder alles nur geträumt habe.

Das Tagebuch liegt nicht in der Schublade. Zum ersten Mal steht sie offen und ist leer, aber im Kachelofen werde ich fündig. Dort finden sich auch Holgers erdverkrustete Handschuhe und eine kleine Bernsteinkette. Nach fieberhaftem Blättern komme ich an die richtige Stelle im Tagebuch. Holger hat heute nur einen einzigen Satz an mich gerichtet:

Und als nächste bist du dran.

Elefantenhaut

Sabine Trinkaus

Bea kneift den Mund zu, die Lippen ganz fest aufeinander, damit kein Schrei nach außen dringt. Obwohl das eigentlich keine Rolle spielt. In diesem Haus, wo der Flur nach Putzmittel riecht und nach Bohnensuppe. Um diese Zeit sind alle arbeiten, da stört sich keiner an einem Schrei.

Der Schmerz lässt nach. Sie richtet sich auf, lehnt sich zurück auf dem Sofa. Vielleicht hat sie etwas Falsches gegessen. Das wäre möglich, denkt sie, und sie lässt den Blick über den Fußboden wandern. Sie erinnert sich an die Lehrerin in der Grundschule. Die hat ihnen diese Pyramide gezeigt, eine Pyramide aus Essen. Sie hat erklärt, welche Sachen richtig sind beim Essen und welche falsch. Auf dem Boden liegen lauter Reste von falschem Essen, Chipstüten und Schokoladenpapier und fettige Pizzaschachteln. Ja, Bea hat etwas Falsches gegessen. Sie hat jede Menge Falsches gegessen. Aber das tut sie nun schon lange, und nie zuvor ist ihr so schlecht geworden davon.

Sie legt die Hand auf den Bauch. Fühlt Fett, eine dicke, wabbelige Schicht. Sie frisst seit Monaten, stopft alles in sich hinein. Falsches Essen.

Sie muss an Mama denken.

Mama war schon eine Weile nicht mehr hier. Dabei wohnt sie hier, in dieser Wohnung, eigentlich. Sie ist nur immer bei Uwe, dem Arsch. Seit sie mit dem zusammen ist, interessiert sie sich nicht mehr groß für Bea. Dabei ist der Typ zum Kotzen. Bea ist fast sicher, dass er sie genau so wenig leiden kann wie sie ihn. Ist ihr aber sowieso egal. Sie hat ja nichts mit dem zu tun, er kommt nie hierher, weil Mama ja immer bei ihm rumhängt. Das macht Bea nichts aus, sie hat gern ihre Ruhe. Sie ist sechzehn, immerhin, kein Baby mehr, sie kommt schon klar. Ab und zu kommt Mama vorbei. Sie fragt, ob alles in Ordnung ist, und Bea sagt ja, und bevor Mama geht, legt sie Geld auf den

Küchentisch. Von dem kauft Bea ihr Essen, und wo Mama ist, ist ihr eigentlich völlig egal. Außer jetzt. Jetzt auf einmal will Bea, dass Mama da ist, in der Nähe, obwohl sie gar nicht weiß, warum.

Ich muss aufräumen, denkt sie, bevor Mama kommt, sonst macht sie Theater. Mama wird sauer, wenn es aussieht wie im Saustall.

Bea hat Durst. Neben dem Sofa steht eine offene Flasche Bier. Sie trinkt nicht oft Bier, sie mag es nicht besonders. Nur manchmal, am Abend, wenn sie nicht schlafen kann. Bier, denkt sie, ist nicht gut, wenn man Bauchschmerzen hat. Aber es ist nichts anderes da, und deshalb greift sie nach der Flasche und trinkt. Es schmeckt schal, und ihr wird übel davon, aber der Durst ist weg.

Erneut krampft der Bauch. Unter all dem Fett, das weich auf ihm lastet, kann Bea fühlen, wie ihre Eingeweide sich zusammenziehen. Alles brennt, und sie muss ins Bad, schnell, es kommt raus, oben oder unten, sie weiß es nicht. Sie weiß nur, dass das nicht gut ist und dass sie Angst hat.

Mama soll kommen, denkt sie, jetzt. Vielleicht ist sie richtig schlimm krank. Vielleicht braucht sie einen Krankenwagen. Wenn Mama dann kommt, sieht sie, wie Bea weggebracht wird, mit Blaulicht. Das geschieht Mama dann recht, das hat sie dann davon, dass sie lieber bei Uwe, dem Arsch, ist. Im Krankenhaus untersucht dann ein Arzt Bea. Der denkt, dass sie eine fette Sau ist, die lauter falsches Essen in sich reinstopft. Kein Wunder, dass ihr so schlecht ist, denkt der, aber er sagt es nicht. Bea sieht das trotzdem an seinen Augen. Vielleicht erzählt sie ihm, dass sie früher ganz dünn war. Das kann er sich wahrscheinlich nicht vorstellen, obwohl es stimmt. Früher war sie fast jeden Tag im Schwimmbad und hat super ausgesehen im Badeanzug, ihre Figur und alles. Sie ist in die große Halle gegangen, wo es nach Chlor roch und Stimmen hallten. Und sie hat trainiert. Fast jeden Tag. Ein Talent, das hat Wilfried gesagt. Du kannst es schaffen, hat er gesagt, wenn du hart arbeitest, dann schaffst du es ganz nach oben. Und deshalb war sie da, fast jeden Tag. Mama fand das nicht so gut. Was bildest du dir ein, hat sie gesagt, denkst wohl, du bist was Besonderes. Aber merk dir mal, hat sie gesagt, merk dir mal eins, so einfach ist das nicht. Man darf die Hoffnung nicht zu hoch hängen, hat Mama gesagt, und es gibt Wichtigeres als die Schwimmerei, Schule zum Beispiel, und das hat Bea echt sauer gemacht. Schule, toll, wenn das gut läuft, wenn man richtig Schwein hat, dann kriegt man eine Lehrstelle. Und dann schneidet man den Rest seines Lebens irgendwelchen Tussis die Haare, immer schön freundlich, immer schön lächeln, man tut, als sei es das Größte, sich die Beine in den Bauch zu stehen den ganzen Tag. Und abends kommt man nach Hause und ist kaputt. Und man jammert über den Chef und die blöden Kundinnen, und weil man so wenig verdient und weil man es so schwer hat, und man tut sich selbst leid, ganz tolle Aussichten!

Das hat Mama verletzt. Bea hätte das nicht sagen dürfen. Obwohl sie das ja eigentlich wollte, Mama einen reinwürgen, aber es war dann doch kein gutes Gefühl. Wenn sie das nicht gesagt hätte, denkt Bea auf einmal, dann wäre Mama vielleicht jetzt hier.

Der nächste Krampf ist so intensiv, dass Bea laut stöhnt und sich krümmt. Sie kriegt fast keine Luft mehr. Ich will nicht sterben, denkt sie, obwohl sie gar nicht weiß, warum.

Sie konzentriert sich auf das verschwommene Bild, das Bild von damals. Sie denkt an das Gefühl. Wenn sie im Wasser war, alles an ihr Muskeln und Sehnen. Wie eine Maschine hat sie sich manchmal gefühlt, eine starke, gut funktionierende Maschine, Arme und Beine im Gleichtakt. Du kannst es schaffen, hat Wilfried gesagt, und sie hat ihm geglaubt, mehr als Mama. Und sie hat ihrem Körper geglaubt und vertraut und ihn gemocht. Ich kann es schaffen, hat sie gedacht, raus aus der Wohnung und dem Haus mit dem Flur, wo es nach Putzmittel riecht und nach Bohnensuppe. Stipendium, Sportinternat, hat Wilfried gesagt, internationale Wettkämpfe. Die Konkurrenz ist hart, hat Wilfried gesagt. Aber Bea war gut.

Und dann hat sie aufgehört. War besser so. Sie wollte halt nicht mehr.

Am Anfang hat er ständig angerufen. Wilfried. Sie soll sich nicht hängen lassen. Man muss über seinen Schatten springen, hat er gesagt. Keine Heulsuse sein, die aus einer Mücke einen Elefanten macht und sich deshalb die ganze Zukunft versaut. Mücke, denkt Bea, Mücke ist doch viel schlimmer als Elefant. Mücken sind eklig und klein und saugen einem das Blut aus. Ein Elefant ist gut. Es gibt eine Erinnerung in ihrem Kopf, die mit Elefanten zu tun hat. Sie ist mal im Zoo gewesen, als sie klein war, mit Mama, und der Wärter hat den Elefanten ans Gitter geführt, und die Kinder durften ihn anfassen. Sie hat Angst gehabt, ein bisschen, weil er so groß war und so stark, aber sie hat ihn trotzdem angefasst, und die graue Haut war ganz ledrig und faltig und trocken und trotzdem warm und irgendwie schön. Den Elefanten hat sie nicht vergessen. Und die Mücke auch nicht. Dabei hat sie es ja versucht. Aber wenn sie ins Schwimmbad kam und es so nach Chlor roch, dann hat ihr Körper sie im Stich gelassen. Ihr ist ganz schlecht geworden und komisch im Kopf, und sie ist weggelaufen.

Jemand stöhnt. Bea stöhnt, aber es klingt ganz fremd, als wäre sie nicht Bea. Sie stöhnt und wimmert, bis der Schmerz nachlässt. Sie hält es nicht mehr aus. Sie weiß nicht, was sie tun soll. Vielleicht will sie doch sterben, vielleicht ist sterben besser als das hier. Ihr Hals ist so trocken, und ihr ist so übel, und es tut weh, es tut schrecklich weh. Sie steht auf, stützt sich an der Wand ab. Stück für Stück, sie muss ins Bad, das geht nicht mehr lange gut hier, sie muss ins Bad, sonst gibt es eine schlimme Sauerei. Gleich kommt alles raus, gleich ist es zu spät.

Der Geruch in der Schwimmhalle, das ging nicht, sie wollte halt nicht mehr, war ja ihre Sache, und sie wollte auch nicht, dass Wilfried anrief. Wenn sie seine Stimme hörte, dann musste sie sofort an den Chlorgeruch denken, und davon ist ihr schlecht geworden, ihr ist kotzübel geworden von seiner Stimme, weil sie immer das gehört hat, woran sie nicht mehr denken konnte und durfte. Hab dich nicht so, hat er gesagt, es ist doch nichts dabei. Glaubst du denn, ich bin aus Holz, hat er gesagt, es ist doch nichts Schlimmes, und andere lässt du doch auch ran. Sie hat nein gesagt, aber sie waren ganz allein, alle waren schon gegangen. Es hat nach Chlor gerochen, und er hat gesagt, das langt jetzt, und dann hat er einfach gemacht, was er wollte. Und dann hat er gesagt, sie sei selber schuld, wie sie da immer rumwackelt in ihrem Badeanzug.

Bea hat es geschafft. Sie ist im Bad, klammert sich ans Waschbecken. Sie schaut nicht in den Spiegel, sie kneift die Augen zu, sie denkt an den Elefanten, ganz fest. Man kann aus einer Mücke keinen Elefanten machen, denkt Bea, das macht keinen Sinn. Sie denkt daran, wie sie aufgehört hat mit Schwimmen und wie er angerufen hat, und beim letzten Mal hat er gesagt, dass er sie fertig macht, wenn sie nicht die Schnauze hält. Da war Mama schon weg, meistens, und Bea ist allein klar gekommen. Sie hatte andere Sachen zu tun als über Schwimmen nachzudenken. Sie hat eine Menge gegessen, immer mehr. Und manchmal hat sie sich gut gefühlt davon, aber meistens nicht.

Sie muss jemanden anrufen, jetzt, jemanden, der weiß, was zu tun ist, und der ihr vielleicht einen Tee kocht, so wie ihre Lehrerin. Die hat ihr mal Tee gekocht mit dem Wasserkocher, als ihr auch schlecht war in der Schule, aber nicht so schlimm wie jetzt. Sie hat gesagt, dass Bea zu ihr kommen kann, wenn sie mal reden will und Hilfe braucht. Aber Bea wollte das nicht, und dann ist sie auch nicht mehr in die Schule gegangen, sondern hat der Lehrerin erzählt, dass sie umzieht, mit Mama zu Uwe, dem Arsch, dass sie auf eine andere Schule geht, und deshalb kann sie die Lehrerin nicht anrufen, denn dann weiß die, dass Bea gelogen hat. Sie soll gut auf sich aufpassen, hat die Lehrerin zu Bea gesagt, und wenn sie jetzt anruft, dann sieht sie, dass Bea gar nicht gut aufgepasst hat, sondern gefressen und gefressen, falsches Essen, dass sie fett geworden ist.

Das hat sich angefühlt, als sei es sicherer, irgendwie, aber jetzt ist sie krank davon, schlimm krank. Jetzt stirbt sie vielleicht an dieser Fresserei, jetzt zerreißt es sie, es tut weh, und es tut weh, und es tut weh, und alles dreht sich, und sie hat Durst, und sie fällt fast hin und schafft es gerade bis zum Klo, und sie kniet sich vor die Schüssel, klammert sich fest, aber es kommt nicht oben, sie hat sich geirrt, und dann fällt sie um, einfach so, liegt auf der Seite. Die Fliesen sind kalt, und Bea sieht Haare und Staub, der Boden ist schmutzig. Sie macht sie Augen zu und atmet, atmet eine Weile, und dann macht sie die Augen auf. Etwas liegt da und es macht Geräusche, es wimmert, es bewegt sich zuckend, wie Würmer. Bea weiß nicht, was das ist, aber es ist eklig und schleimig und irgendwie blau, und Bea hat Angst davor, weil sie nicht weiß, was sie damit anfangen soll. Sie hat Durst, sie denkt an die Bierflasche im Wohnzimmer, sie weiß nicht, wie lange die da schon steht. Sie versucht, sich daran zu erinnern, weil sie sich lieber daran erinnern will als an das, was da auf dem dreckigen Badezimmerboden liegt. Und sie weiß, dass sie das kennt, sie hat so etwas schon mal gesehen, im Fernsehen, und sie weiß, dass es etwas mit dem Chlorgeruch zu tun hat und mit Wilfrieds Stimme, und daran kann sie jetzt nicht denken, das muss jetzt weg aus ihrem Kopf, und das Ding muss verschwinden, es soll still sein, es soll weg sein. Bea legt beide Hände auf ihren fetten Bauch, der ihr noch schlaffer vorkommt als sonst. Sie rollt sich zusammen zu einer Kugel. Bea liegt auf dem Boden, und es tut weh, es tut immer noch weh. Bea fängt an zu weinen.

Wertvolle Kinder

Thomas Nommensen

Die Stimme spricht wieder zu ihr, gibt die Anweisungen. Geduldig. Gleichbleibend freundlich. Wie gestern und an den 116 Tagen zuvor. Die Bedeutung der knappen, aber präzisen Sätze hat sich in dem täglichen Ritual nach und nach verflüchtigt, übrig blieb der beruhigende Klang der Stimme aus dem kleinen Gerät an der Windschutzscheibe.

In zweihundert Metern biegen Sie rechts ab.

Die Frau dreht mit der linken Hand das Lenkrad. Ihre rechte Hand setzt den Blinker, legt die Gänge ein. Die Füße finden die Pedale und den nötigen Rhythmus wie von selbst. Keine Unsicherheit. Kein Zögern. Die erlernten Abläufe sitzen.

In einhundert Metern halten Sie sich links.

Als der Fahrtwind es nicht mehr schafft, die Flocken von der Scheibe zu blasen, rutscht sie auf dem Sitz ganz nach vorn. Das Lenkrad drückt hart gegen ihr Brustbein, aber sie spürt den Schmerz nur dumpf und flüchtig.

Sie könnte den Scheibenwischer einschalten, doch sicher würde alles verschmieren. Sie müsste anhalten, aussteigen, die Scheibe säubern. Die klare, kalte Luft, der Gang zum Kofferraum, um den Scheibenreiniger zu holen – vielleicht würde dieser Moment bereits ausreichen, um ihren Mut zu tilgen. Den Mut, den sie braucht, um mit ihrem Ritual zu brechen und diesen irrwitzigen Plan auszuführen. Nein, sie wird weiterfahren, nicht aussteigen, bevor sie am endgültigen Ziel ihrer Fahrt angekommen ist.

Im Kreisverkehr nehmen Sie die zweite Ausfahrt.

Die Lüftung läuft seit Fahrtbeginn auf Hochtouren, der Luftstrom ist mittlerweile lauwarm, bläst ihr ins Gesicht – ein trockenes Gefühl auf den Pupillen. Sie kneift die Augen zusammen, wartet auf eine Träne zwischen ihren Lidern.

Das Ziel ihrer täglichen Fahrt hat sie mehr und mehr als

einen Teil ihres Zuhauses empfunden. Manchmal nennt sie es *Das Kinderzimmer. Das Kinderzimmer von Marie.* Irgendwann hat sie es auch Johannes gegenüber erwähnt. Johannes hat sie angesehen, traurig angesehen. Seitdem lässt sie ihren Mann nicht mehr an ihren Gedanken teilhaben.

In 200 Metern biegen Sie links ab.

In den ersten Wochen hat Johannes sie gefahren, sich dann neben sie gestellt, bemüht, seine Ungeduld zu verbergen. Manchmal ist er nach wenigen Minuten zum Wagen zurück gegangen. *Ich warte dort. Lass dir einfach so viel Zeit, wie du brauchst.* Doch so funktionierte es nicht, allein der Gedanke, dass er ungeduldig auf dem Parkplatz herum lief, eine Zigarette nach der nächsten rauchte, störte sie in ihrer Trauer.

Ihr Therapeut hatte die Idee mit dem Navigationsgerät. So ein Gerät gibt Ihnen Sicherheit, bringt Routine in den Fahrprozess, stabilisiert letztlich den ganzen Besuchsvorgang, meinte er. Der Frau kam es albern vor, schließlich kannte sie die Strecke nur zu genau. Trotzdem, und weil der Psychologe viele Worte fand, die den Therapiewert dieser Maßnahme lobten, ließ sie sich zu einem Versuch überreden. An jenem Tag fuhr sie zwei Kilometer weit ohne einen einzigen Panikanfall. Nach einer weiteren Woche und der Umstellung der Stimme auf einen männlichen Sprecher hatte sie schließlich die gesamte Strecke geschafft und parkte ihren kleinen Fiat vor der Koniferenhecke am Südeingang des Friedhofs.

Sie haben Ihr Fahrziel erreicht.

Spiegel, Blinker, Seitenblick. Die Frau lässt den Wagen auf dem grob gepflasterten Fahrstreifen zwischen den Parkbuchten langsam ausrollen. Nimmt den Gang raus. Kurbelt die Seitenscheibe herunter. Es ist kälter geworden, zwischen die weichen Schneeflocken haben sich harte Eiskristalle gemischt, die wie Nadeln auf ihre Gesichtshaut treffen.

Die Verkäuferin aus der Friedhofsgärtnerei gegenüber winkt ihr durch die weihnachtlich dekorierte Scheibe des Ladens zu.

Die Frau winkt zurück. Nur ein Reflex. Normalerweise würde sie jetzt den Wagen parken, aussteigen, in dem Laden ein paar belanglose Worte wechseln, dann die Rose kaufen.

Heute nicht. Heute wird sie ein weiteres Fahrziel in das Navigationsgerät eingeben, sich von der Stimme durch die Stadt lenken lassen. Hin zu dem Gebäudekomplex, den sie fast auf den Tag genau vor sechs Monaten verlassen hat. Auf Johannes gestützt und ihres bisherigen Lebens beraubt.

Vor dem Haupteingang unter dem schmalen Vordach stehen die Raucher. Zitternde Körper in Bademänteln, die sich hastig das Nikotin für die nächsten Stunden auf der Station in ihre Körper saugen.

Die Frau parkt ein paar Meter daneben, ignoriert das Schild mit dem Hinweis, dass es sich um einen reservierten Parkplatz handelt, geht um den Wagen herum, öffnet die Beifahrertür und zerrt die kleine Reisetasche vom Sitz.

Sie schließt die Tür, und während sie sich die Tasche umhängt, bemerkt sie das Zittern ihrer linken Hand. Mit dem Einnehmen der Tabletten heute Morgen sind also auch die Nebenwirkungen zurückgekommen. Die erste Dosis nach so langer Zeit – sie hat eine Weile überlegt, ob es auch ohne gehen würde, sich dann eine Närrin gescholten und die Kapsel mit einem Schluck Kaffee runter gespült.

Die Glastür der Eingangshalle öffnet sich mit einem leisen Fauchen. Zwei Schritte in die Wärme. Die Brille der Frau beschlägt sofort. Hastig durchsucht sie ihre Jackentasche, erwischt den Zipfel eines Papiertaschentuchs mit den kalten Fingerspitzen. Die Reisetasche rutscht von ihrer Schulter, schlägt mit einem metallischen Geräusch auf dem Fliesenboden auf. Die Frau erschrickt, ihre rechte Hand findet den Mund, erstickt den Schrei mit dem Taschentuch.

Verdammt, beruhige dich.

Sie atmet einige Male in den Zellstoff zwischen den Lippen, sucht in dem Taschentuch nach einer trockenen Stelle, nimmt ihre Brille ab, reibt vorsichtig über die Gläser.

Die Frau sieht sich in dem gefliesten Eingangsbereich um. Plötzlich sind die Bilder von diesem anderen Krankenhaus wieder in ihrem Kopf. Vor einer Woche hat sie die Reportage auf dem Kanal eines Privatsenders gesehen. Ein Kamerateam war durch die Gänge einer Klinik in Russland gestürmt. Das Licht der mitgebrachten Scheinwerfer brach sich in den großen Glasflächen dutzendfach und mischte sich mit den Blitzen der Fotografen zu einem gleißenden Inferno. An der Spitze ein Mann mit einem Mikrofon, der immer wieder in Nahaufnahme gezeigt wurde und den Vorgang in einer unbekannten Sprache beschrieb. Der deutsche Kommentar setzte verzögert ein, fasste die Aktion zusammen und lieferte Hintergründe in kurzen trockenen Sätzen, die zu den aufgeregten Bildern nicht passen wollten.

Die Frau saß vor dem Fernseher, Bilder und Töne rannen durch ihren Kopf, und es gelang ihr nicht, mehr als nur Fragmente davon festzuhalten. Aber in dem Moment, als Johannes zur Fernbedienung griff, »*So ein Quatsch*«, murmelte, und der Kommentator fast gleichzeitig davon sprach, dass man davon ausgehe, ähnliche Vorkommnisse könnten sich auch woanders wiederholen, vielleicht sogar in deutschen Krankenhäusern, wurde in ihrem Gehirn ein Prozess ausgelöst. Ein Prozess, der zwei Tage gärte und am Ende dafür sorgte, dass sie mitten in der Nacht mit einem schrillen Schrei aus einem schrecklichen Traum erwachte.

Die Frau findet den Weg zur gynäkologischen Station, ohne die Schilder zu beachten, die an den Abzweigungen, Treppenhäusern und Fahrstühlen hängen. Dreimal hat sie ihr Frauenarzt im Verlauf der Schwangerschaft zur Untersuchung an das Klinikum überwiesen. Dreimal war ihr das merkwürdig vorgekommen. Und dreimal hat Johannes sie beruhigt. Der Arzt sei eben noch jung und deswegen ganz besonders sorgfältig.

Als sie jetzt aus dem Aufzug in den Gang tritt, ist das Gefühl übermächtig. Bilder, Gesprächsfetzen, Gerüche stürmen auf sie ein. Sie hat das Gefühl, wieder in das Leben zu fallen, das sie vor Monaten hier zurückließ, als Johannes sie mit Blumen, die sie nicht sehen, und tröstenden Worten, die sie nicht hören wollte, für die Rückfahrt nach Hause abholte. Er hielt sie damals fest im Arm, manövrierte sie durch die Gänge, in der linken Hand trug er die Reisetasche mit den persönlichen Dingen, die sie für den kurzen stationären Aufenthalt von zwei Tagen zusammengepackt hatte. Aus den zwei Tagen war dann eine Woche geworden, und heute – heute steht sie wieder hier, und es ist dieselbe Reisetasche, die über ihrer Schulter hängt.

»Kann ich Ihnen helfen?« Die Stimme in ihrem Rücken.

Die Frau weiß nicht, wie lange sie schon in dem Gang steht und das Stationszimmer beobachtet. »Ich …«, sagt sie und dreht sich langsam um. Eine junge Krankenschwester, vielleicht Ende zwanzig, eine kurze, streng wirkende Frisur, aufmerksame Augen, die sie mustern.

»Monika?«, fragt die Schwester, und ein Lächeln huscht über ihr Gesicht. »Bist du das wirklich? Ich wusste gar nicht … Was machst du hier?«

»Ich …«, sagt Monika, mustert ihr Gegenüber und erkennt erst mit Verzögerung, wer da vor ihr steht: Die Krankenschwester, die sich so rührend um sie gekümmert hat und damals fast zu einer Freundin geworden ist. Monika wirft einen Blick auf das Namensschild am Revers des Schwesternkittels. »Nadine, natürlich – entschuldige bitte, ich war in Gedanken. Schön, dich wieder zu sehen.«

Am Gürtel der Krankenschwester meldet sich der Piepser mit leisem, aber durchdringenden Ton. Nadine wirft einen Blick auf das Display. »Notfall«, sagt sie, läuft bereits los. Nach einigen Schritten bleibt sie stehen, dreht sich noch einmal um. »Vielleicht rufst du bei deinem nächsten Besuch vorher an – wir könnten einen Kaffee trinken gehen …«

»Ja, das wäre schön«, sagt Monika leise und überlegt gleichzeitig, wie viel Nadine über die Vorgänge in der Klinik wissen muss.

Zwei Pfleger stürmen aus dem Zimmer gegenüber, reißen Monika aus ihren Gedanken. Ein Arzt mit wehendem Stethoskop um den Hals läuft an ihr vorbei. Weit hinten, ganz am Ende des Ganges, leuchtet eine Signallampe in grellem Rot.

Das Stationszimmer scheint jetzt verlassen. Monika macht einige Schritte auf den Glasvorbau zu und öffnet die Tür. Ein kleiner Schreibtisch, Aktenschränke, ein leerer Bürostuhl. Eine weitere Tür, die sicher in den Aufenthaltsraum des Personals führt. Monika späht durch den Türspalt, sieht einen Tisch, darauf ein gelber Kaffeebecher, frischer Milchschaum, der über den Rand läuft.

»Hallo?« Sie drückt die Tür vollends auf. Zeitschriften liegen herum, auf dem Display einer modernen Kaffeemaschine flackert ein Warnsymbol. Auch hier kein Mensch. Jetzt muss alles schnell gehen. Zurück im Vorraum wirft sie einen prüfenden Blick in den Flur vor der Scheibe, zieht sich dann einen Schreibtischstuhl heran. Die Patientenakten hängen dicht gedrängt in einem Rollcontainer. Warum sind das so viele? Alle durchblättern ist völlig unmöglich – aber nur so kann sie herausfinden, ob heute tatsächlich eine passende Patientin auf der Station liegt.

Moment! Damals lag sie doch in einem Einzelzimmer, Nummer 312. Vielleicht sollte sie ihre Suche hier beginnen, sich dann die Belegung der umliegenden Zimmer ansehen. Irgendwo existiert sicher ein Belegungsplan. Monika wühlt in den Unterlagen, die in Stapeln auf der Schreibtischplatte liegen, zieht schließlich einen gefalteten Computerausdruck hervor. Sie streicht das Papier glatt, prüft Kalenderwoche und Datum, fährt dann mit dem Zeigefinger die Spalten ab.

312. Anja Bauer.

Monika fischt die Akte aus dem Hängeregister, aber bereits die Basisdaten zeigen: diese Frau kommt nicht in Frage.

Also, das nächste Zimmer. 313. Nein, das passt nicht: ein Dreibettzimmer, komplett belegt.

Inzwischen hat sie das Gefühl, seit Stunden hier zu sitzen.

Ihre Finger sind feucht, und sie spürt den Herzschlag bis unter die Schädeldecke. Jeden Moment können die Pfleger zurückkommen, eine Krankenschwester könnte Lust auf eine Kaffeepause verspüren, oder ein Patient die Notklingel betätigen. Monika beugt sich vor und wirft einen Blick durch die Scheibe. Noch ist alles ruhig.

Zimmer 311, ein Einzelzimmer. In dieser Woche belegt mit Claudia Schubert. Wieder den Namen im Register suchen, die Hängemappe herausziehen, aufblättern. Die Blutgruppe passt. Monika merkt, wie ihre Unterlippe zittert. Sie überfliegt auch die weiteren Seiten, lässt die Akte dann mit einem Seufzer auf ihren Schoß sinken.

Was für ein Wahnsinn. Monika schließt für einen Moment die Augen. Es stimmt also tatsächlich. Die Frau, die heute Morgen mit verstellter Stimme anrief, hatte Recht: Die Werte passen, die Vorgeschichte stimmt, es wird wieder passieren. Das Ganze hat System.

Ein Schatten vor der Scheibe, Monika schreckt hoch. Vor ihr gestikuliert ein Mann im dunklen Wintermantel, beginnt tonlos zu sprechen. Das Glas beschlägt in Höhe seines Mundes. Sie sieht die Sorge in seinem Gesicht, müde Augen, vielleicht ein werdender Vater, der die Nacht nicht geschlafen hat.

Sie erhebt sich vom Schreibtisch, hängt die Akte zurück, öffnet die Glastür des Stationszimmers. In diesem Moment entdeckt sie die kleine Personengruppe, die von der anderen Seite aus der Tiefe des Flures auf sie zukommt. Schwester Nadine, einer der Pfleger und der Arzt, der vorhin durch den Korridor lief. Monika schultert ihre Tasche, drängt sich an dem Mann vorbei und eilt rasch um die Ecke des Gangs.

Zimmer 311. Sie legt ein Ohr an die Tür, hält sich das andere mit einem Finger zu. Nichts. Sie hört nur das Surren der Lüftungsanlage.

Was soll sie sagen, wenn sie das Zimmer betritt? Was – wenn diese Claudia nicht alleine ist, Besuch hat? Feste Besuchszeiten gibt es auf der Station ja schon lange nicht mehr.

Monika atmet tief ein und drückt vorsichtig die Tür auf. Die Patientin in dem Bett scheint fest zu schlafen, sonst hält sich niemand in dem Raum auf. Monika seufzt erleichtert, stellt die Tasche vorsichtig auf dem Boden ab, zieht die Winterjacke aus und setzt sich auf einen der Besucherstühle neben dem Bett.

Draußen hat der Schneefall zugenommen, das helle Bett vor der großen Fensterfront verschmilzt mit dem Weiß dahinter. In der Mitte der Bettdecke ein sanfter Hügel. Wie eine frische Schneewehe in der Landschaft, denkt Monika, lehnt sich für einen Moment zurück und sieht Claudia Schubert beim Atmen zu.

Als sie sich eine Minute später zu der Reisetasche hinunter beugt, hat sie das Gefühl, ihre Bewegungen seien ferngesteuert und gehorchten nicht ihr, sondern einem fremden Geist.

Der Reißverschluss der Segeltuchtasche hakt, ihr Fingernagel reißt ein. Sie flucht leise, tastet mit einer Hand in der halb geöffneten Tasche herum, dann umschließen ihre Finger den gesuchten Gegenstand. Das glatte Metall verströmt noch die Kälte des Wintertages, doch während sie die Hand langsam herauszieht, spürt sie bereits, wie ihre Körperwärme in den Griff der Waffe eindringt und sie zu einem Teil ihres Körpers werden lässt.

Claudia Schubert reißt die Augen auf, als Monika ihr eine Hand auf den Mund legt, die Finger gespreizt. Claudia soll genügend Luft bekommen, aber nicht schreien.

»Bitte hören Sie mir zu«, sagt Monika und versucht trotz der Situation zu lächeln. »Ich muss Sie aus dieser Klinik bekommen. Sie und vor allem Ihr Kind sind hier in Gefahr.«

Monika bemerkt, wie Claudias Blick zu der Waffe in ihrer Hand gleitet, und fügt rasch hinzu: »Eine Signalpistole von unserem Segelboot, nur für den Fall, dass uns jemand vom Personal aufhalten will.«

Claudias Augen wandern hektisch hin und her. Ich muss sie irgendwie beruhigen, denkt Monika, von mir erzählen, von meiner Geschichte. »Ich habe auch hier gelegen, 312, das

Zimmer gegenüber. Das ist jetzt sechs Monate her. Meiner war sicher noch größer«, sagt sie und schaut auf ihren Bauch, der dank täglicher Gymnastik wieder flach und fest ist. Dann beugt sie sich vor, weit vor, so als ob sie Claudia ein Geheimnis anvertrauen wollte. »Das Kind ist bei der Geburt gestorben, das haben sie gesagt. Aber ich wusste, das kann nicht stimmen. Ich habe meine Marie doch schreien gehört! Sie haben mir ein Betäubungsmittel gegeben, trotzdem habe ich es mitbekommen. Alles lief normal, verstehen Sie, die Schwester hat Marie an den Füßen hochgehoben, ihr einen Klaps gegeben. Marie hat ein wenig gezappelt, und dann hat sie geschrien.«

Monika spürt ein leichtes Schwindelgefühl, farbige Schlieren huschen vor ihren Augen vorbei. Die Tablette. Natürlich, die Wirkung lässt jetzt nach. Wie viele Stunden sind vergangen – drei, vier? Sie weiß es nicht, aber sie weiß, dass sich der schützende Kokon jetzt langsam auflösen wird, und damit werden auch die Ängste zurückkommen. Ängste, Schwindelanfälle und wahrscheinlich auch Skrupel. Sie atmet tief durch. »Es ist die seltene Blutgruppe und ein besonderer Gewebe-Index. So war das bei mir, und bei Ihnen ist es auch so. Unsere Kinder sind wertvoll. Wertvoll für andere Kinder, die dringend ein Spenderorgan brauchen und so eine seltene Konstellation haben.«

Monika sucht den Blick von Claudia, nimmt dann langsam die Hand von ihren Lippen.

Claudia reißt den Mund auf, doch sie schreit nicht. Nach einem Moment sagt sie leise: »Sie sind verrückt.«

Monika schüttelt den Kopf. »Ich wollte, ich wäre es. In Ihren Unterlagen habe ich gesehen, Sie waren mehrfach zur Voruntersuchung hier, überwiesen von Ihrem Gynäkologen. Hat Sie das nicht gewundert? Und dann das Einzelzimmer – Sie sind doch Kassenpatientin.«

Claudia sieht sie groß an. »Ja, schon, aber …«

Monika ahnt, was jetzt in Claudias Kopf vor sich geht, wie sich diese Informationen zu einer furchtbaren Wahrheit zusammensetzen. Ein heftiges Zittern durchläuft den Körper der schwangeren Frau. Monika hört sie leise wimmern und streicht ihr mit der freien Hand über die Stirn.

Claudia reagiert heftig, dreht den Kopf zu Seite, versucht sich der Berührung zu entziehen. Monikas Hand folgt der Bewegung, wartet, bis sie ruhiger geworden ist, streicht ihr eine Haarsträhne aus dem Gesicht. »Wir müssen uns jetzt beeilen«, sagt sie schließlich.

»Monika!«

Die Stimme in ihrem Rücken, ein vertrauter Tonfall seit vielen Jahren. Aber jetzt und hier? Falsch, das ist ganz falsch … Er müsste zuhause sein, sie hat sich leise an seinem Arbeitszimmer vorbei geschlichen. Wie kann er wissen, dass sie hier ist?

Sie fährt herum. Johannes steht in der Tür, die Arme ausgebreitet. Er trägt nur eine dünne Baumwolljacke, auf den Schultern tauen Schneekristalle.

Draußen muss mittlerweile ein richtiger Schneesturm toben, überlegt sie, aber das ist jetzt nicht wichtig, nichts ist wichtig, außer ihrem Plan. »Johannes«, sagt sie. »Das ist Frau Schubert, sie haben dasselbe mit ihr vor. Nicht nur in Russland, es passiert auch hier, genau wie sie es in der Sendung berichtet haben. Organhandel mit lebenden Babys.« Dann sprudeln die Worte aus ihrem Mund. Es habe ihr ja nie jemand geglaubt, doch jetzt habe sie die Beweise. Claudia Schubert und sie, das sei einfach kein Zufall. Jetzt verstehe sie auch endlich, warum man ihr geraten habe, ihr angeblich tot geborenes Kind nicht anzusehen.

Monika ist aufgeregt, blickt in das Gesicht von Johannes, das nicht mehr erschreckt, sondern traurig wirkt, sieht, wie er bei ihren Worten langsam den Kopf schüttelt. Sieht es und versucht dagegen an zu reden, macht große Bewegungen mit den Armen, stockt dann plötzlich, weil ihr Blick auf die Waffe in ihrer Hand fällt.

In diesem Moment ist Johannes schon bei ihr, umarmt sie, drückt sie fest an sich und den Arm mit der Waffe langsam nach unten.

»Was machst du nur?« Seine Stimme ist dicht neben ihrem

Ohr, der säuerliche Geruch nach frischem Schweiß in ihrer Nase. Sie redet weiter, spürt den kalten Stoff seiner Jacke an ihrem Mund, der Reißverschluss kratzt an ihrer Lippe. Ihre Worte klingen gedämpft, wie von weit her.

»Was machst du nur.« Johannes wiederholt den Satz, doch diesmal ist der fragende Klang aus seinen Worten verschwunden.

Monika bemerkt plötzlich eine Hand an ihrem linken Arm, fremde Finger, die den Ärmel ihres Pullovers hoch schieben. Sie will ihren Kopf zur Seite drehen, doch Johannes hält sie weiterhin fest gegen seine Brust gepresst. Aus dem Augenwinkel nimmt sie eine weiße Schwesterntracht wahr, spürt kurz darauf kühle Feuchtigkeit in ihrer Armbeuge und dann den Stich.

»Nur zu Beruhigung«, sagt die helle Stimme an ihrer linken Seite.

Rechts flüstert Johannes: »Alles in Ordnung.« Sein Atem kitzelt unangenehm in ihrem Ohr. Fast gleichzeitig beginnt ein seltsames Kribbeln an ihren Fußsohlen, steigt dann in die Unterschenkel hoch. Wenn Johannes sie nicht hielte – sicher würde sie fallen, und während sie das denkt, merkt sie, dass es ihr egal wäre. Sie steht hier, Johannes Arme um sich, ihr ist warm, das taube Gefühl nimmt von ihrem Körper Besitz, und sonst ist nichts mehr wichtig.

»Es tut mir sehr leid«, sagt Johannes, nachdem ein Pfleger die Liege mit der schlafenden Monika aus dem Zimmer geschoben hat, und tritt an das Bett von Claudia. Die klobige Signalpistole steckt er unbeholfen in seinen Hosenbund. Er versucht ein freundliches Lächeln. »Mit Ihnen ist alles in Ordnung?«

Claudia stößt den Atem in ihre Hände aus, die sie seit Minuten vor ihren Mund gepresst hält. Sie nickt erst, schüttelt dann doch den Kopf, löst die Hände langsam von ihrem Gesicht. »Keine Ahnung. Ich …« Ihr Blick wandert die Bettdecke hinunter zu ihrem Bauch.

Johannes räuspert sich. »Das Krankenhaus hat mich angerufen. Eine Schwester hat meine Frau auf der Station gesehen und … Es ist leider nicht zum ersten Mal passiert, aber wir dachten, nach der Therapie wäre sie jetzt so weit stabil. Doch anscheinend …« Johannes zieht die Schultern hoch. »Zwei Jahre ist es her.» Er sucht den Blick von Claudia, versucht ihn festzuhalten. »Monika hatte tatsächlich eine Fehlgeburt, aber bereits im dritten Monat. Hier auf dieser Station, und …« Seine Stimme bricht. Er schluckt mehrmals. »Seitdem hat sie sich in die Vorstellung rein gesteigert, sie hätte ihr Kind bekommen und man hätte es ihr nach der Geburt weggenommen. Und ich – ich wäre auch Teil dieser Verschwörung, hätte unser Kind verkauft. Sie war ein halbes Jahr in stationärer Behandlung, danach ambulant. Es sah wirklich gut aus.« Johannes macht eine Pause, sieht Claudia an. »Frau Schubert, ich weiß, es ist vielleicht etwas viel verlangt, aber … letztlich wäre es wahrscheinlich für alle Seiten am besten … Ich meine, Gott sei Dank ist ja niemand zu Schaden gekommen. Eine Anzeige würde niemandem helfen. Ich glaube, auch das Krankenhaus wäre glücklich …« Johannes lässt den Satz unvollendet, schaut zur Krankenschwester, die die Lippen zusammen presst und erst ihm und danach Claudia zunickt.

»Ich … Ich kann jetzt überhaupt nicht klar denken.« Claudia drückt sich mühsam aus den Kissen hoch.

»Natürlich«, sagt Johannes mit einem verständnisvollen Nicken. »Sie brauchen zunächst einmal Ruhe. Entschuldigung, wie ungeschickt von mir. Ich werde jetzt gehen und mich um Monika kümmern.«

Als Johannes und die Krankenschwester das Zimmer verlassen haben, lässt sich Claudia mit einem Seufzer in die Kissen sinken, schreckt aber sofort wieder hoch. Lautes Gemurmel auf dem Flur. Die Stimme der Krankenschwester, doch da ist noch eine andere Stimme, eine Stimme, die sie kennt. Sie lauscht angestrengt, hört ihren Namen, und in diesem Moment taucht Martin bereits in der Tür auf.

»Claudia, meine Güte …« Mit wenigen Schritten ist er bei ihr, beugt sich über sie, küsst ihre Stirn, ihre Lippen, nimmt ihr Gesicht zwischen seine Hände. Sein Blick streift über ihren Bauch, er lässt eine Hand unter der Bettdecke wandern, streichelt vorsichtig über die gespannte Haut in ihrer Körpermitte. Nach einigen Sekunden ist sein Blick wieder über ihrem Gesicht. Sorgenvoll und fragend.

Und dann ganz plötzlich strömen die Worte über ihre Lippen. Unvollständige Sätze, unterbrochen von Schluchzern. Ihre Stimme kippt, sie hustet, tastet immer wieder mit einer Hand über ihren prallen Bauch, während sie mit der anderen das Gesagte unterstreicht.

»Und dann, dann hörte ich plötzlich deine Stimme. Erst als du im Zimmer standst, Martin, da wusste ich – jetzt – jetzt ist es vorbei.« Claudia atmet tief ein, ihre Stimme wirkt gefasster. »Bitte, Martin, bring mich weg von hier. Diese Frau hat nur fantasiert – trotzdem, ich bleibe keine fünf Minuten mehr in dieser Klinik.«

Martin streichelt sanft ihre Wange, haucht ihr einen Kuss auf die Stirn und richtet sich auf. »Das habe ich befürchtet, mein Schatz.«

»Was?« Sie sieht ihn verständnislos an. »Wie meinst du das?«

»Es tut mir leid«, sagt er, macht zwei Schritte rückwärts, blickt sich zur offen stehenden Zimmertür um und nickt kurz mit dem Kopf.

Die Krankenschwester, die in das Zimmer eilt und mit wenigen Schritten an Claudias Bett steht, scheint nur auf dieses Zeichen gewartet zu haben.

Claudia sieht die Handbewegung der Krankenschwester, spürt in derselben Sekunde den Zellstoff auf Mund und Nase, und während sie für einen Schrei Luft holt, merkt sie bereits die Wirkung des Mittels, das in ihre Lunge eindringt. Ganz schwach nimmt sie noch die Stimme von Martin wahr, der in ihr Ohr flüstert: »Du weißt, wie es um unsere finanzielle Situation bestellt ist. Das Kind wird keine Schmerzen haben. Sie haben es versprochen, verstehst du, Claudia? Sie haben es mir versprochen.«

Prinzenrache

Regine Kölpin

Mütter sind etwas Einzigartiges. Geboren, um für andere da zu sein, geboren, um alles zu lieben, was um sie herum gedeiht. Außer sich selbst natürlich. Die Energien einer wirklichen Mutter sind einzig darauf gepolt, sich für andere aufzuopfern. Sich selbst zu lieben, das wäre Verrat an der gesamten Spezies.

Bevor eine Frau zur Mutter wird, darf sie selbstverständlich attraktiv sein. Nicht zu sehr, das ist klar. Ihre eigene Meinung sollte sie ebenfalls zurückstellen, und es ist bestimmt von Vorteil, sie legt kein zu großes Selbstbewusstsein an den Tag. Das Beschützergefühl des Mannes muss unbedingt gewahrt bleiben.

Schließlich ist es doch nur eine Frage der Zeit, bis der Moment kommt, in dem sie diesen Stab in der Hand hält. Der, der zwei rosafarbige Streifen ausweist, die ihr sagen: In mir wächst etwas.

Gleichzeitig mit dem inneren Wachstum schrumpft das Liebesgefühl zu sich selbst. Nichts ist mehr so wichtig wie die bedingungslose Liebe zu dem Wesen, das täglich mehr Raum beansprucht. Nicht nur in ihrem Bauch, der das in aller Deutlichkeit zeigt, sondern auch in ihrem Denken, Fühlen und Handeln. Parallel dazu entwickelt sich auch das Kümmerbedürfnis für den Ehemann, für die Eltern, Tanten, Onkel, Cousins, Großeltern, Nachbarkinder, den Hund von nebenan, die zugelaufene Katze und das verletzte Wildkaninchen. Es gipfelt letztlich in der großen Verantwortung, die sie selbst der Ameise auf der Terrasse entgegenbringt. Diese Wandlung ist im Normalfall nicht aufzuhalten und entspricht der Natur.

Dachte ich. Für mich war es unvorstellbar, dass sich an dieser Gesetzmäßigkeit etwas ändern würde. Was gibt es Schöneres als die Metamorphose einer Frau in das Wesen, das sich nahtlos in die jeweilige Küchenzeile integriert, das sich in Wäschebergen zu Hause fühlt und jedes Familienmitglied mit einem seligen

Lächeln im Gesicht erwartet?

Eines Morgens aber begann mein Weltbild zu wackeln. Als ich die Augen öffnete, setzte mein Herz für ungefähr drei Schläge aus: Meine Mutter trug nämlich keine Jeans, kein verwaschenes Oberteil mehr. Sie hatte einen kurzen Rock an. Perlonstrümpfe. Pumps mit Absatz.

Über ihre Lippen flossen mit einer Selbstverständlichkeit sondergleichen die Worte: »Ich muss zur Arbeit, Gregor. Du musst dir deine Brote selbst schmieren! Und auch sonst kannst du dich nützlich machen.«

Ich setzte mich aufrecht hin. Wehret den Anfängen, schoss es mir durch den Kopf, und dass ich wirklich nicht gewillt war, auch nur das Mindeste in diesem Haushalt zu tun.

Horrorbilder zogen an meinem inneren Auge vorbei. Ich sah mich mit dem Staubsauger in der Hand. Dann ertappte ich mich beim Abwasch, beim Bettenmachen, beim Bügeln …

Ich trat in den Prinzenstreik. Die mir aufgetragenen Arbeiten ignorierte ich, wartete einfach, bis meine Mutter sie doch am Ende selbst machte. Als Strafe stellte sie unser kulinarisches Miteinander ein. Kurz: Ich bekam nichts mehr zu essen.

Ich musste handeln.

Wirklich handeln und es gab nur einen Weg. Den endgültigen, den unumkehrbaren …

Haben Sie schon mal versucht, Ihre Mutter ...?

Ich auch nicht, aber was sein musste, musste sein. Ich habe nächtelang darüber nachgedacht, wie ich es anstellen soll. Das ist wirklich nichts, was man spontan in die Tat umsetzen kann.

Dann schließlich war ich so weit. Ich hatte alles gelesen, was mir für meine Tat notwendig erschien. Ich würde es durchziehen: Mit allen Konsequenzen. So schwer es mir auch fiel. Es gab kein Zurück.

Als meine Mutter eines Abends spät von der Arbeit kam, hatte ich - Kartoffeln gekocht, zwei Koteletts gebraten, Gurkensalat angerichtet und zum Nachtisch einen Traum aus Himbeersahne kreiert.

Sonderkommission Rehauge

Anne Grießer

Es ist wahr. Beim zweiten Mal ist es einfacher.

Du kennst dich aus. Du weißt, worauf es ankommt. Du lässt dich nicht mehr überraschen von ihren spontanen Reaktionen. Du bist kühl und abgebrüht. Fast schon ein Profi.

Nicht, dass es dir Spaß macht. Das nicht. Man hört immer wieder, dass es welche gibt, denen es Spaß macht. - Dir nicht. Es muss sein, muss sein. Sie wollen dir etwas wegnehmen, etwas, worauf es ankommt. Das Kostbarste deines Lebens. Das Glück wollen sie dir rauben, das kannst du doch nicht zulassen?

Sie müssen weg. Deshalb bleibt dir keine andere Wahl, als das zu tun, was du tust. Du schaust sie ein letztes Mal an. Siehst die Angst in ihren Augen. Warum hat sie es nicht früher begriffen? Warum hat sie nicht die Finger von deinem Leben gelassen?

Jetzt ist es zu spät.

Du nimmst deine Kraft zusammen, alles ist vorbereitet. Du hörst, wie das Fleisch schmatzt, als du das Messer hineintreibst. Das Geräusch ist nicht schön. Aber das Ergebnis ist gut.

Es ist gut.

Im November hielt die Stadt den Atem an. Zum ersten Mal wurde das Wort *Serienmörder* geflüstert. Ganz leise zunächst. Sind zwei Morde an brünetten, rehäugigen Mädchen innerhalb eines halben Jahres schon eine Serie?

Bei der Polizei haben sie dazu eine eigene Meinung, die von der Meinung der Presse gehörig abweicht. Das Wort *Serienmörder* ist bei ihnen nicht üblich, es stammt aus amerikanischen Kinofilmen. Sie sprechen von einem Wiederholungsdelikt.

Mit den Ermittlungsarbeiten wurde Clara Bonetti beauftragt. Eine Frau. Ausgerechnet eine Frau! Eine Mutter noch dazu.

Clara Bonetti hatte sich bewährt. Sie arbeitete akribischer als ihre männlichen Kollegen, verbissen manchmal. Sie war nicht besonders beliebt, gerade wegen ihrer Verbissenheit und ihrer Liebe zum Detail. Und natürlich spielte auch der Neid eine Rolle. Sie war erfolgreich mit ihrer Verbissenheit, und auch wenn sie doppelt so viel leisten musste wie ihre Kollegen, trugen die Anstrengungen doch langsam Früchte. Man munkelte, sie sei als zukünftige Polizeidirektorin im Gespräch. Im Gespräch nur, aber immerhin!

»Ich werde wenig Zeit für dich haben, solange der Kerl frei herumläuft«, erklärte sie ihrer 16-jährigen Tochter Paula, die sie ohne Hilfe des Vaters großgezogen hatte. »Es geht mir nicht um den beruflichen Erfolg, das weißt du, Schätzchen.«

Ihre Tochter verdrehte die Augen. Sie hasste es, wenn die Mutter sie *Schätzchen* nannte.

»Ich schwöre es dir, Paula: Ich werde den Kerl kriegen. Ich werde keine Ruhe geben, bis ich ihn habe. Ich schwöre es.«

Paula kannte das. Eine schwierige Zeit stand ihr bevor.

»Wohin gehst du?«, fragte Clara, als Paula wortlos ihre Jacke anzog und die Wohnungstür öffnete.

»Fort«, sagte Paula kurz angebunden, und in einem seltenen Anflug von Ironie: »Draußen spielen.«

Clara blickte ihr hinterher. Mein Gott, sie war so jung. So unverfälscht. Ein Kind noch beinahe. Braunhaarig. Rehäugig.

Kalt lief es ihr den Rücken hinunter.

Die Ermittlungen der Sonderkommission schleppten sich dahin.

»Es gibt kein Muster, keinen Hinweis!«

Übermüdet und frustriert teilte Clara am Frühstückstisch ihre nicht vorhandenen Erkenntnisse der Tochter mit. »Nichts passt zusammen. Auch der Profiler hat noch kein Ergebnis.«

»Lass mich in Ruhe damit. Du weißt, was ich von deiner Arbeit halte.«

Ja, Clara wusste es. Ihre Tochter fühlte sich vernachlässigt, wenn sie an einem Fall dran war. Und gleichzeitig überbehütet. Clara konnte es jetzt kaum ertragen, wenn Paula das Haus verließ. Die Angst klammerte sich wie ein Blutegel in ihr Gedärm und würde nicht locker lassen, bis die Bestie gefasst wäre. Mit jedem Mal wurde das Lockerlassen schwerer. Je älter Paula wurde, desto tiefer saß die Angst. Clara brauchte Fortschritte. Für ihren Vorgesetzten und vor allem für sich selbst.

»Beim ersten Mord haben wir lange an einen Unfall geglaubt«, erklärte sie. »Das Mädchen ist nachts in einem Badesee ertrunken.« Anfang August, als eine Schönwetterperiode die Stadt mit Hitze übergoss. Es gab keine Zeichen für eine Fremdeinwirkung. Warum stirbt eine 15-Jährige beim Schwimmen? Alleine hatte sie vermutlich nicht im Mondschein gebadet. Ein Krampf vielleicht? Ein angeborener Herzfehler, wie bei Paula? Nichts Schlimmes – zumindest solange man keinen Schock erlitt. Vielleicht nur ein unglückliches Zusammenspielen widriger Umstände?

Dann hatten die Rechtsmediziner doch noch Blessuren entdeckt, die darauf hindeuteten, dass jemand das Mädchen gewaltsam unter Wasser gedrückt hatte.

Beim zweiten Mal gab es keine Zweifel. Der Kerl hatte das Mädchen erstochen. Wieder im Freien, wieder bei Nacht. Von dem Messer keine Spur.

»Mama! Ich will das nicht hören!« Paula hielt sich demonstrativ die Ohren zu.

»Und deshalb«, schloss Clara, »möchte ich nicht, dass du in der Dunkelheit das Haus verlässt. Verstanden?«

»Du kannst mich mal«, nuschelte Paula - so leise, dass Clara nicht darauf reagieren musste, weil sie so tun konnte, als habe sie es nicht gehört.

Du willst nicht. Nicht heute. Es ist kalt, der Atem hinterlässt eine lange, weiße Fahne in der Nacht. Im Fernsehen läuft ein Western, und selbst wenn heute kein Mensch mehr Western schaut, du magst sie. Wie gerne würdest du jetzt im warmen Wohnzimmer sitzen, statt durch die dunkle Nacht zu stapfen.

Doch es muss sein, muss sein.

Du wunderst dich über den Leichtsinn des Mädchens. Wie kann man nur so naiv sein? Fast überkommt dich eine Regung des Mitleids, doch dann plappert sie wieder drauf los, sagt all die Dinge, die du befürchtet hast, die du nicht hören willst, sie macht dir Angst, lässt dich rot sehen. Sie will dir das Herz stehlen, sie ist ein Luder, wie die anderen beiden auch!

Aber du hast dich im Griff. Du darfst es nicht vermasseln. Es soll ohne Blutvergießen über die Bühne gehen, beim letzten Mal hat es zu lange gedauert, bis du das Messer gesäubert und deine Kleider entsorgt hast. Wie leicht hätte dich jemand dabei beobachten können. Du wirst professioneller. Diesmal hast du dir sogar ein Alibi besorgt.

Jetzt brauchst du nur noch ein wenig Geduld. Sie ahnt nichts. Du kannst die Stelle schon sehen, die du dir ausgesucht hast. Ihre Augen blicken noch immer voller Urvertrauen in die Welt. Wenn das Verstehen ihren Blick trüben wird, bist du längst weg.

Da! Es ist so weit. Du hast den steilen Abgrund erreicht. Es ist so weit.

Gegen Mitternacht wurde Clara Bonetti aus dem Schlaf geklingelt. Ein später Jogger hatte die Mädchenleiche am Fuße des Steinbruchs entdeckt. Das Schuldgefühl brannte in ihr, als sei sie selbst die Täterin. Sie hatte es nicht verhindert. Sie hatte versagt.

Bevor sie das Haus verließ, warf sie einen routinemäßigen Blick in das Schlafzimmer ihrer Tochter. Und erstarrte. Das Bett war leer, Paulas Lieblingsjeans und die Winterstiefel fehlten.

Wie schaffte sie es bis zum Steinbruch? Fuhr das Auto von alleine? *Lass es nicht Paula sein*, murmelte sie vor sich hin. *Bitte, lass es nicht Paula sein!* Der Satz wurde zum Endloswurm, er ließ sich nicht abschneiden, nicht einmal kürzen, er entwickelte ein Eigenleben.

Das Opfer war von der oberen Kante heruntergestürzt. Ihr Genick und mehrere Rippen waren gebrochen, der Körper lag verdreht und geschunden auf dem steinigen Grund, die Augen weit aufgerissen. Ein schrecklicher Tod, aber ein schneller Tod.

Es war nicht Paula.

»Mit einem Freund in der Kneipe!«, gestand ihre Tochter am nächsten Morgen trotzig. »Ich bin sechzehn! Fast erwachsen!«

»Und schrecklich naiv.« Clara wusste nicht, ob sie ihr Kind in die Arme nehmen oder ohrfeigen sollte. »Kenne ich diesen Freund?«

»Er heißt Lukas. Und er ist sehr nett. Nein, du kennst ihn nicht.«

»Warum musstet ihr euch so spät treffen?«

»Er hat bis zehn Uhr gearbeitet. Er ist schon achtzehn.«

»Was arbeitet man um diese Zeit?«

»Lukas ist Kartenabreißer im Kino.«

»Weißt du das genau?«

»Warum sollte er mich denn anlügen?«

»Ich möchte ihn kennen lernen.«

»Mama! Bitte!«

Am nächsten Tag lag endlich das Gutachten des Profilers vor. »Wir suchen vermutlich einen sehr jungen Täter«, erklärte der Experte. »Denn seine Opfer sind ebenfalls ungewöhnlich jung. Die Taten folgen keinem erkennbaren Ritual. Die Wahl der Tatorte – ein See, eine idyllische Waldlichtung – lässt darauf schließen, dass er ein Romantiker ist. Wahrscheinlich sieht er gut aus, die Mädchenherzen fliegen ihm zu. Er wirkt sympathisch, vielleicht ein wenig schüchtern und verletzlich, sonst würden sie sich nicht so bereitwillig mit ihm treffen.

Ich schätze, wir suchen einen jungen Mann, der entweder noch zur Schule geht oder in einem Beruf arbeitet, der seiner romantischen Neigung entspricht. Vielleicht studiert er Literatur?

Er glaubt sich zu hundert Prozent im Recht, wenn er seine Opfer tötet, deshalb unternimmt er nichts, um die Taten zu beschönigen. Seine Motive sind für ihn selbst so logisch, dass er sie nicht rechtfertigen oder der Öffentlichkeit erklären muss.

Da er seine Opfer immer im Freien trifft, wohnt er vielleicht noch zu Hause oder in einer Wohngemeinschaft. Er ist auf jeden Fall kräftig - sonst hätte er das erste Mädchen nicht so problemlos unter Wasser drücken können.«

»Viel ist das nicht«, fasste Clara zusammen. »Wie finden wir ihn?« Alles andere war uninteressant für sie.

Der Profiler lächelte. »Das ist Ihre Aufgabe«, sagte er und klappte seine Akten zu.

Sie schaut dich irritiert an. Kurz sieht es so aus, als wolle sie weglaufen.

Du lachst leise in dich hinein. Natürlich, sie hat etwas anderes erwartet. Aber dann hakst du sie freundlich unter, lächelst, bittest um Entschuldigung und spürst, wie sie sich entspannt. Sie lächelt zurück und stimmt zu, als du ihr einen kleinen Spaziergang vorschlägst. Nur, um ein bisschen zu reden.

Sie ist nicht so naiv wie die anderen. Aber es ist heller Tag, dein Plan erfordert diesmal keine Dunkelheit. Ihr Argwohn löst sich in Nichts auf.

Während sie über das Wetter spricht, über den ungewöhnlich kalten Herbst, tastest du sicherheitshalber in der Jackentasche nach den präparierten Keksen. Du weißt, sie wird einen nehmen. Du wirst darauf bestehen, und sie ist zu höflich, um abzulehnen. Ein einziger wird genügen, das Gift ist üppig dosiert.

Die Bank, die du ausgewählt hast, taucht vor euch auf. Niemand ist in der Nähe, es ist eigentlich viel zu kalt zum Spazierengehen und Auf-Bänken-Sitzen. Du täuschst einen verstauchten Knöchel vor, und sie ist ganz besorgt, nötigt dich geradezu, ein wenig auszuruhen.

Als ihr sitzt, stellst du ihr die wesentlichen Fragen. Es muss sein.

Du glaubst die Antworten schon zu kennen, hältst die Kekse bereits in der Hand, öffnest den Mund, um ihr einen anzubieten, da fängt sie an zu erzählen. Sie redet von Selbstbestimmung, Unabhängigkeit, von den Abenteuern, die sie erleben will. Sie erzählt dir, dass sie im Februar zum Studieren in die USA gehen wird.

Dass dort ihr Leben erst so richtig beginnt.

Langsam lässt du die Kekse zurück in die Tasche gleiten. Das Mädchen hat Glück gehabt. Glück gehabt.

Der letzte Mord lag nun schon einige Wochen zurück, aber Clara Bonetti entspannte sich nicht. Der Klammergriff ihrer Angst verstärkte sich eher noch, die trügerische Stille zehrte an ihren Nerven, sie ahnte, dass der Kerl nur Luft holte, bevor er ein neues Opfer auserkor.

Fast täglich stritt sie sich mit ihrer Tochter.

»Was ist so schlimm daran, wenn ich deinen Freund kennen lernen möchte?«

»Nicht *mein* Freund. *Ein* Freund! Es ist oberpeinlich!«

»Warum? Du kannst ihn doch einfach zum Abendessen einladen!«

»Nein!«

Clara Bonetti war hartnäckig. »Oder soll ich ihn selbst im Kino besuchen? Ihn einladen? Was meinst du, Schätzchen?«

Dieses Argument hatte schließlich Erfolg. Lukas kam, aß mit ihnen und Clara beruhigte sich. Ein netter Junge. Still, besonnen, fast ein wenig schüchtern. Er interessierte sich für Filme, wollte nach dem Abi an der Medienhochschule studieren. Wenn er Paula ansah, wurde sein Blick warm und glänzend. Clara erkannte deutlich, dass ihre Tochter ihm gefiel.

»Wir würden uns gerne revanchieren«, sagte er zum Abschied und strahlte Paula an. »Meine Mutter möchte dich kennen lernen.«

Paula errötete und Clara wandte sich schnell ab, um ihr Grinsen zu verbergen.

Einige Tage später nahm sie das Gutachten des Profilers erneut zur Hand. Wie glaubwürdig war es? Konnte sie sich auf die Angaben des Psychologen verlassen?

Ihre legendäre Verbissenheit ließ sie den Text wieder und wieder lesen. Es konnte doch nicht möglich sein, dass sie ausgerechnet beim wichtigsten, beim persönlichsten Fall ihrer Laufbahn versagte? Sie war es Paula schuldig, den Kerl zu finden!

Sie las das Gutachten noch einmal und ... Lukas schob sich vor ihr geistiges Auge. War es nicht zu hundert Prozent Lukas, der hier beschrieben wurde?

Sie fasste sich an den Kopf und stöhnte. Ist sie blind geworden? Hat sie die Wahrheit verdrängt? Wenn der Psychologe recht hat, ist Lukas der perfekte Rehaugen-Mörder.

Hektisch kramte Clara in ihren Unterlagen. Ihre Kollegen hatten auf ihre Anweisung hin die Kontakte der Opfer akribisch überprüft. Alle drei Mädchen waren beliebt gewesen, pflegten viele Freunde und Bekanntschaften. Alle drei hatten sich in diversen Internetforen und Chats getummelt, kannten auf diesem Weg die halbe Stadt. Es gab Überschneidungen, Namen, die bei allen drei Opfern auftauchten. Clara hielt die Luft an und starrte auf die Liste.

Ja, Lukas war dabei.

Hatten die Kollegen ihn überprüft?

Nein, erfuhr sie. Der Kontakt zu den Opfern war in allen drei Fällen schon einige Zeit vor dem Mord wieder abgebrochen worden. Da die Mädchen im Internet nicht ihre echten Namen benutzt hatten, wusste Lukas vielleicht gar nicht, dass er mit drei Mordopfern gechattet hatte.

Verdammt, dachte Clara. Um solche Details musste man sich selbst kümmern! Ein derart schwerwiegender Fehler wäre ihr früher nicht passiert.

Und Paula? Mein Gott! Paula ist eben jetzt bei Lukas zum Mittagessen eingeladen!

Clara rast durch die Stadt, nach Hause. Sie rennt zum Computer ihrer Tochter. Ja, auch Paula hat den Kontakt zu Lukas über das Internet aufgenommen.

Schnell, schnell! Sie kann jetzt nicht erst auf ihre Kollegen warten. Sie gibt eine kurze Nachricht in die Einsatzzentrale, hofft, dass sie sich verständlich ausdrückt. Dann nimmt sie ihre Dienstpistole und fährt zu der Adresse, die sie im Notizbuch ihrer Tochter neben dem Namen Lukas gefunden hat. Ruhig Blut, sagt sie sich. Er wird es wohl kaum tun, solange seine Mutter dabei ist.

Du hast die Kekse in einer Tupperschüssel frisch gehalten. Es war dir von vornherein klar, dass du sie noch einmal brauchen würdest. Nun ist ein neues Luder aufgetaucht. Schlimmer als alle anderen! Du hast sie übersehen, wie konnte das nur passieren? Du hast regelmäßig alle Mails kontrolliert, aber sie ist dir offenbar entgangen. Nun ist sie dir so nahe gekommen wie keine andere vorher. Für sie wird es kein Entrinnen geben. Kein Entrinnen.

Du lässt die Kekse in deine Jackentasche gleiten, und da läutet es auch schon an der Tür. Es ist nicht gut, dass sie zu dir nach Hause kommt. Nicht gut. Jemand könnte sie sehen. Du hast jedoch keine andere Wahl. Du legst ein mechanisches Lachen auf und öffnest ihr.

Sie sieht genauso aus wie die anderen. Sie streckt dir die Hand entgegen und stellt sich vor. »Paula«, sagt sie. »Ich heiße Paula. Wo ist Lukas?« - »Er hat angerufen«, sagst du. »Kommt eine halbe Stunde später. Möchtest du einen kleinen Spaziergang mit mir machen? Am Fluss ist es besonders schön, wenn die Sonne auf dem Eis glitzert.«

Sie nickt und kommt mit. So arglos. Und doch so gefährlich. Du hakst dich bei ihr unter, wie bei der anderen. Aber es fällt dir schwer. Du weißt, dass diese hier ihr Werk schon begonnen hat. Sie hat ihn dir schon fast weggenommen, hat ein Stück von seinem Herzen gestohlen, hat dich bereits grausam verstümmelt.

Du stellst ihr die Fragen, und sie stutzt. »Wir kennen uns ja kaum«, sagt sie. »Für eine feste Beziehung ist es noch viel zu früh.« Sie will dich blenden, dich in Sicherheit wiegen, aber du fällst nicht darauf herein. Fällst nicht.

»Aber ja«, schiebt sie hinterher. »Ich habe ihn schon sehr gerne.« Das Luder errötet, wie kann man nur so frech sein?

Du spürst, wie der Hass dich überschwemmt. Du hast genug gehört. Genug. »Möchtest du einen Keks?«, fragst du so freundlich, wie es dir möglich ist, und streckst ihr die ganze Tupperschüssel hin. »Einen Keks?«

Noch bevor Clara das Haus erreicht, in dem Lukas wohnt, sieht sie Paula mit einer älteren Frau am gegenüberliegenden Flussufer stehen. Die Frau streckt ihrer Tochter eine Keksdose entgegen, aber Paula schüttelt den Kopf, will nichts nehmen. Das Eis am Ufer glitzert in der Sonne.

Im ersten Moment will Clara aufatmen, aber irgendetwas stört das Bild. Es sollte idyllisch sein, ruhig, entspannt. Doch die Gesichtszüge der Frau sind merkwürdig verzerrt. Sie hält Paula erneut die Keksdose unter die Nase, bemüht sich zu lächeln, es gelingt ihr nicht recht. Dann packt sie Paula mit einem Mal am Handgelenk, will sie wegziehen.

Clara weiß nicht genau, was es ist, aber plötzlich klingeln alle Alarmglocken in ihrem Mutter- und Polizistinnenkopf. Hier stimmt etwas nicht. Was hat die Alte vor?

Dann sieht sie, dass Lukas den Weg entlang gerannt kommt. Er gestikuliert und ruft seiner Mutter etwas zu. Greift nach Paulas Arm, reißt sie an sich. Die Keksdose fliegt bei dem Gerangel in hohem Bogen in den Fluss. Lukas hält Paula fest umklammert, zerrt sie zum Wasser. Oh Gott. Will er sie in den Fluss …? In den eisigen Fluss? Weiß er von ihrem Herzfehler? Der Kälteschock könnte sie …

Lukas muss völlig von der Rolle sein. Wie der Profiler es vorausgesagt hat. Warum unternimmt seine Mutter nichts? Warum schaut sie ihn nur mit großen Augen an?

Sie kann ihre Hand nicht gegen den eigenen Sohn erheben, erkennt Clara plötzlich mit eisiger Schärfe. Kann es nicht. Automatisch greift sie zu ihrer Dienstwaffe.

»Hallo?«, ruft sie. »Alles in Ordnung?«

In Ordnung? In Ordnung?

Nichts ist in Ordnung! Warum will das Luder den Keks nicht essen? Warum starrt sie dich plötzlich so ängstlich und abweisend an? Hat sie es endlich kapiert? Hat sie verstanden, dass sie Lukas niemals haben kann? Keine dieser blöden Schnepfen kann Lukas haben! Er hat doch dich, was braucht er da andere? Braucht er nicht.

Du packst das Luder am Handgelenk, willst sie in den Fluss stoßen. Wenn sie den Keks nicht isst, muss sie eben ertrinken, wie die erste. Ertrinken.

Du erschrickst, als dein Sohn aus dem Nichts auftaucht. Was will er hier? Er darf das nicht sehen, darf nicht! Er befreit das Luder aus deinem Griff, wirft dir einen merkwürdigen Blick zu, einen Blick, in dem du Zweifel, Angst und dann ein plötzliches Begreifen lesen kannst. Du schaust ihn an, legst ihm deine Liebe zu Füßen, deine ganze Liebe, alles, was du in dir trägst, gehört ihm - er weiß es, er muss es wissen, und dann …

Er schüttelt den Kopf, immer wieder, zerrt das Luder weg von dir, aus deiner Reichweite, noch weiter weg, zum Fluss hin, er greift in seine Jackentasche …

Claras Schuss trifft mitten ins Herz. Sie hat gar nicht erst auf die Beine gezielt. Wie eine Löwin hat sie das Leben ihrer Tochter verteidigt. Die *Bestie* muss sterben, sterben muss sie!

Die Stadt atmete auf, als der Serientäter tot war. So jung! Was wohl in seinem Kopf vorgegangen ist? Alle, die ihn kannten, haben ihn als freundlich, still und ein wenig schüchtern beschrieben.

Seine Mutter muss es geahnt haben. Wollte sie Paula warnen? Hat sie deshalb diesen Spaziergang mit dem Mädchen unternommen? - Man konnte sie nicht mehr fragen. Nach dem Tod ihres Sohnes gab sie kein einziges Wort mehr von sich, sie wird die Psychiatrie wohl nicht mehr verlassen.

Die Soko Rehauge wurde aufgelöst, und zwei Jahren später beförderte man Clara Bonetti zur Polizeidirektorin.

Der Märtyrer

Helga Murauer

»Hamid sagt, es fehlen zehn Scheine!«

»Zehn was?«

»Zehn Scheine! Zehn Geldscheine!« Mansurs Flüstern schwoll zu einem drohenden Zischen an.

»Wieso Geldscheine? Es sollten doch geheime Dokumente für den Präsidenten sein! Wie kommst du jetzt auf Geld?! Wessen Geld?« Selim schrie fast. Die Angst machte seine Stimme schrill.

»Psst! Sprich leise ... es könnte jemand mithören!« Mansur sah prüfend auf das Haus, ohne Khadija zu sehen, die hinter dem halb offenen Fenster im dunklen Zimmer stand. »Das darf ich dir nicht sagen. Es waren diesmal 20 500-Euro-Scheine dabei. Davon fehlen zehn! Das macht 5000 Euro oder 25.000 neue Schekel!«

Selim war ein wenig zurückgewichen und stand jetzt im matten Lichtkegel des Hauseingangs. Wie schmächtig er gegen Mansur wirkte!

Vor ein paar Monaten, als die Israelis die Grenze wieder aufgemacht hatten und Selim wie früher drüben in Ashkelon als Taxifahrer arbeiten konnte, hatte ihn Mansur gefragt, ob er jetzt nicht auch der gemeinsamen Sache dienen wollte. Wie Selims Vater, der vor einem Jahr von einer israelischen Drohne getötet worden war, und sein Bruder Abdallah, den die Israelis drüben eingesperrt hatten.

Selim hatte sich immer von der Politik fern gehalten. Er war kein Kämpfer. Khadija hätte schwören können, dass ihr Selim während beider Intifadas keinen einzigen Stein geworfen hatte. Wenn er nicht drüben arbeiten konnte, spielte er stundenlang auf dem Oud, las die Gedichte des großen Mahmoud Derwish oder saß am Strand und schaute den Wellen zu. Seine Arbeit verdankte Selim Mansur, der ihn beim Taxiunternehmen in

Ashkelon eingeführt hatte. Mansur fuhr jetzt einen wichtigen Politiker, Hadj Ibrahim, und seither ging es ihm und seiner Familie prächtig!

Khadija wusste von dem Geld, vielleicht wusste auch Selim davon. Es klebte fast unauffindbar zwischen Zeitungsblättern oder den Seiten eines Buches oder war eingenäht, einmal im Futter einer Jacke, ein anderes Mal in einem Hosenbund oder einem Jackenkragen. Sie hatte es zufällig entdeckt, als sie eine Jacke ausbürstete, die Mansur für Selim vorbeigebracht hatte. Hatte Selim Angst, wenn er damit über die Grenze ging? Die Sorge um ihn zernagte sie.

Die Grenze! Abgeriegelt und schwer bewacht trennte sie die Wohlhabenden von den Armen, die Freien von den Gefangenen. Aber was war denn die Grenze? Ein Strich, den sie einfach mitten durch das Land gezogen hatten, durch die Dörfer, durch das Leben der Menschen, die in ein paar armseligen Flüchtlingslagern eingepfercht leben mussten! Und die Politiker, die mit dem Elend ihres Volkes hausieren gingen, um sich an der Macht halten zu können! Natürlich war das Geld von Mansurs Brotgeber, diesem scheinheiligen Hadj Ibrahim, der sich einen Notgroschen schaffen musste, solange die Spendengelder flossen!

»Dann hat eben dieser Hamid die Scheine genommen!« Selim versuchte, sich zur Wehr zu setzen.

»Hamid, nein, er kommt nicht in Frage! Und selbst wenn, gegen ihn kommen wir nicht an, er ist zu mächtig!«

Bestimmt also ein Rädelsführer einer der mächtigen Geheimorganisationen, die den Frieden bekämpften wie den Satan.

»Hadj Ibrahim sagt, das Geld muss her! Er gibt uns zwei Tage, dann zeigt er uns an. Er sagt, wir hätten für Israel spioniert ...«

Khadija hielt sich die Hand vor den Mund. Beinahe wäre ihr ein Schreckensschrei entschlüpft. Selim ein Spion?! Darauf stand die Todesstrafe. Und selbst wenn Selim und Mansur unschuldig waren wie zwei neu geborene Lämmer, Beweise und willige Zeugen fanden sich immer.

»Ich habe das Geld nicht! Ich schwöre es beim Propheten - das Licht sei auf ihm! Ich habe es nicht gestohlen! Woher soll ich 5000 Euro nehmen? Da kann ich mich gleich umbringen!«

Mansur schwieg und ging vor dem Haus auf und ab. Plötzlich blieb er vor Selim stehen.

»Eine Lösung gäbe es schon. Wir werden Märtyrer! Unsere Familien bekommen viel Geld und können die 5000 Euro zurückzahlen. Und obendrein werden sie von allen geachtet und geehrt!«

Khadija hielt sich am Fenster fest. Nein, nein! Sie hätte beinahe geschrien. Nie würde sie zulassen, dass Selim sich in die Luft sprengt, sein junger Körper grauenhaft zerfetzt, in tausend Stücke gerissen, vermengt mit den zerrissenen Körpern der israelischen Soldaten, dass man ihn nicht einmal beerdigen konnte! Er durfte nicht sterben! Sie hatte nur mehr ihn. Er durfte kein Märtyrer werden! Er war gerade erst zwanzig – sein Leben war die Musik, die Poesie, vielleicht auch die Liebe – warum konnten sie ihn nicht in Frieden lassen?!

Zuerst hatten sie ihn gezwungen, das Geld hinüber zu schmuggeln, und jetzt erpressten sie ihn damit und zwangen ihn zu sterben, noch bevor er das Leben richtig gekostet hatte.

So also fanden sie ihre Märtyrer!

Khadija wischte sich die Tränen von den Wangen. Eine namenlose Wut stieg in ihr auf.

Mansur umarmte Selim. »Es wird alles gut, du wirst sehen!«

»Inshallah!« Verzweiflung und Angst machten Selims Stimme brüchig.

Mansur nickte. »Inshalla!«

Die Haustüre öffnete sich, und Khadija schlüpfte zurück in die Küche.

Es war tiefe Nacht, als Mansur leise an Selims Fenster klopfte.

Khadija lag noch wach. Im Bett neben ihr schlief Fatima, ihre Jüngste, den unbeschwerten Schlaf ihrer neun Jahre. Khadija glitt lautlos aus dem Bett und ging an ihr Fenster, das wie immer offen stand.

»Hadj Ibrahim hat schon alles in die Wege geleitet. Morgen gehen wir zu Hamid. Er zeigt dir, hm, uns den genauen Plan und übermorgen ist der große Tag!«

»So schnell? Warum so schnell – ich meine, das ist doch überstürzt!«

»Er sagt, es war schon alles mit einem anderen geplant – und außerdem ist es nicht gut, wenn man zu viel Zeit zum Überlegen hat!«

»Ich muss mich vorbereiten! Ich muss mit Mullah Hassan sprechen. Ich kann nicht …« Tränen erstickten Selims Stimme. Khadija hatte Mühe, ihre Schluchzer zu unterdrücken.

Selim musste weg. Er musste flüchten! Aber wohin? Der ganze Gaza-Streifen war abgeriegelt, ein riesiges Gefängnis! Es gab keinen Ausweg. Es sei denn … sie würde an seiner Stelle sterben. Sollte sie sich als Märtyrerin anbieten?

Khadija schauderte. Würde sie die Kraft haben, den Sprengstoff zu zünden? Ihren Körper, der ihren drei Kindern das Leben geschenkt hatte, in eine tödliche Waffe zu verwandeln? Jahrelang hatte sie den Hass gegen die Israelis in sich genährt. Sie hatte ihn mit der Muttermilch getrunken, in den Schuljahren in sich aufgesaugt, als die Israelis ihren Abdallah einsperrten, hatte er schmerzhaft in ihr gekocht, und nach dem Tod ihres Mannes schien er sie verbrennen zu wollen. Aber eines Tages war er verdorrt wie ein Olivenbaum im Frost. Er war einer grauen Traurigkeit gewichen und dem brennenden Wunsch nach Frieden, nach einem normalen Leben, ohne Stacheldraht, ohne Raketen und Gegenschläge, nach einem Leben, das ihren Kindern Freiheit gab, Arbeit, eine Zukunft. Nein, sie würde nicht dazu beitragen, den Hass weiter zu schüren. Sie brauchte einen anderen Plan. Sie würde mit Hadj Ibrahim sprechen, vielleicht ließ sich dieser grauenvolle Tod noch abwenden.

Warum sagten die Leute, im Tod sind alle gleich? Peiniger und Gepeinigte, Folterer und ihre Opfer, jene, die alt und vom Leben satt und müde in ihrem Bett federleicht aus dem Leben gleiten, wie ihr Großvater Yussef, und jene, die wegen ein paar

Steinen, die sie auf die Soldaten geworfen hatten, mit einem Schuss mitten in die Brust mit weit aufgerissenen Augen und vor Schmerz oder Schreck verkrampften Gesichtern ihr Leben noch gewaltsam festhalten möchten – wo war da die Gleichheit? Und die Märtyrer, die direkt ins Paradies aufstiegen? – Das behauptete wenigstens Mullah Hassan. Bald würde ihr Selim, ihr sanfter, geliebter Selim vielleicht den Märtyrertod sterben. Wenn Allah, der Allerhöchste, ihr nur einen Ausweg zeigen würde!

Sie lag die ganze Nacht wach. Als der Muezzin zum Morgengebet rief, stand sie auf. Sie musste gleich mit Hadj Ibrahim reden, er war ihre einzige Hoffnung!

Auf ihr Klingeln schlurfte langsam ein Mann über den Gartenweg auf sie zu. Es regnete, und Khadija wickelte sich enger in ihren Hidschab.

»Was willst du?« fragte er misstrauisch durch die Gitterstäbe des großen Eisentors, ohne zu öffnen.

»Ich muss mit Hadj Ibrahim sprechen!« Ihre Stimme klang trotz ihrer Angst entschlossen.

»Der Hadj ist verreist.« Der Mann hatte sich schon wieder zum Gehen gewendet.

»Seit wann? Wann kommt er wieder?«

»In einer Woche, so Allah will.« Er schlurfte wieder zurück zu dem weiß verputzten zweistöckigen Haus.

Khadija blieb vor dem Tor stehen und starrte mit vor Tränen blinden Augen auf das große Haus. Was nun? Sie brauchte einen anderen Plan. Sollte sie versuchen, Mansur von seinem Vorhaben abzubringen? Warum traute sie ihm nicht recht? Er war nur acht Jahre älter als Selim, aber hatte sich schon früh eine gute Position verschaffen können. Er hatte viele Freunde unter den lokalen Anführern – warum half ihm jetzt keiner? Und warum hatte in seiner Stimme keine Angst, keine Mutlosigkeit, keine Rebellion gegen die Ungerechtigkeit dieser Sache mitgeschwungen? Er war doch erst ein paar Monate mit der hübschen Samira verheiratet – konnte er seinen Schmerz so gut verstecken?

»Barra! Barra!« Der Mann von vorhin hatte ein Fenster geöffnet und machte ein paar Bewegungen mit dem Arm in ihre Richtung, als wollte er einen Schwarm Fliegen vertreiben.

Sie drehte sich um und ging langsam nach Hause. Der Regen hatte ihren Hidschab vollkommen durchnässt. Dicke Regentropfen klatschten auf den nassen Lehm der Straße, Lehmkleckse verschmierten ihre nackten Füße in den Sandalen.

Sie musste mit Selim sprechen – vielleicht fanden sie gemeinsam einen Ausweg, es musste doch eine Lösung geben! Sicher zermarterte auch Selim sich den Kopf nach einem Fluchtweg, wahrscheinlich waren seine Gedanken so gelähmt wie ihre. Mansur blieb ständig bei ihm wie ein Schatten. Um ihm Mut zu machen, sagte er, um ihnen beiden Mut zu machen. Sie würden im Tod vereint sein, auf immer Brüder, sagte er auch. Khadija konnte ihr Geflüster durch den Vorhang, der Selims Zimmer von der Küche trennte, hören.

Khadija zerkleinerte die Datteln und Pistazien für einen Ma'amoul, Selims Lieblingskuchen.

»Bevor wir zur Grenze kommen, müssen wir uns trennen!«, sagte Mansur jetzt kaum hörbar. »Ich gehe ein Stück voraus und warte hinter der Grenze auf dich, damit wir nicht auffallen. Wenn du vor den Grenzsoldaten stehst, ziehst du den Auslöser. Sobald ich die Explosion höre, zünde ich auch den Sprengstoff, so haben wir eine doppelte Wirkung!«

Khadija hielt in ihrer Arbeit inne. Warum wollte Mansur, dass sich Selim als erster in die Luft sprengte? Traute er ihm nicht, oder sollte vielleicht nur Selim sterben, und Mansur kassierte einen Batzen Geld, weil er einen Märtyrer gefunden hatte? Sie schaute hinaus auf die vom Regen zerfurchte Straße, über die braune Bäche flossen.

Jetzt wusste sie, was sie tun musste. Der tot geglaubte Hass brannte plötzlich wieder so heftig in ihr, dass sie das Fenster öffnen musste, um nicht daran zu ersticken.

Kurz darauf gingen Selim und Mansur gemeinsam zum Abendgebet in die Moschee. Khadija folgte ihnen unbemerkt, aber sie konnte nicht beten, weil die Angst ihr alle Gedanken raubte.

Mansur blieb auch während des Abendessens bei Selim. Er und die kleine Fatima aßen mit großem Appetit die Falafel und den Tabouleh und tauchten große Stücke Taboon-Brot in das Auberginenpüree, während Selim immer noch an derselben Falafel kaute und sie offensichtlich nicht zu schlucken vermochte. Nach dem Abendessen servierte Khadija den Ma'amoul. Wieder aß nur Mansur mit sichtlichem Genuss, Fatima war schon eingeschlafen, und Selim rührte sein Stück nicht an.

Selim trug schließlich Fatima in ihr Bett, während Mansur noch ein zweites Stück von dem Ma'amoul aß, und endlich gelang es Khadija, Selim einen Zettel zuzustecken und ihm ein paar Weisungen für den nächsten Tag zuzuflüstern. Er hatte keine Zeit zu fragen, woher sie wusste und warum, denn da stand schon Mansur im Türrahmen und sah zu, wie Selim Fatima über die Wange strich und sie zudeckte.

Mansur blieb über Nacht. Er schlief auf einer Decke neben Selims Bett. Khadija hörte sein leises Schnarchen durch die dünne Wand, während Selim sich ständig im Bett hin und her drehte.

Es war noch dunkel, als Mansur und Selim am nächsten Morgen aufbrachen.

Nach einer kurzen Weile machte sich auch Khadija auf den Weg. Sie hielt sich in sicherer Entfernung, obwohl sie in ihrem schwarzen Hidschab nicht zu erkennen war. Im letzten Dorf vor der Grenze sah sie die beiden in einem niedrigen Haus verschwinden. Als sie nach einer Weile wieder auftauchten, trugen sie zwei sehr ähnliche, weit geschnittene Jacken, mit einem dicken Bund in der Taille. Da hatte sicher jede Menge Sprengstoff Platz, samt Nägeln, und was alles dazu gehörte, um die Explosion noch tödlicher zu machen. Bestimmt hatten sie auch ein Märtyrer-Foto mit Maschinengewehr im Arm gemacht, das sie dann, wenn die Selbstmörder tot waren, an alle Mauern klebten. Sie gingen weiter Richtung Grenze. Es hatte aufgehört zu regnen, dafür blies jetzt ein heftiger Nordwind. Überall waren riesige Pfützen, in die Khadija in der Dunkelheit immer wieder hineintappte. Fatima würde heute Holzstückchen in ihnen schwimmen lassen und Kapitän spielen. Wenn Khadijas Plan nur aufging! Sie sah, wie Mansur mit festen Schritten voraus ging, zielstrebig seinem Tod entgegen. Selim folgte ihm vorsichtig, als ginge er auf Eiern, und blieb bald hinten. Hoffentlich stolperte er nicht über die vielen Furchen und Löcher, die der gestrige Regen in den Boden gegraben hatte, und sprengte sich mit dem Aufprall in die Luft!

An der Grenze stellte sich Mansur zwischen die Wartenden, während Selim weiter hinten am Straßenrand stand und in die Pfützen starrte. Khadija wickelte ihren Hidschab enger um sich und verdeckte auch ihr Gesicht. Bald war es soweit! Sie hielt das Tuch krampfhaft zusammen, um ihr Zittern zu beherrschen. Immer wieder drehte sich Mansur nach Selim um und wurde sichtlich ungeduldig, weil Selim so lange zögerte. Als er ihn schließlich in der Schlange stehen sah, ging er auf den Grenzbalken zu.

Khadijas Herz raste. Jetzt musste sie handeln! Sie stellte sich auf einen kleinen Erdhügel ein wenig abseits von den Wartenden, um einen besseren Blick auf die Grenze zu haben. Sie sah hinüber zu Selim – er oder Mansur! Als Mansur endlich vor einem der Soldaten stand, holte sie tief Luft und schrie so laut sie konnte: »Er hat eine Bombe! - Er hat eine Bombe!«

»Bombe!« »Bombe!« Das Wort sprang von Mund zu Mund. Alle stiebten auseinander wie Wespen, deren Stock in Brand gesetzt worden war. Die Soldaten schrien hysterisch Befehle durcheinander. Khadija duckte sich hinter den kleinen Erdhügel.

»Jetzt« dachte sie, »jetzt muss er den Auslöser ziehen!« Nichts. Dann Schüsse. Sie spähte vorsichtig hinter dem Erdhügel hervor. Im Scheinwerferlicht des Grenzpostens sah sie Mansur rennen. Die Soldaten schrien und schossen ein paar

Salven. Mansur rannte weiter. Die Soldaten schossen wieder. Mansur wankte noch ein paar Meter und fiel dann mit dem Gesicht voraus zu Boden.

»Jetzt!« dachte Khadija wieder, »die Bombe!« Sie duckte sich schnell und hielt ihre Tasche über den Kopf.

Keine Explosion. Keine Bombe. Nur die Rufe der Soldaten und das Angstgeschrei der Wartenden.

Wie Recht hatte sie mit ihrem Verdacht gehabt!

Mansurs schicke Aktentasche war bei seinem Sturz aufgegangen. Der Wind hatte die Papierblätter erfasst, die Zeitungen, alles wurde hoch in die Luft gewirbelt, über die Köpfe der Soldaten hinweg. Ein paar Zeitungsblätter landeten direkt vor Khadijas Füßen. Selim stand jetzt neben ihr. Er trug die weite Bundjacke nicht mehr und sammelte eilig die Blätter auf. Sorgfältig löste er die Geldscheine heraus und faltete sie.

Brüder, auf immer vereint seien sie, hatte Mansur gesagt. Zwei Märtyrer im Paradies! Hätte der Tod sie beide gleich gemacht? Den Verräter und den Verratenen? Der Todesengel Azrael hatte die Karten vertauscht, Mansur. Die Leute sagten, er wähle mit geschlossenen Augen, wer gehen muss und wer bleiben darf, und deshalb macht er uns alle gleich. Inshallah, vielleicht hat er diesmal ein wenig geblinzelt.

Das Wunschkind

Ingrid Noll

Es fiel mir etwas schwer, meine Mutter in Kenntnis zu setzen, aber da wir in der gleichen Kleinstadt lebten, ließ sich meine Schwangerschaft über kurz oder lang nicht verheimlichen.

»Na, so was«, staunte sie, »wer ist der Vater, und wann ist die Hochzeit?«

Derartige Fragen hatte ich erwartet. Da ich aber auf keinen Fall über den Kölner Karneval sprechen wollte, sagte ich nur:

»Es wird überhaupt nicht geheiratet.«

Mutter lächelte weise und behauptete: »Verstehe«.

Später sah ich, dass sie unter dem Esstisch mit den Fingern herumzählte und sich den Empfängnistermin ausrechnete. »Also im Urlaub! Er ist wohl schon verheiratet«, murmelte sie und war von dieser Erkenntnis offenbar nicht allzu schockiert. Nach dem dritten Glas Rotwein schien sie sich sogar zu freuen. »Weißt du was«, sagte sie, »es ist aber auch höchste Eisenbahn! In deinem Alter hatte ich schon fünf.«

Damals, Anfang der sechziger Jahre, kam man bei einer Schwangerschaft mit drei Arztbesuchen aus, von Ultraschall war noch nicht die Rede. Schließlich war es keine Krankheit, wenn man ein Kind bekam. Auch meine 39 Jahre schienen für den Arzt kein nennenswertes Risiko zu sein, er meinte sogar anerkennend: »Ein kräftiges Kind, sicher wird es ein Junge.«

Sohn oder Tochter, das war mir völlig egal. Das Strampeln kam mir allerdings ungeheuer kraftvoll vor, denn die Tritte eines Embryos hatte ich mir sanfter vorgestellt. Als ich meine Mutter befragte, lachte sie mich aus und beruhigte mich.

Ein lahmes, faules, temperamentloses Wesen wolle ich doch sicher nicht zur Welt bringen. So gesehen war mir ein kleiner Fußballer natürlich lieber; manchmal hatte ich sogar den Verdacht, es wären zwei, die sich um den Ball rauften.

Noch bevor der letzte Untersuchungstermin anstand, setzten bei mir die Wehen ein. Es waren sechs Wochen zu früh, aber mein Kind schien ungeduldig zu drängeln, möglichst schnell sein warmes Nest zu verlassen.

Ins Krankenhaus fuhr mich meine Mutter, die viel aufgeregter war als ich.

»Beim ersten Mal dauert es manchmal lange«, sagte sie, »aber raus kommen sie immer.«

Die Hebamme machte ein nachdenkliches Gesicht.

»Da müssen Sie sich verrechnet haben, das kann kein Frühchen sein«, sagte sie, »es ist ungewöhnlich groß.«

Es entging mir nicht, dass sie meine Mutter vielsagend anblickte. Als der Arzt erschien, riet er sofort zu einem Kaiserschnitt. Mutter nickte ergeben, ich wurde nicht gefragt. In der kurzen Zeit bis zum Beginn der Narkose liefen mir unaufhaltsam die Tränen übers Gesicht, und ich wollte die Hand meiner Mutter nicht mehr loslassen. Sie durfte aber nicht im OP bleiben.

Als ich aufwachte, saß sie jedoch neben mir. Ich schloss sofort wieder die Augen, aber in mir arbeitete es: Der Gesichtsausdruck meiner Mutter war alles andere als der einer glücklichen Oma. Sie strich mir übers Haar.

»Schlaf weiter«, flüsterte sie.

Doch irgendwann löste ich mich aus meinen verworrenen Träumen und fragte mit pelziger Zunge:

»Wo ist es?«

Sie sah mich so seltsam an, dass ich plötzlich glaubte, mein Kind sei tot zur Welt gekommen. Ich schrie das halbe Krankenhaus zusammen.

Schließlich gingen alle hinaus, nur der Arzt blieb bei mir.

»Ihr Baby lebt«, sagte er, »aber ...«

Nach und nach erfuhr ich, dass man eine sehr seltene Behinderung festgestellt habe, die vielleicht durch komplizierte Operationen behoben werden könne.

»Wir haben auf diesem Gebiet leider gar keine Erfahrung, das müsste in einer Spezialklinik durchgeführt werden«, sagte er.

»Ist es ein Junge?«, fragte ich. Er nickte. Natürlich bestand ich darauf, meinen Kleinen unverzüglich zu sehen.

»Von klein kann nicht die Rede sein«, sagte er, »wenn Sie mir versprechen, dass Sie jetzt ganz stark bleiben ...«

Als man mir meinen Sohn brachte, waren nur der Kopf und zwei Arme zu sehen, der sperrige Rest war in großen Moltontüchern verpackt. Das Bündel wurde neben mich gebettet, und ich schaute in zwei wunderschöne dunkle Augen. Dann tat mein Kind sein Mäulchen auf und brüllte, was das Zeug hielt. Mir war klar, dass mein Sohn quicklebendig und kerngesund war. Mein Gott, dachte ich, was haben die mir für einen unnötigen Schreck eingejagt! Es war ein bildhübscher Junge, den ich da geboren hatte.

Ich erinnere mich genau, wie ich langsam den unteren Teil meines Kindes auswickelte. Natürlich war ich grenzenlos überrascht, aber keineswegs abgestoßen.

Als ich mich acht Monate zuvor nach langem Abwägen für ein eigenes Kind entschloss, überlegte ich natürlich, wer als Vater in Frage käme. Im Prinzip wünschte ich mir nur einen ansehnlichen und intelligenten Erzeuger, aber Augen- und Haarfarbe waren mir nicht wichtig. Hier am Ort kannte ich keinen Mann, mit dem ich mich einlassen mochte. Eigentlich kam es mir vor allem darauf an, nie wieder von diesem Menschen etwas zu hören, seinen Namen und Beruf nicht zu kennen oder am Ende mein Kind an jedem Wochenende zum Vater schicken zu müssen.

Der Karneval in Köln schien mir prädestiniert für eine kurze, zweckgebundene Affäre. Nie hätte ich gedacht, dass mir der Coup so gut gelingen würde, denn ich konnte noch nicht einmal das Gesicht des Fremden erkennen! Er trug nämlich eine Maske. Was für seltsame Gene mochte er meinem Kind bloß mitgegeben haben?

Bei der Entlassung aus dem Krankenhaus durfte ich meinen großen Kleinen auf eigene Verantwortung mit nach Hause nehmen. Insgeheim hatte ich mich entschlossen, keiner Operation zuzustimmen. Die Natur hatte mein Kind anders als nach dem üblichen Muster geschaffen, aber hatte es nicht schon immer Mutationen gegeben?

»Vielleicht gibt es ja in Ihrer eigenen Familie einen ähnlichen Fall?«, meinte der ratlose Arzt, aber mir war derartiges noch nie zu Ohren gekommen.

Es entstanden natürlich praktische Herausforderungen, die ich aber bewältigen konnte. Die bereits gekaufte Babykleidung habe ich verschenkt, auch das Bettchen war ungeeignet. Passende Pampers konnte ich nicht im Supermarkt besorgen, sondern musste sie in der Apotheke bestellen. Hinzu kam, dass der Junge - kaum war er zu Hause von seiner strammen Wickelung befreit - stehen und laufen wollte.

Selbst meine Mutter, die nur schwer zu beeindrucken war, kam aus dem Staunen nicht heraus. Als sie mit einem selbstgestrickten Spezial-Strampelanzug scheiterte, ließen wir den Kleinen nur noch in einem Jäckchen und einer Windel herumtollen. Zum Stillen kam er munter angetrabt und trank in gierigen Zügen.

»Wir werden bald zufüttern müssen«, sagte die Hebamme, »wie soll Ihr Junges denn heißen?«

Meine Mutter war für Philip, aber das fand ich zu banal. Nach reiflichem Überlegen entschloss ich mich für Arnold, nach dem von mir hoch geschätzten Maler Böcklin.

Mein Beruf als Übersetzerin kunsthistorischer Texte lässt mir zum Glück viel Freiheit. Ich kann zu Hause arbeiten und muss nur gelegentlich bei meinem Verlag in Frankfurt vorsprechen. In dieser Hinsicht konnte ich es durchaus verantworten, als alleinstehende Mutter ein Kind aufzuziehen. Mit einem anderen Problem hatte ich allerdings nicht gerechnet: Man kündigte mir die Wohnung, weil das ständige Getrappel nicht auszuhalten sei. Wahrscheinlich steckten aber noch andere Vorurteile dahinter, die meine intolerante Vermieterin nicht laut auszusprechen wagte.

Wir zogen also zu meiner Mutter, was ich in früheren Jahren vehement abgelehnt hätte. Aber hier konnte Arnold toben, wie er wollte; er bekam sogar das sonnige Zimmer im Erdgeschoss, damit er ohne Gefahr direkt in den Garten hinauslaufen konnte. Schon bald hatte meine Mutter einen Narren an ihrem jüngsten Enkelkind gefressen und spendierte ihm die riesige Matratze ihres früheren Ehebetts.

Zu meiner Freude entwickelte sich Arnold ganz prächtig. Viel früher als seine Altersgenossen wurde er stubenrein. Dabei hatte er eine ganz eigene Methode entwickelt, rückwärts an die Toilette heranzutreten und sich breitbeinig über dem Klobecken aufzustellen. Im Gegensatz zu vielen erwachsenen Männern ging bei ihm nie ein Tropfen daneben. Bei seinem großen Geschäft pflegte er den Komposthaufen im Garten anzureichern.

Als Arnold vier wurde, meinte Mutter, es sei jetzt Zeit für den Kindergarten. »Es ist nicht gut, wenn ein Junge bloß in Gesellschaft zweier alter Frauen aufwächst.« Ich verzieh ihr die kleine Bosheit und meldete Arnold im Städtischen Kindergarten an.

Natürlich wollte ich die Leiterin nicht im Unklaren lassen, was es mit Arnolds Besonderheiten auf sich hatte. Sie wich entsetzt zurück.

»Aber ich bitte Sie! Der Junge gehört unter allen Umständen in eine Tagesstätte für behinderte Kinder!«

Ich versicherte, dass Arnold seinen Altersgenossen in mancher Hinsicht sogar überlegen sei.

»Kann er mit dem Löffel essen?«, fragte sie, was mich geradezu beleidigte.

»Nun gut«, sagte sie, »kann er seine Schuhe zubinden?«

»Arnold braucht keine Schuhe«, sagte ich.

Um es kurz zu machen: Die Kindergärtnerinnen waren

schnell überzeugt, dass Arnold ein Gewinn für die ganze Gruppe war. Zwar überragte er sogar die Größten seines Jahrgangs um doppelte Haupteslänge, aber das war nie ein Grund für ihn, seine Kräfte an anderen auszulassen. Ganz im Gegenteil, er war ein zärtlicher Schmuser und wirkte selbst auf die wildesten Rabauken besänftigend und ausgleichend.

Auch seine intellektuellen Fähigkeiten erwiesen sich als erstaunlich. Arnold malte fröhliche und originelle Bilder, er sang glockenrein und merkte sich selbst die längsten Texte. Einzig bei den Klettergeräten konnte er nicht immer mithalten, dafür stürmte er aber beim Wettrennen allen anderen Kindern davon. Als Arnold sechs wurde, gab es keine Einwände, ihn einzuschulen.

Schon nach drei Monaten wurde ich zu seiner Klassenlehrerin gerufen. Es war eine prüde ältere Dame, ich konnte mir schon denken, dass sie an Arnolds partieller Nacktheit Anstoß nehmen würde. Aber so war es nicht.

»Ihr Sohn ist außergewöhnlich musikalisch«, sagte sie, »bei einem Erstklässler habe ich noch niemals ein derartiges Talent beobachtet. Ich würde dringend empfehlen, schon jetzt mit qualifiziertem Musikunterricht zu beginnen, in Frage käme auch die Teilnahme an einem Knabenchor.«

Doch als sie sich Arnold bei den Thomanern vorstellte, kamen ihr doch Zweifel.

Mein Sohn entschied sich für Schlagzeug und verdiente schon mit 16 Jahren Geld mit seiner Band. Da er fast jedes Wochenende in Jugendzentren und Schülerdiskos auftrat, konnte er einiges auf die hohe Kante legen. Wofür er allerdings so eisern sparte, verriet er mir nicht.

Das Abitur bestand er mit Auszeichnung. Zur Feier hatte der Leistungskurs Musik, als dessen Star er galt, ein reichhaltiges Programm erarbeitet. Zwar konnten auch seine Mitschüler mit netten Darbietungen überzeugen, aber der absolute Höhepunkt kam erst beim Finale.

Am Flügel saß ein Mitschüler in dunkelblauem Blazer. Ein

ungläubiges Raunen ging durch die Reihen der Eltern, Tanten und Großmütter, als Arnold - selbstbewusst und in vollkommener Nacktheit - die Bühne betrat. Sein muskulöser Oberkörper schimmerte golden, sein braunes Fell war von meiner Mutter unermüdlich gestriegelt worden, seine Hufe glänzten frisch poliert, in die dunklen Schweifhaare hatte ich weiße Rosen geflochten. Mein kleiner Zentaur war erwachsen geworden und so atemberaubend schön, dass mir die Tränen kamen.

Arnold hatte eine Ballade von Carl Loewe einstudiert. Bei der Zeile *Komm wieder, Nöck, du singst so schön* blieben auch die Augen der anderen Gäste nicht mehr trocken.

»Ich prophezeie ihm eine ganz große Sängerkarriere«, sagte meine Nachbarin, und der Beifall wollte überhaupt nicht enden.

Mein Sohn und ich waren unendlich glücklich, als wir den Heimweg antrabten.

In mein Auto passte Arnold schon lange nicht mehr, aber wozu auch? Ich saß gern auf seinem Rücken und ließ mich durch die Sternennacht zurück nach Hause tragen.

Die stolze Großmutter hatte ihrem Lieblingsenkel ein Geldgeschenk überreicht.

Wenn Arnold seine Ersparnisse dazulegte, konnte er sich endlich einen Herzenswunsch erfüllen: Eine junge Stute.

Nomen non est omen?

Zur Unmöglichkeit seinem Namen entsprechen zu können

Milan Zimmermann

Am S-Bahnsteig im Berliner Hauptbahnhof (oder war es doch Berlin-Friedrichstraße?) stehen zwei Personen. Es gilt nun, beide genau zu charakterisieren. Es sind wohl keine Verbrecher. Auch sind es keine Bettler. Schaffner sind sie ebenfalls nicht. Kurz, es ist eine Mutter mit ihrem fast volljährigen Sohn, beide warten wie ich auf den Zug. Auch ich fungiere als Sohn, das tut man ja schließlich ein Leben lang. Ich sage das nicht, um mich indirekt als Junge auszuweisen oder mich gar mit dem anderen zu solidarisieren. Ich tue es einfach, damit Sie wissen, liebe Mütter, mit welcher Perspektive Sie es hier zu tun haben, falls Sie bestrebt sind, über den Wahrheitsgehalt meiner Erzählung oder mein beschränktes Sichtfeld zu reflektieren. Jedenfalls bin ich ein bisschen älter als der andere Sohn. Normalerweise bin ich kein Typ, der nur in Vorurteilen denkt, ganz im Gegenteil, sonst würde ich diese Geschichte nicht schreiben, wie Sie bald verstehen werden. Trotzdem verfasse ich intuitiv eine fiktive Charakterisierung dieses Burschen. Er ist eindeutig angehender Jurastudent, in der Friedrichstraße hat er sich diesen unbezahlbaren Designerschal gekauft, den er in einer unnachahmlichen, da unbeschreiblich eleganten Art um den Hals geschlungen hat, das wird wohl gesellschaftlicher Standard sein. Den grauen Anzug hat er gestern am Kurfürstendamm maßschneidern lassen, der gegelte Scheitel ist sicherlich nicht unter das Messer eines 10-Euro Friseurs geraten, Gesicht und Hände sehen nicht nur aus, als ob sie gepudert wären, sie sind es wohl auch. Die gesamte Erscheinung schwebt über dem Bahnhof.

Ich reduziere ihn auf sein Äußeres, wenden Sie ein? Ich projiziere mein eigenes Weltbild auf den armen Jungen, kritisieren Sie mich? Eine besonders belesene Mutter bezichtigt mich der Verwendung eines pars pro toto. Liebe Mutter, da bin ich mir ehrlich gesagt nicht so sicher, aber ich habe meine sprachlichen Register noch nicht voll ausgeschöpft, das steht fest. Ich brauche mich zwar nicht zu rechtfertigen, aber es wird der Zeitpunkt kommen, an dem ich meine Solidarität mit den gepuderten Händen, diesem gegelten Scheitel, diesem Armani-Anzug bekunden werde.

Nun wenden wir uns schnell der Mutter zu, zuerst meiner. Sie steht neben mir und wird mir später erzählen, dass sie ähnliche Assoziationen gehabt hat wie ich. Was sagen Sie nun? Für die Mutter des gepuderten Gesichtes, Entschuldigung, des Jungen mit dem gepuderten Gesicht, lassen wir uns ein wenig Zeit. Sie ist ein Clown. Nicht dass ich annehme, dass dies ihre Berufsbezeichnung wäre, so viel Humor traue ich ihr nicht zu, sie würde einen echten Clown wohl nie eines Blickes würdigen. Aber sie ist, was soll ich sagen, trotzdem einer. Die Schminke wirkt einfach zu überzogen. Nun hätten wir fast den Zug verpasst. Ich muss die Charakterstudie leider unterbrechen, der Clown kann warten. Auch die Objekte unseres Interesses warten etwas gedankenverloren, der Junge hat, nichts ahnend von den Assoziationsketten, die er ausgelöst hat, sogar einmal zu mir herabgeschaut, obwohl ich sicherlich nicht annähernd soviel Geld wie er auf dem Konto habe.

Wir steigen zusammen in den Zug. Ich setze mich auf eine Bank gegenüber dem Mutter-Sohn-Gespann. Ein Mobiltelefon klingelt, das der Mutter. Es scheint der Vater zu sein. Bald kennen wir die ganze Familie. »Amaro sitzt neben mir, er wird später noch ausgehen. Ein Jammer, dass die Geschäfte nicht die ganze Nacht aufhaben, sonst könnte ich ihn gerade neu ausstatten, er soll ja adrett aussehen -«. Ich unterbreche dieses snobistische Lamento leider nur in meinen Gedanken. Was würden die kleinen Läden erleiden müssen? Wie könnten die sich gegen die Ketten oder Einkaufszentren behaupten? Wie könnten sie das Personal aufbringen, um den ganzen Tag

Kunden bedienen zu können, ohne Bankrott zu gehen? Bei meinem unterdrückten Wutausbruch habe ich glatt vergessen, wie die Mutter ihren Sohn genannt hat. Aber glücklicherweise spricht der Clown während des Telefonats mit dem Sohn, echtes Multi-Tasking. »Amaro, du gehst heute noch feiern?« Der Sohn nickt. Unfassbar! Ich kann mich kaum mehr halten. Das kann ja nur bedeuten, dass er wirklich so heißt. Ich verschlucke mich, spucke den beiden fast vor die Füße. Sie schauen mich entgeistert an. Dann verschwinden sie schnell wieder in ihrer eigenen, großbürgerlich-anständigen Welt. Mir wird jetzt klar, warum sie uns so aufgefallen sind. Die beiden blenden das soziale Umfeld völlig aus, als ob sie eine Nebenhandlung auslebten, die unabhängig von der Haupthandlung abliefe und für sich den Anspruch erhöbe, das Maß aller Dinge zu sein. Sie sind wie Nebenprotagonisten, die alles tun, um in den Olymp der Hauptpersonen aufzusteigen. Liebe Mütter, wie kann man seinen Sohn so nennen, wie kommt man darauf? Ja, ich versichere Ihnen, dass sich alles so zugetragen hat, nichts ist erfunden, vielleicht habe ich ein bisschen ausgeschmückt, mehr aber nicht. Nun setzt bei mir wirklich die Solidarisierung ein, nicht nur mit dem Sohn, sondern mit allen anderen Amaros dieser Welt. Meiner Meinung nach ist ein Name das Aushängeschild für einen Charakter. Ein Werbeplakat, das sogar noch vor der Existenz des Produktes, das es bewirbt, verfasst wurde. Ein Wunder, dass die Werbung trotzdem oft genug zu ihrem Produkt passt, man denkt sich doch als Kunde fast täglich, diese Person ist eine geborene *Eva*, das ist ein *Adam* auf Erden, ich hätte den Burschen auch *Thomas* genannt, ich kann mir keinen anderen Namen als *Karl* für ihn vorstellen. Oder ist das etwa nicht so? Wenn eine Firma derartig zutreffende Plakate erstellte, müsste sie steinreich werden. Als Sohn, nicht unbedingt als Werbefachmann, stelle ich mir die Frage, wie es Müttern nun gelingt, solch eine geniale Marketingleistung zu erbringen. Können Sie, liebe Mütter, zaubern? Ich hoffe, Sie widersprechen mir jetzt nicht, wenn ich sage, dass unser armer

Sohn durch seinen Namen wirklich gut promotet wird. Das ist vielleicht ein kleiner Trost für ihn. Der Grund liegt einfach in seiner überzogenen Selbstdarstellung, mit der er sich von übrigen Passanten abhebt, und in der Begleitung einer Mutter, die nicht nur dieses Erscheinungsbild, sondern sehr wahrscheinlich auch einen entsprechend außergewöhnlichen Namen als sein Siegel geprägt hat. Was ich behaupte, ist, dass im gesellschaftlichen Bewusstsein hinter jedem Namen eine ganz bestimmte Kette von Eigenschaften steht, die man mit ihm verbindet. Um Zauberei handelt es sich dabei sicherlich nicht. Oft sind diese Assoziationen auch privater Natur, wenn dem Kind der Name eines Großvaters gegeben wird oder der des Lieblingskünstlers. Es besteht wohl die leise Hoffnung, dass sich der Sohn diesem Wunschmodell wenigstens annähert. Der Name wird zu einem Ideal überzeichnet; je öfter man seinem Kind diesen an den Kopf wirft, desto eher hofft man, dass auf das Kind von diesem Ideal etwas abfärbt. Manchmal wird aber schon versucht, eine Form von Unterscheidung zu schaffen zwischen eigenen Erwartungen und der beißenden Realität. Der Sohn ist dann ein *Gustav Junior*. Wie soll er denn sein Leben bestreiten, wenn er doch immer ein *Junior* bleiben muss? Wie soll sein Selbstverständnis aussehen, wenn er stets im Schatten des Großvaters bleiben muss? Ihm wird damit die Unmöglichkeit in die Wiege gelegt, seinem Namen irgendwann einmal entsprechen zu können, sich irgendwann einmal mit diesem Litfasssäulenaushang identifizieren zu können, irgendwann einmal in ihm aufgehen zu können. Liebe Mütter, Sie vergessen dabei, dass das Streben nach einem Ideal immer eine Form des Verharrens in dem Käfig der erbarmungslosen Unmündigkeit darstellt. Diese Fremdbestimmtheit wurde dem *Junior* in die Wiege gelegt, er wird keine andere Wahl haben.

Sie sind gerade wirklich sehr still geworden, habe ich Sie geschockt? Ich bin gleich fertig. Wie kommt es nun, dass Name und Person oft so gut zusammenpassen, neben dem Grund, dass das Kind selbst dem Verwandten nachzueifern sucht?

Eltern versuchen natürlich, ihre Kinder entsprechend ihrem Namen zu erziehen. Das ist oft ein eher unbewusstes Tun. Sie erkennen die Eigenschaften, die sie à priori mit dem Namen verbinden, als die Eigenschaften des Kindes an und reagieren auf das Kind auch auf diese Art und Weise. Die Erziehung richtet sich danach. Sie dichten dem Kleinkind, das noch nicht reden kann, eine Form von Wunschpersönlichkeit an, mit der sie sich selbst identifizieren können. Evolutionär wird der Sinn darin bestanden haben, dass auf jeden Fall eine Mutter-Kind-Beziehung aufgebaut wird. Es ist sicherlich von Bedeutung, dass die Familie gemeinsam über den Namen entscheidet. Aber wie kann es gelingen, dass beide Eltern die gleichen Vorstellungen mit dem Namen verbinden? Das mag die Wurzel für unterschiedliche Erziehungsmethoden, Bindungen und Konflikte sein. Nicht allen Kindern gelingt es schließlich, sich mit ihrem Namen zu identifizieren. Sie rebellieren gegen die Erziehung, was damit einer Art Rebellion gegen die Art, mit der ihnen und natürlich ihrem Namen begegnet wird, gleichkommt. Sie richten sich gegen diese Vorurteile hinsichtlich des Namens, die nicht deckungsgleich sind mit den selbstständigen Ansichten des Kindes. Außerdem wird das Kind zunehmend mit anderen Lebenswelten, mit anderen sozialen Milieus konfrontiert, die seinen Namen vielleicht negativ belegen und das Kind anders behandeln, es womöglich auch mit Diskriminierung strafen. Es erkennt erstmals, dass eine Diskrepanz zwischen elterlichen und fremden Ansichten existiert und dass es durchaus verschiedene Rollen übernehmen muss, obwohl der Name augenscheinlich derselbe bleibt. Tut er dies aber wirklich? Wieso unterbreite ich Ihnen diese philosophischen Betrachtungen überhaupt? Dies soll ja kein Essay werden. Es ist aber wichtig, die Motive zu verstehen, die den Sohn zu einem folgenschweren Befreiungsschlag veranlassen werden. Es kann durchaus so sein, dass die Mutter ihn gemäß seines Namens erzogen hat, den sie ihm aufgebürdet hat. Ich kann mir nicht vorstellen, dass der Sohn dies gerade in seinem Alter so unreflektiert akzeptieren kann.

Während die Mutter ihre Umwelt vollkommen zu ignorieren scheint, hat der Sohn mich ein paar Mal angeschaut. Dies kann ich nur als Versuch werten, aus der ihm vorgegebenen Welt auszubrechen. Wie dem auch sei, wir steigen nun am Bahnhof Zoo aus. Es ist nicht besonders viel los, ein paar Polizisten verschwinden gerade im Ausgang, wir stehen alle am Bahnsteig, als ob wir uns voneinander verabschieden wollten. Plötzlich reißt der Sohn seine Hände hoch und nähert sich geschwind seiner Mutter. Das Ziel seiner Attacke dreht sich um, und der Sohn kann nur noch den Schal seiner Mutter ergreifen. Dabei verliert er wohl das Gleichgewicht, oder er rutscht vielleicht vor Schreck aus, weil seine Mutter ihn so anbellt. Freiwillig gesprungen ist er nicht. Jedenfalls sehen wir noch, wie jemand, ja, es ist der Sohn, auf die Bahngleise fällt. Jetzt liegt der Arme auf den Gleisen, und der Zug kommt näher. Die Mutter kann sich noch gerade an einem Arm, dem Arm meiner Mutter, festhalten, sonst wäre sie wohl auch vom Bahnsteig gefallen.

Hier frieren wir die Situation vorerst ein, wir wollen nichts überstürzen. Das liegt glücklicherweise in meiner Macht, mir geht gerade alles etwas zu schnell vonstatten. Wir können uns denken, was der Sohn da Unmoralisches vorgehabt hat, aber in einem anständigen Beweisverfahren müssen wir auch jegliche Elemente einer möglichen Kommunikation berücksichtigen. Da greifen wir am besten auf die Aussagen von Zeugen zurück. Herr Vorsitzender, ich schwöre unter Eid, der Angeklagte hat gesagt, *Tamara, jetzt reicht es*, dann stürzte er sich auf seine Mutter. - Sie wollen also behaupten, die Mutter heißt Tamara? - Ja, korrekt, Herr Vorsitzender. - Der Sohn wurde also nach seiner exzentrischen Mutter benannt? - Ja, Herr Vorsitzender, so kann man das sagen. - Erheben Sie sich bitte, ich verkünde hiermit im Namen des Volkes folgendes Urteil: Der Angeklagte ist von jeder Mordabsicht freigesprochen, er hat ja schon lebenslänglich. Dem Angeklagten (sofern er die Ereignisse überleben sollte, was leider vom jetzigen Wissensstand aus äußerst unwahrscheinlich ist) sei des Weiteren zu empfehlen, sich einen neuen Namen zuzulegen und Tamara wird sich einem eigenen Verfahren stellen müssen. So unter uns: Das nächste Mal geben Sie sich ein wenig mehr Mühe bei der Umsetzung Ihrer Tat, sonst werde ich auch Ihnen gegenüber keine Milde mehr walten lassen, Herr ehemaliger Angeklagter.

Zu solch einem Verfahren kam es nicht mehr.

Ich selbst möchte mich nicht mit dieser Schrift rechtfertigen. Ich habe tatsächlich gedankenverloren auf die Gleise geschaut, gerade als die grausamen Ereignisse ihren Lauf nahmen. Das Bild, das ich von dem Schicksal des Sohnes nach dem Verlassen des Zuges zeichne, basiert fast vollständig auf fremden Beobachtungen, ich war im Prinzip abwesend. Zuerst habe ich vor mich hin geträumt, dann verfiel ich in einen Schockzustand. Da war nämlich eine Maus oder besser: eine kleine Maus und eine große. Direkt auf den Gleisen. Schon in dieser Situation, ich dachte eben über die Mutter und ihren Sohn nach, war es für mich logisch, dass diese Konstellation auch auf die Mäuse zutreffen müsste. Sie suchten offensichtlich nach Nahrung, und ich suchte mit ihnen - in wachsender Sorge: Es dürfte nicht mehr lange dauern, bis der Zug kam. Ich widerstand der Versuchung, ihnen zuzurufen, dass sie nur noch drei Minuten Zeit hätten, sie sollten sich langsam mal nach ihrem Schlupfloch umsehen. Aber sie wirkten so routiniert, geradezu abgebrüht, was weiß ich denn schon von ihren Verhältnissen? Jedenfalls entschieden sich die Mäuse, unterschiedliche Richtungen zu wählen, und krochen, die Schnäuzchen auf dem Boden vor sich hin schiebend, immer weiter voneinander weg. Hätten sie die Ereignisse vorhersehen können, wären sie sicherlich nicht so auseinandergestrebt. Die größere Maus, nach meiner Dramaturgie die Muttermaus, bleibt plötzlich stehen, als ob sie doch etwas ahnt. Vor ihr liegt die Zeitung von morgen, die vermutlich in aller Voraussicht schon am Abend vorher verkauft wurde. Sie hebt den Kopf und wendet die Augen gen Bahnsteig. Dieser ist gut beleuchtet, und die Maus kann alles Weitere beobachten. Ich starre sie immer noch an. Ein Schatten legt sich nun über die größere Maus, ich kann sie nicht mehr sehen. Der Schatten wird immer größer. Ein Knall. Die Maus ist weg. Die junge Maus kommt hektisch hinzu gelaufen. Oder besser, sie versucht es. Völlig orientierungslos rennt sie zwischen den Gleisen hin und her, als ob sie jeden Quadratzentimeter abliefe. Irgendwann würde sie auf ihre Mutter treffen. Nun dreht sie sich im Kreis, gibt Laute von sich, ein erbärmliches Quieken. Ein Glassplitter und Mäuseblut, dem das Metall einen leicht bläulichen Schimmer schenkt. Ich hätte nicht gewusst, was man einer Maus sagen soll, deren Mutter gerade von einem großen Geschöpf zerquetscht worden ist. Sie wird sich sicherlich die existentielle Frage stellen müssen, ob sie jetzt verhungern muss oder ob sie sich gleich von dem Zug überfahren lassen soll, ob sie jetzt verbluten wird, weil sie auch das fremde Blut auf den Gleisen für ihr eigenes halten muss. Vielleicht denkt sie an nichts mehr, wie ich in diesem Moment. Ich bin völlig paralysiert. Da unten liegt ja nicht nur eine tote Maus. Gerade als ich mich aufraffen möchte, als meine Beine langsam wieder reagieren, werde ich von jemandem zurückgerissen. Die Bahn streift mich noch.

Eine innere Unruhe, die die Leere des Körpers zu füllen sucht, diese aber im Gegenteil eher noch unterstreicht. Eine Schwere mit dem Geschmack von Treibholz, die nicht einfach ausgespuckt oder in eine Handlung umgesetzt werden kann. Ein Name auf einem Grabstein, der in seiner Übersetzung das armselige Leben eines unschuldigen Jungen in all seiner Bitterkeit treffend beschreibt. Dies alles bleibt.

Der Zug ist über die kleine Maus schließlich hinweg gerollt, aber da sie eben noch so klein war, spürte sie nur einen Luftzug, danach entwich sie geschwind in ein Mäuseloch.

Der Junge hat den Auftritt des Clowns nicht nur für eine kurze Pause durch die Hintertür verlassen.

- Zu welchem Preis?

Grenzfall

Cornelia Christina Anken

Die oberste Etage eines Parkhauses; über mir bleigrauer Dezemberhimmel, unter mir weitere Parkebenen, außerdem ein modernes Einkaufszentrum, eine Reihe von Arztpraxen. Über die ebenfalls hier angesiedelte Polizeiwache hatte man mich informiert. Von einem Besuch der Kollegen werde ich absehen.

Hinter mir Stimmen, zuschlagende Autotüren, Motorengeräusche. Ich überlege, weshalb es ausgerechnet hier geschah, in Frankfurt am Main. Frankfurt/Oder … Ob wohl ein Homonym zu gleichen Teilen Hoffnung auf Vertrautheit und Freiheit erwecken kann?

Anhaltendes Tauwetter. Nasskalte Böen peitschen mein Gesicht, das sich über die Betonmauer hinweg der Tiefe entgegen reckt. Weit unter mir – ein Stückchen Absperrband, an irgendetwas hängen geblieben. Fußabdrücke im Straßenbegleitgrün, das mehr Matsch ist als Gras.

Ansonsten zeugt dort nichts mehr vom Geschehen des Vorvorabends. Die Frankfurter Kollegen scheinen sogar den Schnee als Beweismittel sichergestellt zu haben.

Auf den Fotos, die man mir, der Kollegin aus dem Osten, per Mail geschickt hatte, fächert sich schwarzes Haar noch auf einer weißen Fläche aus, und die roten Stöckelschuhe mit den makellosen Sohlen bilden einen harten Kontrast zum Schnee. Den Rock muss der Wind im Fall hochgerissen haben. Auf den Bildern legt der leichte Stoff schwarze Strumpfhosen frei, den offenen Bruch des linken Wadenbeins, das verdrehte Genick. Das Gesicht, das nicht zum Rock passen kann, bedeckt er züchtig.

Um halb sieben am Morgen habe ich, Hauptkommissarin Ariane Nowotny, in Frankfurt/Oder den Zug genommen. Pünktlich zum Termin um halb eins habe ich das Rechtsmedizinische Institut in Frankfurt am Main betreten. Leichenschau.

Tod ohne Fremdeinwirken.

Mein Blick flüchtet vor dem ruhigen Antlitz, hetzt über die langen, dunklen Locken hinweg und kommt erst auf dem Körper zur Ruhe. Dieser weist keine besonderen Kennzeichen auf, nur sind die winterblassen Beine auffällig sorgfältig rasiert. Ich kenne das Opfer nicht.

Nein: So kannte ich es nicht.

Während man die Perücke entfernt, richtet sich meine Aufmerksamkeit auf die blanke Organwaage; mein Haar fühlt sich seit gestern grau an. Ich werde die Farbe überprüfen müssen. Die letzten vierzig von zweiundfünfzig Jahren empfinde ich erstmals als Gewicht – als Schleppnetz von Versäumnissen, das mich in lichtleere Tiefen ziehen wird, wenn nicht auch ich an irgendetwas hängen bleibe.

Noch gibt es Licht. Hier zumindest. Es ist hell und gleichmäßig, ungeheuer neutral. Weckt Erinnerungen an das Licht im Kreißsaal, damals, als alles plötzlich so schnell gehen musste. Kritisch wurde. Hier lässt man mir Zeit, die ich nicht möchte. So tritt das Leben in die Welt, so verlässt es sie wieder, denke ich und weiß noch nicht, wie ich diese Erkenntnis werten soll. Also lege ich sie zur späteren Ansicht zu den Akten und gebe die Leiche zur Überführung frei.

Ein Taxi fährt mich gleich darauf durch die fremde Stadt und entlässt mich im Einkaufszentrum, wo es geschah. Wo der Wachmann mich erwartet, der auch Meldung gemacht hatte.

Der Mann gibt mir die Wagenschlüssel. Auf der Brust seiner pseudomilitärischen Uniform steht *Security*. Sechs Euro sechsundzwanzig verdient er die Stunde, sagt der Zwickauer Riese mit der Glatze, und dass er sich freue, eine aus dem echten Frankfurt zu treffen.

Ich bin eine Frau. Er duzt mich trotz meines ihm bekannten Dienstgrades kumpelhaft, führt mich zur Balustrade, wirft seine Zigarettenkippe hinab. Sie trudelt durch die Luft, landet neben dem Rest Absperrband. Deutlich wie durch ein Fernglas erspähen meine Augen das bisschen Gelb mit erstaunlich viel Weiß daran. Es ging ihm um die Geste.

Der Wachmann spottet über den Toten.

Meine Faust möchte das fremde Gesicht verwüsten. Mein Knie möchte ihm zwischen die Beine schnellen, die Hoden verletzen. Meine Selbstbeherrschung ist Blattvergoldung. Die jähe Gewaltbereitschaft beunruhigt mich. Nur in Comic-Heften geht das: verheerende Schläge, die letztlich keinen Schaden anrichten.

Meine Kehle räuspert sich ungewollt. Ich schicke das Klischee unversehrt an seine Arbeit zurück.

Zwischen den Menschen, die laut schwatzen, Autotüren zuschlagen, Motoren anlassen, bin ich allein. Meine persönliche Aufgabe gesellt sich mir zur Seite. Es gibt nichts zu ermitteln. Zu ergründen gibt es vieles. Freitod, Suizid – keine Tätersuche, keine Strafverfolgung.

Selbst-Mord: Ich werde nicht Ruhe finden, bevor alle Fragen geklärt sind: Weshalb hier, weshalb jetzt? Ausgerechnet er! Weshalb sie?

Mein Blick irrt nicht mehr, ist geduldig nun. Im Kreisverkehr, der das Einkaufszentrum umgibt, hält ein Bus. Er entlässt Fahrgäste, nimmt neue auf, verlässt den Kreisel, den Blinker ordentlich gesetzt. Ein Briefträger stellt Post zu. Eine Frau schiebt einen Einkaufswagen. Ein Mädchen trägt schwer an seiner Schultasche.

Blinkender Weihnachtsschmuck in den Fenstern des Wohnsilos gegenüber drängt sich mir auf, löst überraschenden Würgereiz aus.

Kein Besuch aus dem Morgenland, denke ich – hätte in Marias Krippe *kein* Knabe gelegen. Ein Großteil Geschichte wäre anders geschrieben worden. Nein, fürchte ich, wahrscheinlich nicht geschrieben worden. Es sind zu viele Geschichten, höre ich etwas in mir sagen, die niemals stattfanden, obwohl sie irgendwann einmal im Bereich des Möglichen gelegen haben.

Mein Rücken wendet sich der Betonmauer zu. Aus eben noch rechts wird links und links ist jetzt rechts. Osten immerhin bleibt Osten, auch der Westen ändert seine Position nicht. Ich frage mich, ob die beiden Gehirnhälften des Menschen ihn dazu zwingen, stets in Gegensätzen zu denken: Mann und Frau, gut und böse, schwarz und weiß. Wo nur bleiben die Übergänge? Irgendwo habe ich gelesen, die Gehirnhälften seien bei Frauen besser miteinander verknüpft als bei Männern.

In keiner meiner Hälften will sich Trauer ansiedeln.

Ich werde mich so lange schämen, bis sie kommt.

Eisiger Wind fährt mir ins Haar. Die Überprüfung seiner Farbe steht noch aus. Ich sehe mich nach dem Auto um, dessen Schlüssel meine Jackentasche beschwert. Der unauffällige Mazda verbirgt sich hinter dem Transporter einer Spenglerei.

Gewohnheitsmäßig umrunde ich den Wagen, spähe durch die Fenster. Auf der Rückbank sitzen die Kleider wie ein sehr flacher Mensch: das Hemd, glatt gestrichen, die Jeans, darunter auf den Sitz gelegt, lässt die Hosenbeine herabhängen. Davor stehen die Sportschuhe, ordentlich nebeneinander. Allein die zerfledderte Verpackung einer Strumpfhose auf dem Boden zeugt von Eile. Anzeichen von Unentschlossenheit oder des Zögerns gibt es hingegen nicht.

Martin hatte sich ins Auto gesetzt und war als Martina ausgestiegen. Gesprungen sind beide.

Mechanisch schließt meine Hand den Wagen auf, mein Körper lässt sich auf den Beifahrersitz fallen. Das Seitenfach ist bis auf einen Eiskratzer leer. Im Handschuhfach liegen ein Computerausdruck der Fahrtroute und der Parkschein. Außerdem eine CD von Placebo: *Without you I'm nothing.* Meine Finger streichen durch mein Gesicht. Ich hätte gern, dass dies ein zufälliger Titel ist.

Im Spiegel des heruntergeklappten Blendschutzes fahnden meine Augen nach meiner Haarfarbe. Sie ist noch immer mittelblond, nur mein Gesicht mit den winzigen Buchstaben darauf wirkt angemessen grau.

Mein Blick bleibt hängen, fokussiert neu. Die Buchstaben! Ein letztes Missverständnis, ein falsches grammatikalisches Tempus: *Ich weiß, du findest das. Nicht wahr, wir können nie aus unserer Haut heraus. Der Bulle nicht und ich nicht. Ich hab dich trotzdem immer lieb, Mammi.*

Mein Sohn hat meine Tochter ermordet – oder umgekehrt.

Wer von beiden es mit dem anderen nicht mehr aushielt, verstehen meine Gehirnhälften nicht. Vielleicht fanden auch die beiden Hälften meines Kindes keine gemeinsame Perspektive, nur einen geteilten Fluchtweg.

Meine Hand presst die Hupe des Mazda, bis der Schmerz im Ohr mich betäubt.

Dann lockert sich der Druck auf das kalte Plastik automatisch.

Fremde eilen herbei, umringen das Fahrzeug. Ihre Gesichter schweben neugierig hinter den schmierigen Scheiben.

Was sollen die Leute nur von mir denken, fragt sich Hauptkommissarin Ariane Nowotny. Und dann denke ich: Vielleicht ist diese Frage ein Mörder, dessen man nicht habhaft werden kann.

Ich klettere auf den Fahrersitz hinüber und starte den Motor. Um 16.47 Uhr zahle ich siebenundzwanzig Euro achtzig, dann verlasse ich das Parkhaus in Frankfurt am Main. Fünfeinhalb Stunden später komme ich in Frankfurt/Oder an, wo ich kein Zuhause mehr habe.

Norwegenreise zu dritt

Karen Erbs

Während Erika schweigsam dem jungen Mann, der immer öfter ihrem Blick entschwand, den Pfad hinauf folgte, hörte sie nur ihren eigenen Atem und das Rascheln der Regenjacke. Vorsichtig suchte sie bei jedem Schritt nach Halt auf dem rutschigen Felsen. Der leichte Nieselregen hatte erst kurz vor ihrem Anstieg aufgehört. Die Morgenluft war noch schwanger von der Feuchtigkeit. Wo die Sonne den dunklen Stein erwärmte, begann er zu dampfen.

Es war nicht mehr weit bis zum Ziel ihrer mehrstündigen Wanderung. Aber der Groll auf ihren Sohn verdarb Erika diesen besonderen Tag. Nie hatte sie sich vorstellen können, dass ein Urlaub sie so frustrieren könnte.

Rüdiger hatte ihr die Reise zu Weihnachten geschenkt. Zu dem Zeitpunkt war sie die glücklichste Mutter der Welt gewesen: Erst der unerwartete Anruf ihres Sohnes, danach dieses unverhoffte Geschenk einer gemeinsamen Traumreise im Mai.

Mutter und Sohn hatten nach einer heftigen Auseinandersetzung über zwei Jahre keinen Kontakt mehr gehabt, als Rüdiger anrief. Erika erinnerte sich noch genau an diesen Moment. Sie musste weinen, als sie Rüdigers Stimme am Telefon erkannte. Und dann die Vorfreude, dass er Heiligabend kommen wollte. Und seine Bitte, dass sie ihre gefüllte Gans zubereiten möge. Stundenlang telefonierte sie damals mit ihren Freundinnen und erzählte von dem anstehenden Besuch. Zuvor war sie natürlich zum Grab ihres Mannes gegangen und hatte ihm die gute Nachricht überbracht.

Auch als Rüdiger sie Heiligabend mit der Einladung für die Norwegenreise überraschte, war sie gleich morgens am ersten Feiertag zum Friedhof gegangen. Damals dachte Erika: *Alles wird wieder gut.* Alles würde so werden, wie sie sich ihr Alter immer vorgestellt hatte. Und als Beginn die Reise nach Norwegen.

Ach, wie lange hatte sie davon geträumt! Aber nie wollte jemand mit ihr nach Norwegen. Alle meinten, es sei kalt, voller Mücken und es gebe keine Sandstrände.

Erika hielt einen Moment inne. Schaute sich um. Sie waren schon einige hundert Meter hoch gestiegen. Immer wieder gab es atemberaubende Ausblicke über die Berglandschaft. Ein Stück entfernt grasten zwei Ziegen auf dem kargen Gelände. Weiter im Norden waren sie Rentieren begegnet und hatten Elche gesehen. Einmal sogar ein Muttertier mit zwei Kälbern. Vorgestern, zum Muttertag, waren sie auf der Vogelinsel Runde in eine Kolonie von schnatternden Papageientauchern geraten, und oben bei Bodö hatten sie Tümmler im Atlantik beobachtet.

Erika seufzte.

Norwegen war schöner als in ihren Träumen. Die Farben der Natur. Die Lichtspiele durch das unbeständige Wetter. Der Himmel über einsamen Fjorden. Überall gab es köstlichen Fisch zu essen. Ach, und erst der Fischmarkt von Bergen. Und im Hintergrund die farbenfrohe Altstadt mit ihren berühmten Holzhäusern und verwinkelten Gassen. Es hätte alles so schön sein können - aber es war ein einziger Albtraum.

Wütend stampfte Erika wieder los. Weit und breit keine Menschenseele. Rüdiger hatte schon auf dem Parkplatz gemeint, sie hätten wohl ein unglaubliches Glück. Jedenfalls standen keine Reisebusse auf dem Parkplatz.

Erika wäre gerne mit ihrem Sohn zu diesem außergewöhnlichen Ziel gewandert, doch sie wusste, warum er Abstand hielt. Und sie nahm ihm das übel.

Wieder hielt sie an. In ihrem Zorn war sie wohl zu schnell gegangen. Seitenstiche quälten sie in der linken Körperhälfte. Während sie sich außer Atem vornüber beugte, legte sie die Hand auf den stechenden Bereich. Wenigstens drückten die neuen Wanderschuhe nicht mehr. Auf den kürzeren Wanderungen über die rauen Felsböden der Hardanger Vidda und auf den steilen Hängen der kleinen Insel Runde hatte sie die Schuhe gut einlaufen können.

Langsam bekam Erika wieder Luft und dachte, eigentlich geschähe ihrem Sohn nur recht, wenn ihr Herz die ganze Aufregung nicht mehr mitmachte. Dann würde er schon sehen, was er mit seinem Starrsinn anrichtete. Sollte er doch sein Leben lang mit der Schuld leben, wenn er sie ins Grab brachte. Erika stockte der Atem.

Wollte er das vielleicht? Hatte er sich nur gemeldet, weil er an seine Erbschaft dachte? Das Haus, einige Aktien, Festgeld. Rüdiger war der Alleinerbe. Sie blieb abrupt stehen.

War dieser Ausflug eine Falle?

Unsinn!

Oder?

Ihrem Sohn allein traute sie einen so fürchterlichen Plan nicht zu. Doch er war ja nicht mehr alleine.

Erika wusste genau, wem sie das ganze Fiasko zu verdanken hatte.

Ihr ganzes Leben war darauf ausgerichtet gewesen, in Ruhe mit ihrem Mann in dem Dorf, in dem sie beide groß geworden waren, alt zu werden. Von guten Nachbarn und lieben Freunden umgeben. Ab und zu eine Flugreise mit ihren Freundinnen. Und als Krönung des Rentnerdaseins: Enkelkinder.

Und Rüdiger wollte ja auch Kinder, aber doch nicht mit dieser Person!

Als Erika um die nächste Wegbiegung kam, lag plötzlich ein stiller Teich in der hügeligen Felslandschaft vor ihr. Es war wie in einem Märchen. Die geheimnisvolle Stille zog sie in ihren Bann. Kein Windhauch trübte die Wasseroberfläche, in der sich das Ufer mit seinen Felsbrocken, Birken und Erlen spiegelte. Der Himmel war inzwischen postkartenblau, nur wenige kleine Wolken standen fast unbeweglich über dieser perfekten Idylle. Erika näherte sich dem Ufer. Nach einigen Schritten sah sie, dass hinter dem Teich noch ein zweiter lag. Der vordere Bergsee leuchtete kobaltblau. Kleine grasige Buchten luden zum Verweilen ein. Kein Mensch war zu sehen.

Erika zog ihren Rucksack vom Rücken, um die Digitalkamera herauszuholen, und machte mehrere Fotos. Es würde prächtige Bilder geben, weil das Wetter so klar war.

Schade, dass sie den Anblick nicht gemeinsam mit ihrem Sohn genießen konnte.

Mehr und mehr hatte er sich von ihr zurückgezogen, weil sie mit seiner *großen Liebe* nicht klar kam. Mehrmals hatte er versucht, sie zur Akzeptanz zu überreden. Ihre Sympathie zu wecken. Die ganze Reise war nur diesem Zweck gewidmet. Es war so bitter!

Zu keinem Zeitpunkt hatte er *ihr* eine Freude machen wollen. Es ging immer nur um seine bevorstehende Hochzeit. Ihre Einwände, Wünsche und Bedenken wurden nicht ernst genommen. Immer ließ er sie spüren, wie enttäuscht *er* war. Nur seine *große Liebe* machte ständig gut Wetter, auf oberfröhlich und obersportlich. Die Worte »*große Liebe*« konnte Erika nicht mehr hören. Rüdiger war doch noch so jung. Mit fünfundzwanzig Jahren konnte er zu jeder Zeit überall der richtigen Traumfrau begegnen.

Wie konnte sie ihn nur davon überzeugen abzuwarten? Nichts zu übereilen!

Erika packte ihre Kamera ein und machte sich wieder auf den Weg, der links an den beiden Teichen vorbeiführte. Sie freute sich schon jetzt auf den Rückweg. Auf jeden Fall wollte sie diesen Anblick noch einmal mit Rüdiger gemeinsam genießen. Sie musste oben mit ihm in Ruhe über alles reden.

Vielleicht könnte sie ihm noch andere Perspektiven eröffnen. Vielleicht gab es dort oben einen Ausblick auf eine Zukunft in Frieden und Eintracht. Sie wollte ihn nicht verlieren. Er durfte dieser Person nicht nach Amerika folgen!

Erika biss die Zähne zusammen. Sie würde sich ihren Sohn nicht rauben lassen. Das hatte sie nicht verdient. Er war doch früher so ein braver Junge gewesen!

Plötzlich war sie am Ziel.

Vielleicht war sie irgendwo ein Stück vom Weg abgekommen, denn die berühmte Kanzel befand sich etwas unter ihr.

Der Anblick war atemberaubend. Wie ein perfektes Foto lag der Preikestolen vor ihr. Eckig, fast wie von Menschenhand erbaut, hatte die Natur hier eine große, quadratische Aussichtsplattform geschaffen, die einen phänomenalen Ausblick über den Lysefjord bot. Die umliegende Bergwelt des Rogalandes breitete sich vor Erika aus.

Nur ein Mensch – Rüdigers *große Liebe* – war auf dem berühmtesten Felsen Norwegens! Erika atmete trotzdem erleichtert auf. Welch ein unfassbares Glück.

Sie kannte Fotos, auf denen sich viele Wanderer und Touristen auf der Plattform tummelten. Sogar Hochzeiten und Konzerte fanden hier oben statt, erinnerte sich Erika. Und das 604 Meter über dem Fjord und ohne Geländer!

Beherzt überschritt Erika den tiefen Riss, der den Preikestolen noch bedrohlicher wirken ließ. Es schien, als könne sich der riesige Fels jederzeit abspalten und in den Abgrund stürzen. Erika wusste kaum, wohin sie als erstes schauen sollte. Und sie wusste nicht, wie weit sie sich an den Rand trauen sollte. Es war ein magischer Ort, aber auch gefährlich!

Erika drehte sich einmal langsam um sich selbst. Das Panorama war grandios.

Allein zu zweit auf diesem berühmten Aussichtspunkt.

Eine Chance?

Ein Zeichen?

Bestürzt sah sie, dass Rüdigers *große Liebe* sich während ihrer Drehung vor ihr auf die Kante der Steilwand gesetzt hatte.

Dieser schreckliche Mann!

Der Mann, der all ihre Hoffnungen und Träume zerstören wollte.

Nun wandte er sich auch noch vorsichtig zu ihr um. Lächelte sie wieder auf diese lästige und sich anbiedernde Art an. Dann sah er wieder hinab auf den Fjord des Lichts.

Plötzlich hatte Erika wie in einem Fieberwahn eine Vision. Das Bild stammte aus einem Krimi von Ingrid Noll. Es war nur eine mutige, von Hass verstärkte Handbewegung. Eine faszinierende Vorstellung.

Schnell. Sauber. Und so leicht.

Ein Hindernis, das einfach beseitigt werden musste.

Nur der Schrei – damit hatte sie nicht gerechnet.

Aber warum war der Schrei auch hinter ihr?

Ein Echo?

Erikas Herz pochte wild wie nach einem schnellen Lauf.

Sie trat langsam vom Abgrund zurück. Als sie ein Keuchen hörte, blickte sie sich erschrocken um.

Ihr Sohn stand mit weit aufgerissenen Augen einige Meter vor ihr. Woher war er denn ausgerechnet jetzt so schnell gekommen? Zeitweise hatte Erika angenommen, er halte nicht nur Abstand, sondern sei zum Parkplatz zurückgekehrt. Sie machte mit hängenden Schultern einen Schritt auf ihn zu und flüsterte: »Es war ein Unfall.«

Doch Rüdiger, dessen Gesicht blutleer schien und voller Tränen war, wehrte ihre Berührung grob ab. Ging an ihr vorbei.

Erika schloss die Augen.

Was hatte sie getan?

Einen Versuch wollte sie noch wagen. Sie wandte sich um zu Rüdiger und fiel vor Schreck auf die Knie, während sie die Hände vor dem Mund zusammenschlug.

Der Felsen war leer. Stumm war ihr Sohn dem Geliebten gefolgt.

Fröhlicher Muttertag

Kerstin Lange

Matheus blickte in das Schaufenster des Blumenladens. Rote Herzen, wohin er schaute: zum Aufhängen, zum Hinlegen, auf Grußkarten und auf Schleifenband. Ein Banner verkündete: Noch zwei Tage bis Muttertag. Er freute sich, denn er brauchte sich keine Gedanken mehr um ein Geschenk machen. Er war vorbereitet. Blumen und Pralinen waren ja nette Gesten, aber seine Mutter verdiente mehr. Viel mehr.

Er betrachtete nicht mehr die Dekoration, sondern fokussierte sein Spiegelbild. Mit der rechten Hand strich er eine widerspenstige Haarsträhne zurück und lächelte. Er sah gut aus, ähnelte seiner Mutter. Groß, schlank. Dunkler Teint, braune Augen, umrandet von dichten langen Wimpern, um die ihn jede Frau beneidete. Auf Kinderbildern schaute er mit kinnlangen Locken in die Kamera, jetzt, mit zwanzig, bevorzugte er kurze Haare, um seine Männlichkeit zu unterstreichen.

Seit Matheus denken konnte, machte sich sein Vater über ihn lustig, verspottete ihn, fand ihn zu weibisch. Unterstützt hatte ihn in all den Jahren seine Mutter. Sie stand zu ihm, half ihm, wo immer sie konnte. Sie wurde nicht müde ihn zu fördern, ihn zu ermuntern, alles auszuprobieren, um seine Talente zu entdecken. Natürlich hinter dem Rücken des Vaters, dem seine Firma und seine Sekretärinnen mehr bedeuteten als die Familie. Mit Ausnahme von Carsten. Vielleicht weil er das Abbild seines Vaters war. Sowohl im Aussehen als auch charakterlich. Während die beiden Spaß an Fußballspielen, Formel-Eins-Rennen hatten, spornte die Mutter Matheus zu schöngeistigen Dingen an. »Du bist Musiker. Schau dir deine Hände an: lange, schmale Finger!« Matheus liebte schon immer Musik. Bereits als Kind bevorzugte er es, Klavierkonzerten zu lauschen, statt mit anderen draußen zu toben. Mit vier Jahren bekam er Blockflötenunterricht. Seine Mutter saß in jeder Stunde als Zuhörerin dabei, lauschte verzückt seinen Übungen. Fortschritte waren nicht erkennbar, was am schlechten Lehrer lag, und er probierte Klavier- und Geigenunterricht. Doch erst als auch der dritte Pädagoge den Traum von einer Karriere als Musiker platzen ließ und Matheus hundertprozentige Talentfreiheit attestierte, konzentrierte sich die Mutter auf andere Gebiete.

In der Ballettschule fühlte sich Matheus wohl. Beim Tanzen schloss er seine Augen, bewegte sich zum Klang der Musik, bekam jedoch nie eine Rolle bei öffentlichen Auftritten. Angeblich fehlte ihm die nötige Beweglichkeit. »Ihr Sohn erinnert auf der Bühne an eine Holzpuppe, er hopst ungelenk herum. Ich kann ihm keine Rolle geben, so sehr ich möchte!«, versuchte die Primaballerina Matheus' Mutter Rechenschaft abzulegen. An den darauf folgenden Streit erinnerte sich jeder im Ort. Er gipfelte in einem Flugblatt, mit dem die Mutter gegen die Ballettschule hetzte und jeden warnte, dort hinzugehen.

Es hatte seinen Vater eine Stange Geld gekostet, die Wogen zu glätten. Obwohl er kaum noch mit seiner Frau redete, war es ihm wichtig, dass sein Ruf in der Öffentlichkeit makellos blieb.

Dafür vergötterte er Carsten. Der war nach seinem Geschmack! Ein echter Kerl, machte sich nichts aus Musik, liebte dafür Fußball. Ging keinem Konflikt aus dem Weg, setzte seine Meinung, wenn nötig, mit Gewalt durch. Scheute sich nicht in Dreck und Schlamm zu wühlen. Seine Kleidung war oft zerrissen, weil er entweder in eine Schlägerei geraten oder von einem Baum gefallen war.

»Matheus ist zu zart für so etwas. Er soll nicht mit den Rabauken draußen spielen«, begründete die Mutter das Stubenhockerdasein ihres Lieblingssohns. Der lag meist auf seinem Bett, lauschte Mozarts Klavierkonzerten und tat ansonsten nichts. Die Schule fand er langweilig. Nur aufgrund der Hartnäckigkeit seiner Mutter, die die Lehrer überredete, und eines großzügigen Schecks seines Vaters an den Förderverein gelang ihm der Wechsel aufs Gymnasium. Es fiel ihm schwer, dem

Unterricht zu folgen, nichts machte ihm Spaß. Trotzdem wurde er jedes Jahr aufs Neue versetzt, was am meisten Matheus verwunderte.

Vor einem halben Jahr entdeckte er ausgerechnet an der Schule seine wahre Passion: Kochen! Die Koch-AG war eine Notlösung, in keiner anderen Arbeitsgemeinschaft gab es noch einen Platz. Matheus erfuhr zum ersten Mal in seinem Leben Bestätigung für das, was er tat. Das Kreieren von Gerichten, mit Gewürzen zu experimentieren und gewöhnliche und ungewöhnliche Zutaten miteinander zu kombinieren, das war seine Bestimmung! Ihm gelang alles. Selbst aus den unscheinbarsten Gemüsesorten schaffte er mit ein wenig Knoblauch hier, Salbei da, eine kulinarische Köstlichkeit zuzubereiten. Zu Hause legte er sich in der Küche einen kleinen Kräutergarten an, schuf sogar Platz für eine Pilzkultur. Die Tage waren mit Experimenten rund um Küchenkräuter und Gewürze ausgefüllt. Während ihn seine Mutter lobte und ihn bereits als erfolgreichen Sternekoch im Fernsehen sah, ignorierte ihn sein Vater. »Typisch. Kochen! Noch so ein Weiberkram«, kommentierte er, und damit war der Erstgeborene für ihn erledigt. Ihn interessierten weder der Zeitungsartikel über die Jungen Wilden in der Küche, noch Berichte über die meist männlichen Sterneköche. Er aß immer häufiger auswärts und verlor kein Wort über Matheus' Kochkünste. Seine ganze Aufmerksamkeit galt seinem anderen Sohn.

Dann starb Carsten. Völlig unerwartet. Die Polizei behauptete, er habe unter Drogeneinfluss gestanden und die Kontrolle über das Motorrad verloren.

Matheus' Trauer über den Verlust seines Bruders hielt sich in Grenzen. Im Gegenteil: Er konnte dessen nun nicht mehr benötigtes Zimmer in einen gigantischen Kräutergarten verwandeln.

Die Aussicht versetzte Matheus in einen Rauschzustand. Er brauchte seine Samen nicht mehr in kleine Kübel und Töpfe pflanzen, sondern hatte Platz für sämtliche exotische Kräuter, auf die er bisher hatte verzichten müssen. Mit seiner Mutter als Verbündeter nutzte er eine Geschäftsreise des Vaters und baute ein Treibhaus auf, sorgte für Wärmequellen und künstliche Sonne in Carstens ehemaligem Zimmer.

Als sein Vater zurück kam und das Kräuterzimmer vorfand, tobte er. Er zeterte, schimpfte, sprach von Missachtung der Toten. Noch als er auf dem Boden lag, beschimpfte er Matheus, schrie von Rache und spuckte ihn voller Hass an.

»Herzinfarkt«, erklärte der gerufene Notarzt, »zu viel Aufregung.«

Nach drei Operationen und einem langen Krankenhausaufenthalt kurte er nun in einer Reha-Klinik.

Die vier Monate ohne Vater im Haus waren ein Geschenk. Matheus und seine Mutter kochten gemeinsam oder lauschten Konzerten. »Wie schade, dass es nicht immer so harmonisch sein kann«, seufzte die Mutter, »mir graut schon davor, wenn Vater heim kommt.«

»Mir auch«, dachte Matheus. Sein Vater würde das Kochen nie akzeptieren, schon gar nicht das Kräuterzimmer im Haus. Da kam ihm die Idee. Einfach so, ganz plötzlich. Je heftiger Matheus versuchte, sie zu ignorieren, umso mehr setzte sie sich in seinem Kopf fest. Und reifte. Eines Morgens wachte er auf, und alles war glasklar, bis ins kleinste Detail ausgearbeitet. Sein Unterbewusstsein hatte daran gefeilt, alle Eventualitäten berücksichtigt und ihm das fertige Konzept zur Verfügung gestellt. Er tat es nicht nur für sich, auch für Mutter, ihr hatte er so viel zu verdanken. Nur über den Zeitpunkt grübelte er noch, als ihm der Zufall half.

Die Ärzte erlaubten dem Vater zum Muttertag nach Hause zu kommen. Zwei Pfleger würden ihn kurz vor dem Mittagessen nach Hause bringen und ihn gegen Abend wieder abholen.

Heute ist es soweit. Seit den frühen Morgenstunden bereitet Matheus das Menü vor. Es besteht aus vier perfekt aufeinander abgestimmten Gängen. Matheus überlegt kurz, bei welchem er die entscheidende Ingredienz untermischen soll, entscheidet sich für den Hauptgang. Sein Vater liebt deftige Hausmannskost, kann der modernen, leichten Küche nichts abgewinnen. Der Rinderbraten mit Kräuterkruste gibt ihm die Gelegenheit, den Eibisch direkt auf den Teller zu geben, und niemand wird etwas bemerken. Seine Mutter wird erlöst von dem despotischen Ehemann und er von dem ihn hassenden Vater.

Der sieht immer noch krank aus. Eingefallene Wangenknochen. Die Augen tief in den Höhlen. Trotzdem beobachten sie akribisch alles, was auf den Tisch kommt. Er isst nur Häppchen von Vorspeise und Zwischengang, bleibt die ganze Zeit über stumm, während die Mutter pausenlos Komplimente austeilt, sich am Essen erfreut. Matheus beglückwünscht sich zu seiner Entscheidung. Es tut ihm in keinster Weise leid.

Dann ist es Zeit für den Hauptgang. »Ich helfe dir«, ruft die Mutter und eilt mit Matheus in die Küche. Sie belegen die Teller mit dem Braten, Rosmarinkartoffeln und viel Sauce. »Schenk du doch schon mal den Rotwein ein«, bittet Matheus seine Mutter, die daraufhin im Esszimmer verschwindet.

»Das ist Vaters Teller«, erklärt er ihr, als sie wiederkommt. Er hat einen Rosmarinzweig zur Kennzeichnung in eine Kartoffel gesteckt, damit auf gar keinen Fall etwas schief gehen kann. Mutter serviert alle drei Teller im Esszimmer, erscheint erneut in der Küche. »Komm, das Essen wird noch kalt.«

»Ich fülle noch die Sauce in die Sauciere, dann kann jeder am Tisch nachfüllen.«

»Ein herrliches Essen, eine tolle Idee zu kochen, mein Junge. Ich bin begeistert. Den Braten wird auch Vater nicht verschmähen, glaub mir. Vielleicht wird alles gut«, sagt sie.

»Ganz sicher«, erwidert Matheus.

Sie gehen ins Esszimmer, setzen sich an den Tisch. Der Vater isst bereits, schmatzt, nimmt erneut ein Stück Braten mit viel Soße in den Mund. Matheus wünscht guten Appetit, die Augen des Vaters blitzen, als er ihnen zuprostet.

»Alles Gute zum Muttertag!«, fügt Matheus hinzu, und alle

drei stoßen mit ihren Rotweingläsern an.

Es dauert nicht lange. Alle kauen, plötzlich beginnt die Mutter zu husten, heftig zu schlucken. Ihr Gesicht wird fahl. Sie greift sich ans Herz, ihr Oberkörper fällt nach vorne. Matheus ruft: »Mutter, was ist mit dir?«, mit verständnislosem Blick schaut er seinen Vater an, der hämisch grinst und keine Anzeichen von Krämpfen zeigt.

In Matheus' Kopf dreht sich alles. Ihm bricht der Schweiß aus.

»Meine Stärkungstropfen fürs Herz. Hochdosiert, schmeckt man nicht raus im Rotwein.« Die Stimme des Vaters ist klar, während er Matheus betrachtet, der sich jetzt auch vor Schmerzen krümmt. »Warum?«, stöhnt er.

»Glaubst du denn, ich weiß nicht, dass du Carsten diese magischen Pilze untergejubelt hast? Und deine Mutter hat dich beschützt!«

Matheus verdreht die Augen, um ihn herum wird es schwarz. Er sackt zusammen, der Kopf fällt auf den Tisch.

Der Alte grinst triumphierend, will sich aufrichten. Doch was ist das? Ihm wird schwindelig. Er fällt zurück auf den Stuhl. Sein Magen krampft sich zusammen. Er kann sich nicht bewegen. Sein Körper gehorcht ihm nicht mehr. Sein Blick fällt auf das Sideboard, dort steht das Telefon. Unerreichbar. Er möchte den Arm ausstrecken – keine Chance. Seine Augen ruhen auf Frau und Sohn.

»Fröhlicher Muttertag«, denkt er. Sein Kreislauf versagt.

Das Muttertagsgeschenk

Gitta Edelmann

Ich hoffe, ich habe keinen Riesenfehler gemacht. Aber ich wollte Mama einmal etwas ganz Besonderes zum Muttertag schenken, weil sie mich doch immer so unterstützt hat. Auch als ich meinen Job aufgegeben habe, um mit Anfang dreißig noch einmal ganz neu anzufangen und zu studieren.

Naja, und da hatte ich doch im Zug diesen Mann getroffen. Sah nicht schlecht aus, so ein Business-Typ um die 40, schätzte ich. Mir gefiel seine zurückhaltende Art. Ich mag's nämlich nicht, wenn Männer sich in den Mittelpunkt spielen und mit ihrem Beruf angeben. Und das tat er gar nicht. Er hörte mir zu, als ich von meinem Studium erzählte, und fasste meine Probleme gekonnt in einem Satz zusammen: »Also: Alles wäre kein Problem, wenn dieser Professor nicht wäre. Wenn er zum Beispiel einen Unfall hätte, sehe ich das richtig?«

Er sah es richtig.

Wir schwiegen ein Weilchen, dann griff er nach seinem Köfferchen und machte sich bereit auszusteigen. Er zog einen silbernen Visitenkartenhalter aus der Innentasche seines dunklen Anzugs und überreichte mir zum Abschied seine Karte.

»Falls Ihr Problem größer wird, können Sie mich gerne anrufen«, sagte er, nickte mir freundlich zu und ging. Ich warf einen kurzen Blick auf die Karte und steckte sie in meine Jeanstasche. »Holger Brüstle – Entsorgungen« und eine Handynummer standen darauf. Das war alles. Ich steckte die Karte ein und vergaß sie erst einmal.

Mein Problem löste sich nicht. Der Prof blieb ein Ekel, und so zögerte ich nicht lange, als mir beim Waschen die Visitenkarte wieder in die Hände fiel. Ich hatte zwar keine Ahnung, wie Holger Brüstle – Entsorgungen mir helfen wollte, aber das war sein Problem. Wenn er mir schon das Angebot machte.

Wie sich herausstellte, beruhte das Angebot nicht auf reiner Nächstenliebe. Einem größeren Geldbetrag und ein paar detaillierten Informationen meinerseits stand jedoch plötzlich die Garantie gegenüber, dass es meinem Prof wegen permanenter Abwesenheit unmöglich sein würde, mich durch die Prüfung rasseln zu lassen. Holger Brüstle entsorgte nämlich weder Altpapier noch Flaschen. Beziehungsweise nur ganz bestimmte Flaschen. Solche wie meinen Prof zum Beispiel.

Holger Brüstle - Entsorgungen war ein Killer!

Na, ich war schon ziemlich aufgeregt, als wir uns ein paar Tage später heimlich trafen und ich ihm den großen Umschlag mit allem Notwendigen überreichte. Er dagegen wirkte genau so ruhig und businessmäßig wie im Zug.

Ich wartete.

Drei Tage später war mein Prof tot. Gestorben bei einer Bypass-OP. Wow! Wie Holger Brüstle das hingekriegt hatte, konnte ich mir nicht vorstellen, aber es war schon toll, was ein Profi leistete.

Am Abend rief mein Killer an. Er war es nämlich gar nicht gewesen! Der Knallkopf von Prof war tatsächlich eines natürlichen Todes gestorben. Naja, zumindest so gut wie natürlich. Und die Ehre gebot, dass der Killer das Geld zurückzahlte, weil er ja nichts dafür getan hatte.

Sehen Sie, das Geld juckte mich nicht besonders. Das hatte ich sowieso schon abgeschrieben. Und Lust auf ein umständliches Treffen hatte ich auch nicht, wo ich doch gerade Adrian kennen gelernt hatte und jede Minute mit ihm verbringen wollte.

Ja, und genau da fiel mir Mama ein. Mama hat nämlich immer Probleme mit Leuten. Mit den Nachbarn, dem Autohändler, ihrer Freundin Sophie, ihrem Ex-Mann, ihrem zweiten, meine ich, mein Vater starb, als ich sieben war ...

»Die gehört doch vergiftet!«, schimpft sie oft. Oder: »Den müsste man erschießen!«

Sicher konnte sie Holger Brüstle – Entsorgungen gut verwenden. Also schenkte ich ihr zum Muttertag etwas wirklich Außergewöhnliches: einen Killer!

Ich bin ja nu siebzig und hab schon 'ne Menge Geschenke bekommen. Aber das Präsent meiner Nora schlug sie alle! Ein Freiauftrag. Ich konnte eine lang gehasste Person aus meinem Leben entfernen. Einfach so. Fast zu schön, um wahr zu sein. Ich hatte gleich ein paar Ideen.

Aber wenn ich in meinem Leben eins gelernt habe, ist es überlegtes Handeln. Und nur weil die Knolle, also ich meine meine Nachbarin, Frau Knoll, wieder ihren Biomüll vor meiner Kellertür verschüttet hatte – mit Absicht, das weiß ich! – musste ich nicht sie an die Spitze meiner Liste setzen. Eigentlich wurde ich ganz gut so mit ihr fertig.

Nora schlug vor, ich sollte die Details mit Herrn Brüstle direkt besprechen. Also vereinbarte ich ein Treffen mit ihm im Bahnhofscafé einer benachbarten, mit dem Zug gut erreichbaren Stadt, deren Namen ich Ihnen natürlich nicht verraten werde! Diskretion, Sie verstehen!

Ich trug mein neues blaues Kostüm und die hellen Schuhe, die am wenigsten nach Gesundheit aussehen. Dazu kramte ich den hellen Hut aus, den ich zuletzt bei Noras Taufe getragen habe. Der hat nämlich einen kleinen Schleier und verbirgt ein bisschen mein Gesicht. So was ist schmeichelhaft.

Herr Brüstle war wirklich ein sehr netter und hilfsbereiter junger Mann mit ausgezeichneten Manieren. Er hatte einen Tisch in einer Ecke reserviert, wo uns niemand belauschen konnte. Die Bedienung brachte Kaffee, richtigen Kaffee, nicht dieses Latte-Macchiato-Zeugs. Dann durfte ich ihm das zukünftige Opfer vorstellen.

Trotz meiner Vorsätze fing ich mit der Knolle an. Die hatte nämlich den Fernseher seit ein paar Tagen mittags immer so laut, dass ich nicht schlafen konnte vor lauter Gebrüll von den Leuten, die sich in den komischen Shows vor aller Welt streiten müssen. Dabei konnte die alte Kuh doch gar nicht so taub sein!

Herr Brüstle schlug einen Sturz auf der Kellertreppe vor. Im Dunkeln. Zumindest würde es so aussehen. Ich war einverstanden.

Als ich jedoch zu Hause ankam, wartete die Knolle schon auf mich.

»Ach, Frau Lenze, ich muss mich entschuldigen«, stammelte sie. »Mein Hörgerät war defekt, und ich habe es nicht gemerkt. Erst heute hat mein Sohn mich darauf aufmerksam gemacht, dass mein Fernseher so laut ist. Ich hoffe, ich habe Sie in den letzten Tagen nicht gestört?« Sie sah mich hoffnungsvoll an.

»Aber nein«, antwortete ich höflich, wie ich es als Kind gelernt hatte, und verschwand in meiner Wohnung. Mein schlechtes Gewissen trieb mich sofort zum Telefon.

»Also, Herr Brüstle, wir müssen die Sache abblasen. Es sind ganz neue Fakten auf den Tisch gekommen«, sagte ich geschäftsmäßig. Wir verabredeten also ein neues Treffen.

»Wissen Sie, wenn jemand sich so ehrlich entschuldigt, kann der Mensch doch nicht völlig schlecht sein!«, erklärte ich Herrn Brüstle im Bahnhofscafé meinen Sinneswandel und stellte ihm gleich den Ersatzkandidaten vor: Kurt Kloos, meinen Autohändler. Ein betrügerischer Kerl. Hat mir im letzten Jahr einen Koreaner verkauft. Sagte, der wäre nicht reparaturanfällig. Ist er aber doch! Dauernd muss ich die Kupplung neu einstellen lassen, und die Bremsbeläge sind auch ständig abgefahren. Und dann wird der Kerl auch noch unverschämt und sagt mir, das liege an meiner Fahrweise! Mir! Wo ich seit fast fünfzig Jahren unfallfrei gefahren bin! Das soll der erst mal nachmachen! Und stinken tut es in meinem Auto immer, wenn es aus der Werkstatt kommt. Der raucht sicher da drin, damit ich davon Lungenkrebs kriege!

Herr Brüstle wollte sich dieses Mal nicht auf eine bestimmte Methode festlegen lassen. War mir auch egal, ob der Kloos bei einem Überfall auf sein Autohaus erschossen oder von einem Auto überrollt würde.

Gegen Abend fuhr ich bei ihm vorbei. Sozusagen, um Abschied zu nehmen. Er schloss gerade die Werkstatt zu, als ich auf der gegenüberliegenden Straßenseite hielt. Auf dem Hof stand eine Frau mit einem Zwillingskinderwagen. Der Kloos ging auf die junge Familie zu, küsste die Frau und beugte sich über den Wagen. Ich konnte sein »eideidei, meine Süßen« und das Gejuchze der Kleinen durch mein offenes Autofenster hören. Mmh. Ich hatte nicht gewusst, dass der Kloos Familienvater war. Die arme Frau. Allein mit zwei kleinen Kindern! Nee, das ging nicht.

Ich fuhr, so schnell ich konnte, nach Hause. Der Wagen lief nicht gut und fing dazu noch an zu stinken. Dann entdeckte ich das rote Licht am Armaturenbrett. Handbremse. Die hatte ich in meiner Aufregung ganz vergessen.

Herr Brüstle schien ein ganz klein wenig ungehalten, als ich ihn anrief und die Sache abblies. Er hatte sich wohl schon richtig in die Vorbereitungen gekniet. Aber auch er sah natürlich ein, dass man die kleine Familie nicht ihres Ernährers berauben konnte.

Wir trafen uns also wieder im Bahnhofscafé von ... Huch, jetzt wär's mir doch beinahe rausgerutscht! Ich musste dieses Mal lange überlegen, was ich anziehen sollte. Mein blaues Kostüm hatte ich schon zweimal getragen, Herr Brüstle sollte ja nicht denken, ich hätte sonst nichts. Ich wählte dieses Mal ein lila-beiges Jackenkleid, zu dem Hut und Schuhe ideal passten.

Die Bedienung brachte uns den Kaffee, noch bevor ich mich richtig gesetzt hatte. Sehr guter Service dort – kann ich Ihnen nur empfehlen.

Sophie. Sophie war diejenige, der mein Geburtstagsgeschenk gelten sollte. Meine Freundin, ha! Aber ich hätte wissen müssen, dass sie eine falsche Schlange ist. Schon in der Schulzeit hat sie meine kleinen Geheimnisse ausgeplaudert. Wie konnte ich das nur all die Jahre vergessen, in denen wir wirklich Freundinnen zu sein schienen? Nur weil wir uns eine Zeit lang gut verstanden und gleiche Interessen hatten? Gleiche Interessen, ha! Zwanzig Jahre lang haben wir alles Mögliche zusammen unternommen, seit sie Witwe wurde und ich eine Geschiedene. Dann im letzten Jahr kam Karl. Ein wundervoller Mann. Karl und ich passten zusammen – einfach göttlich. Sophie beklagte sich, sie fühlte sich vernachlässigt. Dabei musste sie doch verstehen, dass Karl und ich viel Zeit füreinander brauchten. Und wissen Sie was, eines Tages kommt diese Schlampe daher und spannt ihn mir einfach aus! Meinen Karl! Ich fass es nicht!

Herr Brüstle nickte verständnisvoll und versprach, sich baldigst um die Angelegenheit zu kümmern. Wir verabschiedeten uns herzlich.

Auf der Heimfahrt im Zug saß ich alleine im Abteil, als die Tür aufgeschoben wurde und ein überraschtes »Agathe« mich aus meinen Gedanken riss. Sophie. Und Karl. Und ein ausgesprochen gut aussehender reifer Herr, Karls Bruder, wie sich herausstellte. Sein jüngerer Bruder. Deutlich rüstiger als Karl. Und unglaublich charmant.

»Wir wollten dir Eugen schon lange vorstellen«, zwitscherte Sophie, »aber du gehst irgendwie nie ans Telefon!«

Warum auch, wenn ich Sophies Nummer auf dem Display sehe? Es lebe die Technik.

Wir kamen ins Gespräch, und irgendwie endete unsere Unterhaltung mit dem Plan für eine gemeinsame Mittelmeer-Kreuzfahrt. Eigentlich wollten wir noch zusammen essen gehen, aber ich musste schnell nach Hause, um zu telefonieren. Nora hatte doch Recht, neulich, als sie sagte, ich sollte mir mal ein Handy anschaffen.

Herr Brüstle war sehr wortkarg, als ich den Auftrag stornierte und ein neues Treffen vereinbarte. Ich bot ihm an, die Reisekosten nach ... ups, beinahe ... zu übernehmen. Aber er wollte davon nichts hören. Seine Stimme klang, als beiße er die Zähne zusammen. Der Arme, vielleicht hatte er Zahnschmerzen?

Ich dachte nach. Der Theodor, der Theodor. Nein, nicht der aus dem Fußballtor. Mein zweiter Mann, der Schuft! Fünf Jahre waren wir verheiratet, und immer hat er andere Frauen gehabt! Eine war dann so geschickt, ihn sich endgültig zu angeln. Und er zog ab, ohne mir einen Pfennig zu zahlen. Ich weiß, das ist zwanzig Jahre her – wie lustig, fast auf den Tag genau zwanzig Jahre. Das ist doch der ideale Zeitpunkt ...

Herr Brüstle nickte mit ausdrucksloser Miene. Er hatte es dieses Mal sehr eilig. Irgendwas war mit dem Mann, er hatte mein neues lachsfarbenes Ensemble keines Blickes gewürdigt.

Ich rührte noch gemütlich in meinem Kaffee und überlegte, ob ich mir zur Feier des Tages eine zweite Tasse Kaffee und ein Stück Apfelkuchen mit Sahne gönnen sollte, als ein Schatten auf meinen Tisch fiel.

»Agathe?«, fragte eine zittrige Männerstimme.

Ich sah auf. Zuerst erkannte ich ihn nicht. Theodor war genauso alt wie ich, wirkte aber völlig ausgezehrt und verbraucht. Hatte wohl nicht auf die Vitamine geachtet. Großzügig wies ich auf den Platz, den Herr Brüstle kurz zuvor verlassen hatte.

»Ich habe dich schon ein paar Mal mit dem jungen Mann hier sitzen sehen«, sagte Theodor. »Aber ich hab mich nicht getraut, dich anzusprechen.«

»Warum auch?«, fragte ich schnippisch.

»Ach, Agathe. Es ist so viel schief gelaufen in meinem Leben. Aber jetzt möchte ich noch ein bisschen wieder gut machen. Ich hab ein ganz nettes Vermögen, das ich ja doch nicht mitnehmen kann.« Er verdrehte die Augen nach oben, und ich verstand, dass er das Jenseits im Blick hatte.

»Wenn du mir deine Kontonummer gibst, werde ich dir in den nächsten Tagen die Hälfte überweisen. Die andere kriegt deine Tochter.«

Hört, hört. Nach zwanzig Jahren? Hätte er auch früher mal dran denken können.

»Ich mach das lieber jetzt, wegen der Erbschaftssteuer und so«, erklärte er.

Ich kramte in meiner Handtasche. Meine Kontonummer kann ich nämlich nicht auswendig. Ich schrieb die Bankverbindung von meiner Scheckkarte ab und schob ihm den Zettel zu.

»Danke«, sagte er leise. »Ich hab nämlich nicht mehr lange.

Drei oder vier Monate, sagen die Ärzte.«

Er stand auf.

»Leb wohl, Agathe«, sagte er. »Es tut mir leid.« Dann drehte er sich um und ging. Fast tat er mir leid.

Ich atmete tief durch und ging zur Theke.

»Kann ich bei Ihnen kurz telefonieren?«, fragte ich die freundliche Bedienung. Ich konnte.

»Sie wollen stornieren«, sagte Herr Brüstle, sobald ich meinen Namen genannt hatte.

»Ja, also, wir müssten mindestens verschieben, bis das Geld auf meinem Konto ... aber andererseits lohnt sich Ihr Aufwand fast nicht, wenn Theodor sowieso bald ...« Ich geriet ins Stottern. Die ganze Sache war mir ziemlich peinlich.

»Wann könnten wir uns treffen?«, fragte ich schließlich.

»Liebe Frau Lenze«, sagte Herr Brüstle, »es tut mir schrecklich leid. Ich werde in den nächsten Wochen nicht erreichbar sein. Rufen Sie mich nicht an, ich werde Sie anrufen.«

Ich war einverstanden. So dringlich war derzeit nichts.

»Auf Wiedersehen!«, sagte ich, doch er antwortete nicht, wohl eine Störung im Handyempfang - Funkloch oder wie das heißt. Herr Brüstle würde doch nie so unhöflich sein, einfach aufzulegen.

Ich war ein kleines bisschen nervös, als ich die Stufen zum Büro von Adrians Mutter hoch stieg. Aber da es mit Adrian und mir nun echt ernst wird, konnte ich ihre Einladung zum Mittagessen schlecht ausschlagen. Und Mama konnte ich auch nicht wieder als Ausrede benutzen, da sie mit ihren Freunden im Mittelmeer herum schippert. Mittagessen in der Kantine der Arbeitsvermittlung. Tolle Abwechslung zur Mensa!

Die drei harten Plastikstühle vor der Umschulungsberatung waren leer. Ich klopfte und öffnete die Tür einen Spalt.

Regina, meine Schwiegermutter in spe, winkte mich herein. Sie hing am Telefon.

»Ja, und die Kaffeemaschine ist auch kaputt. Nee, die Silke

ist schon wieder krank. Was hat mich bloß geritten, dass ich hier gelandet bin! Na, besser hinterm Schreibtisch als davor.« Sie lachte, verabschiedete sich und legte auf.

Ich bemühte mich zu lächeln. Worüber sollte ich bloß mit Regina reden? Ich sah mich um. Auf dem obersten Aktendeckel stand mit rotem Filzstift Holger Brüstle. Der Name kam mir irgendwie bekannt vor.

»Äh, was für Leute kommen denn hierher um sich umschulen zu lassen?«, erkundigte ich mich. Über ihre Arbeit sprechen die meisten Menschen gerne.

»Das ist ganz verschieden«, sagte Regina und kramte in ihrer Handtasche.

»Leute, die arbeitslos sind und in ihrem Beruf nichts mehr finden, oder solche, die aus gesundheitlichen Gründen ihren Beruf nicht mehr ausüben können.«

Ich nickte verstehend.

»Gerade eben zum Beispiel«, sagte Regina und holte einen Lippenstift aus der Tasche, »da war hier ein noch recht junger Mann. Dunkler Anzug, nicht unsere übliche Kundschaft. Aber irgendwie ...«

Sie ging hinüber zum Waschbecken und zog sich die Lippen nach. Der Lippenstift war viel zu rot und biss sich mit der altrosa Bluse.

»Ja?«, fragte ich auffordernd.

»Naja, sein linker Augenwinkel zuckte immer, und seine Hände haben gezittert. Wirkte ziemlich fertig. Früher war er wohl selbständig. Naja, eigene Firma, pleite gegangen. Haben wir hier dutzendweise.«

»Und jetzt?«

»Ich hab ihm erst mal Mut gemacht. Das kriegen wir schon hin, hab ich gesagt. In der Altenpflege geht es immer noch. Da gibt es zum Beispiel das Alten- und Pflegeheim St. Ludwig mit eigener Schule. Die brauchen dringend Personal. Ein sehr gutes Haus. Lauter reizende alte Damen ...«

Regina schaute nachdenklich auf den Aktenstapel.

»Tja, und als ich das sagte, hat er losgeschrien und wild den Kopf geschüttelt. Vielleicht hatte er ja ein psychisches Problem? Aber bevor ich ihn fragen konnte, war er schon rausgerannt. Leute gibt's!«

Ich nickte verständnisvoll. Und seitdem überlege ich ständig, woher ich den Namen Holger Brüstle kenne ...

Mutter, meine Frau und ich

Jutta Maria Herrmann

Habe es getan!!!, stand in der Mail. Mit drei Ausrufezeichen. Sonst nichts. Mir schwante sofort Schlimmes, aber zu dem Zeitpunkt hoffte ich immer noch, dass ich mich täuschte. Ich griff zum Telefonhörer und tippte unsere Nummer ein. Das Freizeichen tönte in mein Ohr. Mit den Fingerspitzen trommelte ich nervös auf der Schreibtischauflage herum. Sybille nahm nicht ab. Wahrscheinlich war sie shoppen. Oder im Fitnessstudio. Zögernd legte ich den Hörer wieder auf. Das Gefühl in meiner Magengrube war mehr als flau. Ich starrte auf den Bildschirm des Computers, bis die drei Worte vor meinen Augen zu flimmern begannen. Dann bewegte ich die Maus und setzte den Cursor auf Antworten.

Was hast du getan?

Die Antwort kam postwendend. Und sie gefiel mir ganz und gar nicht:

Dich erlöst von dem Drachen!!!!

Dieses Mal zählte ich vier Ausrufezeichen. Mir wurde schlecht. Ich versuchte tief und gleichmäßig zu atmen. Viel half es nicht. In meinem Kopf wirbelten die Gedanken kreuz und quer. Ich bekam keinen einzigen davon zu fassen. An Arbeiten war jedenfalls nicht mehr zu denken. Ich fuhr meinen Computer runter und verabschiedete mich von den Kollegen mit der Entschuldigung: »Ich mach Schluss für heute. Mir platzt der Schädel vor Kopfschmerzen.«

Der dicke Mayer knurrte für alle gut hörbar: »Schon wieder? Du Ärmster!« Jemand kicherte.

Normalerweise ärgerte ich mich maßlos über Mayers süffisante Spitzen, aber heute hatte ich andere Sorgen. Ich zuckte nur mit den Schultern, fuhr mit dem Aufzug in die Tiefgarage, stieg in mein BMW-Cabrio und sah zu, dass ich nach Hause kam.

Das Tor der Doppelgarage öffnete sich automatisch. Sybilles

knallroter Mercedes stand nicht an seinem Platz. Mein Magen rebellierte schon wieder. Ich parkte und stürmte ins Haus. Die Luft war angenehm kühl, es roch leicht nach Lavendel. Sybille hatte überall im Haus an versteckten Stellen kleine, von Hand genähte Säckchen mit getrockneten Lavendelblüten deponiert, um die teuren Plüschsofas und gestickten Brokatkissen vor Mottenfraß zu schützen. Mein Fall war das nicht. Weder die Möbel noch der Geruch. Aber meine Frau hatte das Geld und somit auch das Sagen.

»Sybille«, rief ich. »Bist du da?« Keine Antwort.

Ich warf einen Blick in die Küche. Der Frühstückstisch sah noch genau so aus, wie ich ihn heute Morgen verlassen hatte. Das passte so gar nicht zu meiner peniblen Frau, die mich mit ihrem Ordnungsfanatismus regelmäßig an den Rand des Wahnsinns trieb.

Beunruhigt eilte ich nach oben in mein Arbeitszimmer, setzte mich an den Schreibtisch und fuhr den Rechner hoch. Während ich wartete, bis er einsatzbereit war, ließ ich mir die Geschehnisse der letzten Wochen noch einmal durch den Kopf gehen.

GlüxSternchen72 hatte ich im KuschelForum24 aufgegabelt. Oder vielmehr sie mich. Ich nannte mich BlackEagle83 und hatte das Foto eines unverschämt gut aussehenden australischen Schauspielers, den hierzulande kein Mensch kannte, als mein Konterfei eingestellt. Ich sehe zwar auch recht passabel aus, aber die Konkurrenz im Netz ist groß, und mein Charme, mit dem ich jede Frau – na ja, fast jede – um den Finger wickele, entfaltet sich erst so richtig im persönlichen Kontakt.

In den ersten Tagen passierte nicht viel, aber dann flatterten einige Zuschriften von interessierten Damen herein. Die meisten wimmelte ich sofort wieder ab: zu alt, zu unansehnlich. Mit dem Rest entwickelte sich per Mail ein intensiver – wie soll ich sagen – verbalerotischer Austausch. Mann oh Mann, da ging es manchmal ganz schön zur Sache.

Meine absolute Favoritin aber war und blieb GlüxSternchen72 – übrigens sehr süß, das Foto von ihr, dunkle Locken, große blaue Augen und eine Figur vom Feinsten, ich war hin und weg. Wir verstanden uns quasi ab der ersten Chatsekunde. Ich hatte mich noch nie einem Menschen - und schon gar keiner Frau - so nahe gefühlt. Obwohl uns eine Luftlinie von rund 700 Kilometern trennte. Sie im Süden – ich im Norden. Natürlich wollte sie bald mehr. Mich sehen, mich treffen. Das übliche Programm eben. Da gestand ich ihr, dass ich verheiratet war. Unglücklich natürlich, was sonst. Zwei Tage ließ sie mich schmoren, reagierte auf keine meiner Mails, flirtete im Forum in meinem Beisein mit anderen Männern. Ich fühlte mich schrecklich.

Die Türklingel riss mich aus meinen Erinnerungen. Ich eilte die Stufen hinunter und öffnete. Eine Polizistin stand vor der Tür, in den Händen drehte sie – verlegen, wie mir schien, – ihre Mütze.

»Herr Rosentreter? Ralf Rosentreter?«, fragte sie und sah mich mit einem so ernsten Blick an, dass mir angst und bange wurde.

Ich nickte. »Ja, der bin ich.« Mein Magen kam heute gar nicht mehr zur Ruhe.

»Kann ich kurz reinkommen?«, fragte sie.

»Ist etwas passiert? Ist etwas mit meiner Frau?« In meiner Stimme schwang ein hysterischer Unterton mit.

»Lassen Sie uns bitte reingehen«, sagte sie. »Ich möchte Ihnen das nicht so zwischen Tür und Angel mitteilen.« Sie schlüpfte an mir vorbei ins Hausinnere.

Ich schloss mit zitternden Händen die Tür und bat sie, mir ins Wohnzimmer zu folgen. Sie nahm auf dem Sofa Platz, legte die Mütze neben sich ab. Ich setzte mich ihr gegenüber und sah sie fragend an. Mein Herz klopfte so heftig, als wollte es zerspringen.

Sie wich meinem Blick aus, räusperte sich und sagte dann mit leiser Stimme: »Es hat einen Unfall gegeben.«

»Oh, Gott«, entfuhr es mir. Ich strich mir fahrig über den Kopf.

»Das verunfallte Auto ist auf eine Sybille Rosentreter angemeldet.«

»Das ist meine Frau. Was ist mit ihr?«

»Sie ist …« Sie stockte, sah mich ernst an. »Ihre Frau ist in dem Auto verbrannt.«

»Verbrannt?«, wiederholte ich und rang um Fassung.

Die Polizistin nickte: »Ja. Sie muss mit hoher Geschwindigkeit gegen einen Brückenpfeiler gebrettert – Entschuldigung – gerast sein. Das Auto ging sofort in Flammen auf. Von Ihrer Frau ist nicht mehr viel …«

»Schon gut«, unterbrach ich sie. »Ersparen Sie mir bitte die Details.« Ich hielt die Hand vor den Mund und würgte an der hoch steigenden Magensäure.

Die Polizistin sah mich aus mitfühlenden Augen an. »Es tut mir so leid«, sagte sie. Ich nickte, schluckte und spürte, wie mir Tränen in die Augen stiegen.

»Kann ich irgendetwas für Sie tun, Herr Rosentreter?«

Ich sah sie mit umflortem Blick an.

»Soll ich jemanden verständigen? Einen Freund? Einen Verwandten?«

Ich schüttelte stumm den Kopf.

»Sie sollten jetzt nicht alleine sein«, sagte sie.

Ich atmete tief durch und sagte mit matter Stimme: »Danke, das ist sehr fürsorglich von Ihnen. Ich rufe gleich meine Mutter an und bitte sie herzukommen. Es wird ihr das Herz brechen. Sie hat Sybille sehr geschätzt.«

Das war glatt gelogen. Mutter konnte Sybille nicht ausstehen. Was durchaus auf Gegenseitigkeit beruhte. Obwohl – neuerdings schienen die beiden so eine Art Waffenstillstand geschlossen zu haben. Ständig steckten sie die Köpfe zusammen. Mir war das nur recht. So hatte ich wenigstens meine Ruhe. Ich unterdrückte ein Schluchzen.

»Gut.« Die Polizistin stand auf. Ich erhob mich ebenfalls und begleitete sie zur Tür. Sie reichte mir die Hand, sprach mir noch mal ihr Beileid aus und setzte im Davoneilen ihre Mütze wieder auf.

Mir schwirrte der Kopf. Sybille tot – GlüxSternchen72 ihre

Mörderin? Ich spürte, wie mir der Schweiß ausbrach.

»Ganz ruhig bleiben«, sagte ich mit zittriger Stimme zu mir selber und genehmigte mir auf den Schrecken hin einen Ouzo direkt aus der Flasche. Ich verschluckte mich und hustete, bis mir die Augen tränten. Aber danach fühlte ich mich etwas besser. Ich stürmte nach oben in mein Arbeitszimmer. Als erstes musste ich mein Profil im KuschelForum24 löschen, dann den Mailverkehr mit GlüxSternchen72, dann ...

Erneut klingelte es an der Tür. Wer war denn das jetzt schon wieder? Ich zog kurz in Erwägung, nicht zu öffnen, aber es klingelte unbarmherzig weiter. Also spurtete ich die Stufen hinunter, quetschte mir für alle Fälle ein paar Tränen aus den Augen, öffnete mit einem lauten Schniefen und prallte zurück. Um ein Haar wäre ich über die Katze gestolpert, die wie aus dem Nichts plötzlich auftauchte und der Frau, die vor der Tür stand, schnurrend um die Beine strich. Ich bekam meinen Mund nicht wieder zu.

»Ich habe meinen Schlüssel vergessen«, sagte Sybille. Sie tätschelte kurz das Katzenköpfchen, küsste die Luft neben meiner Wange und drängte sich an mir vorbei. »Wie gut, dass du schon zu Hause bist. Früher Schluss gemacht?«

Ich starrte meiner Frau hinterher, unfähig auch nur ein Wort zu sagen. Sybille hängte ihre Handtasche an die Garderobe, streifte sich die Pumps von den Füßen und wandte sich mir zu. Sie betrachtete mich prüfend und runzelte die Stirn. »Was ist? Stimmt etwas nicht mit meiner Frisur? Oder warum starrst du mich an wie das achte Weltwunder?«

»Nein, nein«, stammelte ich. »Alles bestens. Ich dachte nur ...« *dass du tot bist*, lag mir auf der Zunge, aber das schluckte ich aus nahe liegenden Gründen schnell wieder hinunter. »Ich habe dein Auto gar nicht gehört«, sagte ich stattdessen. Es klang etwas lahm.

Sybille strich sich eine Haarsträhne aus dem Gesicht und marschierte Richtung Küche. »Ich brauche dringend etwas zu trinken. Ich bin am Verdursten.« Ich trabte hinter ihr her. Sybille nahm eine Flasche Mineralwasser aus dem Kühlschrank und ein Glas aus dem Schrank. Sie goss sich ein und trank einen großen Schluck. »Ach«, seufzte sie. »Jetzt geht es mir besser. Ich habe mein Auto übrigens deiner Mutter geliehen.«

»Du hast dein Auto meiner Mutter geliehen?«, wiederholte ich stupide.

»Ja«, sagte Sybille. »Sie hat mich darum gebeten. Sie wollte wohl irgendetwas Größeres bei Ikea besorgen.«

Ich bekam weiche Knie und ließ mich auf den nächstbesten Stuhl fallen.

»Ist dir nicht gut?« Sybille sah mich besorgt an. »Du bist ja ganz weiß um die Nase. Hast du wieder einen deiner Migräneanfälle? Warum legst du dich nicht hin?« Ohne meine Antwort abzuwarten, rauschte sie aus der Küche. »Ich gehe schnell duschen.«

Wie vom Donner gerührt blieb ich sitzen. GlüxSternchen72 hatte statt meiner Frau meine Mutter ins Jenseits befördert. Als sie mir mailte, dass sie bereit sei, um mich zu kämpfen, notfalls sogar zu töten, war ich, ehrlich gesagt, zu Tränen gerührt. Das liebe Ding, hatte ich gedacht, was für ein Glück, dass sie meine Adresse nicht weiß. Wer konnte denn ahnen, dass ...

Augenblick mal! Ich sprang auf und rannte nach oben. Irgendetwas stimmte hier nicht. GlüxSternchen72 wusste weder, wie ich in der Realität hieß, noch wo ich wohnte. Wie also sollte sie das herausgefunden haben? Aus dem Badezimmer klang Sybilles Stimme. Sie sang laut und falsch. Ich blieb stehen und lauschte. Tatsächlich, ich hatte mich nicht verhört. Sybille sang: *Du sollst mein Glücksstern sein.*

Glückstern? Verstört ging ich in mein Zimmer. Zufall? Absicht? Ich wusste es nicht. Ich löschte mein Profil bei KuschelForum24. Anschließend vernichtete ich den gesamten Mailverkehr mit GlüxSternchen72 und – nach kurzem Zögern – auch den mit den anderen Damen. Vorsicht ist die Mutter der Porzellankiste.

»Hier bist du.« Ich zuckte ertappt zusammen und drehte mich auf dem Schreibtischstuhl um. Sybille stand in einem weißen Frottee-Bademantel in der Tür, ein Handtuch um die nassen Haare geschlungen. »Geht's dir besser, Schatz?«

Ich nickte, dann schüttele ich den Kopf. Sybille runzelte die Stirn, hob fragend die Augenbrauen.

»Ich muss dir etwas sagen«, fing ich an. Irgendwann musste ich ihr von Mutters tödlichem Unfall erzählen. »Es ist etwas Schreckliches ...«

»Augenblick«, unterbrach mich Sybille und zog ihr vibrierendes Handy aus der Bademanteltasche. »Ja?«

Ich wartete ungeduldig, zappelte nervös mit den Beinen. Sybille warf mir einen Blick zu und verdrehte die Augen. »Deine Mutter!«, formten ihre Lippen lautlos.

Ich erstarrte. Wie? Meine Mutter? Mein Herzschlag beschleunigte sich. Meine Mutter war tot. Verbrannt. Oder etwa doch nicht? Jetzt verstand ich gar nichts mehr.

Sybille steckte das Handy zurück in die Bademanteltasche und sagte: »Sie steckt im Stau fest. Es dauert wohl noch eine gute Stunde, bis sie hier ist.«

»Wer steckt im Stau fest?« Meine Stimme war kaum mehr als ein heiseres Flüstern.

»Deine Mutter«, sagte Sybille.

»Meine Mutter«, wiederholte ich dümmlich.

»Ja, deine Mutter«, sagte Sybille gedehnt. »Was ist los mit dir, Schatz? Du wirkst etwas desorientiert.«

Jetzt purzelten die Worte nur so aus mir heraus: »Eine Polizistin war vorhin da und hat mir mitgeteilt, dass du bei einem Unfall in deinem Auto verbrannt bist. Minuten später stehst du plötzlich höchst lebendig vor mir und sagst mir, dass du dein Auto an meine Mutter verliehen hast.« Meine Stimme schraubte sich immer höher. Ich kreischte fast. »Also schließe ich daraus, dass nicht du, sondern Mutter diesen schrecklichen Unfall hatte. Aber allem Anschein erfreut sich auch meine Mutter bester Gesundheit.« Ich zitterte am ganzen Körper und fühlte mich einem Zusammenbruch nahe.

Sybille kam auf mich zu und strich mir sanft über den

Kopf. »Du solltest dich besser hinlegen, Schatz. Deine Migräne scheint dir heute ja wirklich sehr zuzusetzen.«

»Aber ich habe mir die Polizistin doch nicht eingebildet«, stammelte ich. Sybille fasste mich an den Händen und zog mich vom Stuhl hoch. Widerstandslos ließ ich mich von ihr ins Schlafzimmer führen.

»Ruhe dich erst mal aus«, sagte sie sanft und löste den Gürtel meiner Hose. Sie knöpfte mein Hemd auf und zog es mir aus. Ich legte mich ins Bett. Sie deckte mich zu und hauchte einen Kuss auf meine Stirn. »Schlaf gut«, sagte sie und zog leise die Tür hinter sich zu.

Natürlich war an Schlaf nicht zu denken. In mir war alles in Aufruhr. Das Blut rauschte in meinen Ohren, das Herz pochte in meiner Brust und in meinem Kopf pulste nur ein Gedanke: *Werde ich verrückt?* Keine fünf Minuten hielt ich es im Bett aus. Dann zog ich mich wieder an und ging nach unten.

Sybille lag im Wohnzimmer auf dem Sofa und telefonierte. Ich wollte mich gerade bemerkbar machen, da kicherte sie und sagte: »BlackEagle83 ist völlig durch den Wind.«

Ich stutzte. Woher kannte Sybille meinen Namen im Kuschelforum? Ich hatte plötzlich einen dicken Kloß im Hals. Mein Atem ging schwer.

»Deine Idee mit der Schauspielerin war einfach genial. Es hat mich eine hübsche Stange Geld gekostet, aber das war es wert. Du hättest sein Gesicht sehen sollen, als ich plötzlich quicklebendig vor ihm stand«, prustete Sybille. »Jetzt sieh zu, dass du herkommst, GlüxSternchen ...«

GlüxSternchen? Sybille und mein GlüxSternchen steckten unter einer Decke? Das war zu viel für mich. Ich stürzte ins Wohnzimmer, schnappte mir aus dem Ständer neben dem Kamin den Schürhaken und drosch wie von Sinnen auf Sybille ein. Ich kam erst wieder zu mir, als zwei Polizisten mich in Handschellen abführten.

Sybilles knallroter Mercedes hielt mit kreischenden Bremsen vor unserem Haus. Heraus sprang – meine Mutter. Ein Polizist eilte ihr entgegen. Er deutete auf mich und sagte etwas. Meine Mutter starrte mich an und schlug beide Hände vor den Mund. Dann plötzlich stürzte sie sich auf mich. Mit beiden Fäusten hämmerte sie auf meinen Brustkorb. Die beiden Polizisten schafften es kaum, sie abzuwehren.

»Was hast du getan?«, schrie sie mit überschnappender Stimme. »Sybille wollte dir doch nur eine Lektion erteilen.« Laut weinend sank sie zu Boden.

»Woher weißt du ...?«, fragte ich fassungslos.

Meine Mutter hob ihr tränennasses Gesicht. Ich sah ihren schuldbewussten Blick. Sie biss sich auf die Lippen.

In dem Moment machte es *Klick* in meinem Kopf. »Du?«, stammelte ich fassungslos. »Du bist GlüxSternchen72?«

Die beiden Polizisten konnten mich nur mit Mühe bändigen.

Böses Blut

Daphne Carpentier

Mutter, du machst mir Angst. Reiß dich zusammen! Ich bitte dich inständig, sonst wirst du uns alle ins Unglück stürzen. Sie beobachten uns mit Argusaugen. Mama, pass auf! Auf dich und auf uns! Ein kleiner Fehler, ein winziger Versprecher, und wir landen in Teufels Küche. Das muss nicht sein! Obwohl die Gesellschaft da unten sicher amüsanter ist als die über den Wolken. Wir sind da einer Meinung, denke ich, auch wenn du auf den Namen Maria getauft wurdest.

Bisher musste ich bei dir immer an eine Madonna denken, so still, zart, ja fast demütig erschienst du mir. Du erinnertest mich an die schönen, weichen Marienstatuen, die man in den kleinen Heiligenhäuschen am Wegesrand findet, ein einfaches Wasserglas mit frisch gepflückten Wiesenblumen zu ihren Füßen. Weißt du noch, als kleines Mädchen wollte ich immer wie du aussehen. Sein wie du. Aber heute Nachmittag bekommt das Bildnis Risse, die Madonna droht vom Sockel zu stürzen. Welch gewählte Worte mir in den Sinn kommen, das Pathos des Pfarrers scheint abgefärbt zu haben.

Während sie lebhaft mit ihren Tischnachbarn plaudert, streicht sie die ganze Zeit über die leicht ergraute Tischdecke, als gäbe es dort unsichtbare Krümel oder Flecken wegzuwischen. Ich mag ihre Hände, sie sind schön, kaum sichtbare Altersflecken auf dem schmalen Handrücken, keine gekrümmten Nägel, obwohl meine Mutter die sechzig schon weit überschritten hat, besitzt sie die makellosen Hände einer jungen Frau. Statt eines aggressiven Blutrots hat sie einen zartrosa Lack aufgetragen, ein einfacher Trauring ziert ihre langen Finger. Ach Maria, hätte ich doch deine aparten Hände geerbt. Ich starre auf meine klobigen Finger, den breiten Handrücken. Hände, die zupacken können. Zudrücken. Die habe ich eindeutig von meinem Vater, wie so manches andere hässliche Körpermerkmal und manchen fiesen Charakterzug. Alles, was ich an mir nicht leiden kann, das habe ich von ihm. Die Ungeduld, die Raserei, die Wut. Böses Blut rinnt durch meine Adern. Du hast es nicht leicht mit mir gehabt, Mama, ich war ein anstrengendes Kind. Zickig und bockig. Deine Sanftmut hat mich oft genug zur Weißglut getrieben.

Aber ich liebe meine Mutter, das steht fest - und das ist etwas, das ich nicht mit meinem Vater teile.

Nora, Liebes, was machst du bloß für ein Gesicht. Zieh die Stirn nicht so kraus, das gibt nur Falten! Außerdem siehst du dann aus wie dein Vater! Mach dir keine Gedanken, heute ist kein Trauertag. Wir haben allen Grund zum Feiern.

Langsam sorge ich mich ernsthaft um sie, nicht etwa weil sie nach den Strapazen des Vormittags schlecht aussieht, ganz im Gegenteil, sie blüht auf, verjüngt sich von Minute zu Minute. Ihr sonst so sympathisches Lachen hallt in meinen Ohren. Schrill und anstößig! Auf dem Land geht es beim Leichenschmaus zwar deftig zu, aber für eine ehrbare Frau, die gerade ihren Mann zu Grabe getragen hat, gehört sich diese Ausgelassenheit einfach nicht. Sie greift zu ihrem Glas, es ist bereits ihr zweites, und nimmt einen großen Schluck Rotwein. Meine Mutter ist das Trinken nicht gewöhnt. Warum musst du ausgerechnet heute damit anfangen? Sie sitzt am anderen Ende der Tafel, ich kann nicht einschreiten. Jetzt prostet Maria kokett dem Pfarrer zu, schürzt die Lippen zu einem Kussmund und zwinkert mir fröhlich zu. Mir wird schlecht! »Raus aus dem Kaff«, »Die Welt sehen«, »Mein Leben genießen« - ein paar Wortfetzen kann ich aufschnappen. Das reicht, nicht nur ich bekomme große Ohren.

Tochter, was ist los? Schau mich nicht so entsetzt an. Gönn mir doch den Spaß. Lasst uns feiern, Kinder. Wir haben's hinter uns. 40 Jahre Ehehölle, ein Tyrann im Bett, der morgens als Erster das

Klo besetzt und sich von vorne bis hinten von mir hat bedienen lassen. Ein Knauser, der seiner Familie nicht die Butter auf dem Brot gegönnt hat. Und die Kinder ständig die harte Hand des Vaters hat spüren lassen. Erziehungsmethoden wie zu Kaiser Wilhelms Zeiten. Aber nach außen immer den feinen Herrn, braven Familienvater und Gönnergatten markiert. Mein Gott, bin ich froh, dass das Grauen nun ein Ende hat. Kinder, lasst uns darauf anstoßen!

Nicht dass ich ihr die Freude missgönnt hätte, aber die Leute zerreißen sich seit Wochen das Maul über uns, ich will nicht wissen, welcher Klatsch über unsere Familie nach diesem Nachmittag im Landgasthof beim Bäcker und Metzger kursieren wird. Es brodelt gewaltig im Dorf, das gemeine Geschrei dringt bis in die hinterste Stube dieses gottverlassenen Winkels.

Wir haben viele Neider, Mutter, sei vorsichtig! Du wirst bespitzelt. Da kannst du noch so hohe Mauern um dein Haus ziehen. Auf dem Land bleibt nichts verborgen, die wissen auf die Minute, wann du morgens deine Rollläden hochziehst. Jedes dunkle Familiengeheimnis kommt ans Licht. Und du sitzt da wie auf dem Präsentierteller. Das ganze Dorf hängt an deinen Lippen. Also halte deine Zunge in Zaum! Ich versuche ihren Blick einzufangen, aber es gelingt mir einfach nicht, obwohl wir sonst einen guten Draht zueinander haben. Heute scheint es technische Störungen zu geben.

Dabei hat der Tag, an dem wir unseren Vater zu Grabe trugen - jedenfalls das, was von ihm noch übrig war - so hoffnungsvoll begonnen. Jetzt befürchte ich eine neue Familientragödie, der Stein, den ich vor Monaten ins Rollen gebracht habe, droht zur Lawine zu werden, die uns in den Abgrund reißen wird.

Sie wundern sich vermutlich über meine Ausdrucksweise, es irritiert Sie, dass ich den Tag, an dem wir unseren Vater beerdigt haben, als hoffnungsvoll bezeichnet habe? Ich bin sicher, Sie könnten mich verstehen, wenn Sie diesen Despoten gekannt hätten. Die ganze Familie atmete befreit auf. Dem jungen, schüchternen Polizeibeamten, der uns am frühen Morgen die Todesnachricht überbrachte, fast hätte ich gesagt, die frohe Botschaft, wäre ich am liebsten um den Hals gefallen.

Niemand aus unserer Familie hat ihm eine einzige Träne nachgeweint, wir Frauen versteckten uns hinter altmodischen schwarzen Schleiern. Ab und zu drang ein Seufzer unter dem Tüll hervor, bei meiner Mutter hörte sich das eher nach einem seligen Kichern an, was zum Glück keiner der anderen Trauergäste mitbekam.

Mein Bruder David und ich schirmten sie ab, standen rechts und links von ihr Spalier. David machte eine grimmige Miene, als er ihr den Arm reichte, um sie zum offen Grab zu geleiten, sah aus, als führe er eine Mörderin ab. Er übertrieb ein wenig. Aber die anderen Trauergäste werden seine steife Haltung wohl als Ausdruck tiefsten Schmerzes über den frühen Verlust des Vaters interpretiert haben.

Perfekt gelaufen! Wir haben einen guten Eindruck hinterlassen, das Dorf hat sein Schauspiel gehabt, das kann ich ruhigen Gewissens behaupten. Wir haben Vater einen guten Abgang verschafft, obwohl er den wahrlich nicht verdient hat.

Nun hat er seinen angestammten Platz im Familiengrab eingenommen, sein Name stand seit dem Tod seiner Eltern vor zwanzig Jahren auf dem mächtigen Stein: Dr. Heinrich von Krozingen. Das »von« hat er vor Jahren gekauft, ebenso den Doktortitel, nur das Todesdatum muss der Steinmetz noch einmeißeln. Unser Friedhof liegt auf einem kleinen Berg oberhalb des Dorfes. Der Blick von hier aus ist im Herbst besonders schön, wenn sich die Taunuswälder bunt färben. Jetzt ist Sommer, die alten Rosensträucher auf den Gräbern verströmen ein herrliches Aroma, mein Vater kann die ewige Ruhe wahrlich genießen. Wenn in den nächsten Tagen die schwere Marmorplatte das offene Grab hermetisch verschließen wird, dann können auch wir endlich aufatmen.

Beschattet von den mächtigen Armen einer tausendjährigen Eiche liegt seine letzte Ruhestätte auf einer kleinen Anhöhe, einsam und majestätisch. Einige Meter unterhalb, in gebührendem Abstand zu ihrem Brötchengeber, gruppieren sich die Gräber der Dörfler - zu Füßen ihres Herrn und Gebieters, für den sie zwar kein Blut wie in früheren Zeiten, aber umso mehr Schweiß vergossen haben. Die Grabstätte gehört seit Jahrhunderten unserer Familie. Das ganze Dorf ist in unserer Hand, fast jedes Fleckchen Erde ist unser Eigentum. In den letzten Jahren musste der arme Heinrich zwar das ein oder andere Grundstück und ein paar Äcker verkaufen, denn er hat sein Erbe, die immerhin schon seit Mitte des 18. Jahrhunderts betriebene Hütte, heruntergewirtschaftet, was bei seinem großspurigen Lebensstil kein Wunder war. Den Arbeitern wird es deutlich besser gehen, wenn ich das Ruder übernehmen werde, mein Bruder David ist als Nachfolger ungeeignet. Ein Tagträumer wie Mutter, eine Künstlernatur, kein Geschäftsmann. Wie habe ich es gehasst, wenn mein Vater über David herzog: »Dein Bruder ist ein Schwächling, ein Gutmensch wie deine Mutter. Wenigstens bist du von meinem Schlag.« Damit hat er nicht ganz unrecht gehabt.

Der Pfarrer zählte der Reihe nach die Verdienste meines Vaters auf, die Grabrede erinnerte eher an eine Laudatio auf dem Deutschen Unternehmertag. Er fand kein Ende mehr. Seine salbungsvollen Abschiedsworte auf den größten Arbeitgeber weit und breit, der dieser strukturschwachen Region zum Aufschwung verholfen habe, einen Wohltäter der Gemeinschaft, der uns zu mehr Lebensqualität verholfen habe - womit er wohl das stark sanierungsbedürftige Schwimmbad meinte, das Vater der Gemeinde gestiftet hatte - fanden nicht bei jedem Anklang. Das Wort »Ausbeuter« meine ich gehört zu haben und sogar »mieses Kapitalistenschwein« - unter seiner Arbeiterschaft hatte mein Vater keine große Fangemeinde. Die Familie wusste, wie sie das Dorf knechten und ausbeuten konnte und sich die Konkurrenz vom Halse hielt. Die Ansiedlung anderen Gewerbes hatten sie jahrzehntelang zu verhindern gewusst. In früheren Zeiten hätte Heinrich sich hervorragend als Lehnsherr gemacht.

Mit der Drohung im Nacken, er würde das Werk ins Ausland verlagern, wagte es kein einziger seiner Arbeiter, sich zu wehren. In den Fünfzigern hatte Heinrich hunderte von Gastarbeitern angeworben, die ihr Leben in tristen Männerwohnheimen fristen mussten. Später hat der gute Mann Wohnsilos am Ortsrand bauen lassen, aber seit das Unternehmen schrumpft und die Leute wegziehen müssen aus der Heimat, verschandeln die Geisterhäuser das ansonsten hübsche Ortsbild. Uns, seinen Kindern und seiner Frau, gönnte er nicht die Butter auf dem Brot. David und ich waren zwar mit einem goldenen Löffel im Mund geboren worden, aber es gab nur ein dünnes Wassersüppchen. Das wir nun für Vater auslöffeln müssen.

Schafskälte. Dichte Nebelfelder lagen über dem Tal. Die Leute standen mit eingezogenen Schultern an der Grube, kauerten sich unter ihre Schirme. Erst am Ende der Trauerfeier brach die dichte Wolkendecke auf, ein kräftiger Sonnenstrahl bahnte sich seinen Weg zu uns, ein Fingerzeig Gottes, dachte ich, obwohl ich nicht gläubig bin. Das Ende des Regenbogens ist erreicht, Kinder.

Unter den Trauergästen gab es nur eine Einzige, die meinen Vater ehrlich betrauerte und die sein frühzeitiges Ableben wahrhaft schmerzte. Nicht nur eine Träne lief ihre blassen Wangen hinunter, ein ganzer Wasserfall ergoss sich über ihr bleiches Antlitz, als sie ans Grab trat und eine langstielige rote Rose auf den schweren Eichensarg fallen ließ. Wie geschmacklos, dachte ich, als ich die dramatische Szene mit ansah, nahm eine Schippe Dreck und ließ sie auf den edlen Eichensarg klatschen.

Irmchen, knapp dreißig, fast zehn Jahre jünger als ich. Bürokraft mit Niedriglohn und rosa Zukunftsträumen. Ja, da war es langsam an der Zeit, sich einen Millionär zu angeln. Mein Vater scheint ihr Beuteschema erfüllt zu haben. Irmchen, Tochter des Grundschuldirektors, bei dem ich einst Lesen und Schreiben gelernt hatte. Der gute Mann hatte bei der Namensgebung bestimmt nicht Irma la Douce im Kopf, die war einige Nummern zu groß für sein einfältiges Töchterchen, eher die vermögende Großtante mit ihrem Bauerwartungsland. Als Mitglied des Gemeindevorstands war Irmas Papa bestens informiert.

Irmchen hatte Vater mit allen Raffinessen umgarnt, und Heinrich stolperte in die Mäuschenfalle, verliebt wie ein taufrischer Jüngling pflückte er das dornige Röschen. Noch mal von vorn anfangen wollte der alte Mann, sich ein junges Weib ins Haus und ins Bett holen - und die Alte zum Teufel schicken. Daraus machte er keinen Hehl, und da war's dann an der Zeit für mich zu handeln.

Eins steht fest, eine gewisse Bühnenreife konnte man Irmchen nicht absprechen, ihr Auftritt am Grab meines Erzeugers war an Theatralik nicht zu überbieten. Nur das Wetter spielte nicht mit. Als sie zum offenen Grab stöckelte, versanken ihre schwarzen Highheels im Schlamm. Schade um die schönen Schuhe, aber Glück für Irmchen. Elegant wollte sie die Rose mitten auf den Eichensarg platzieren und beugte sich dabei eine Spur zu weit vor. Ein klein wenig schwungvoller, und das Mädel hätte auf ihrem Liebsten gelegen. Doch ihre Absätze hatten sich so tief in den Matsch gebohrt, dass sie nicht kopfüber ins offene Grab kippte, sondern nur auf die Knie fiel. Ein tiefer Klagelaut, ob seelischer oder körperlicher Natur blieb ungewiss, entrang sich ihrem schmerzverzerrten, grellrot geschminkten Mäulchen. Keine Frage, es ist ein großer Verlust, den sie erlitten hat, auch wenn Heinrich noch nie ein Traumprinz war. Im letzten Jahr ist er siebzig geworden – ob man in dem Fall wie der Pfarrer noch von »der Blüte seiner Jahre« und »voller Manneskraft« sprechen konnte, das mag dahingestellt sein. Vom einst lockigen Haar war nur ein spärliches graues Kränzchen geblieben. Völlerei und Sauferei hatten ihm einen über den Gürtel schwappenden Schmierbauch eingebracht, den selbst sein italienischer Maßschneider nicht mehr kaschieren konnte.

Nein, Klein-Irma heulte um ihre ach-so-rosige Zukunft, die mein Vater ihr versprochen hatte und die nun in tausend

Stücke zerfetzt zu ihren Füßen im Sarg lag. Nun hat die Kleine wirklich ein Problem, nicht nur ein ästhetisches, denn ihr Bäuchlein wölbt sich bereits deutlich sichtbar unter dem engen Kostümrock.

Meine Mutter neben mir überdeckte mit einem Räuspern einen Jauchzer der Genugtuung. »Soll doch froh sein, die Kleine. Hat doch Glück im Unglück gehabt. Wäre sie wie sonst mit ihm im Bett gewesen, dann läge sie nun da unten in seinen Armen«, hörte ich sie murmeln. Doch Mutter ist eine gute Seele, bevor sie sich abwandte, gab sie David den Befehl: »Wo hast du deinen Anstand gelassen? Hab ich dich so erzogen? Geh und hilf der Kleinen aus dem Dreck!« Und der tat ihr natürlich den Gefallen, Gott sei Dank nahm er den Befehl nur wörtlich und sprang nicht ganz für seinen Vater in die Bresche! David eilte zum Grab, griff Irmchen unter die Achseln und zog das kleine Vorzimmerdämchen mit einem kräftigen Ruck aus dem Matsch. Dann ließ er die von oben bis unten lehmbesudelte Jammergestalt stehen und folgte Mutter Richtung Dorfkneipe. Maria ging den kleinen Pfad hinab, ohne einen Blick zurückzuwerfen. In diesem Moment brach der düstere Himmel auf, und die Sonne vergoldete ihren Weg. Ja, Mutter ist schon eine wahre Heilige. Lachen Sie nicht.

Zwei Stunden später, nach Kaffee und trockenem Gebäck, hat sie nichts mehr von einer Heiligen an sich, rechts der Pfarrer, links ein Onkel meines Vaters, ist sie kräftig am Schäkern und Flirten. Was am Rotwein liegen mag. Argwöhnisch äugt die rot gefleckte Waltraud, ihres Zeichens Metzgersgattin, zu ihr rüber, hat wohl ein Auge auf den Pfarrer geworfen. Jeder im Dorf weiß, dass der gute Mann es nicht so genau mit dem sechsten Gebot nimmt. Mutter indes amüsiert sich köstlich. Die größte Klatschbase, unser Gas- und Wasserinstallateur, der sich in jedem Keller auskennt, rückt näher und näher an das Dreigestirn am Kopf der Tafel heran, damit ihm ja kein Wort entgeht. Mutter liefert ihm Stoff für die nächsten zehn Jahre.

Ich sitze hilf- und wehrlos eingekeilt zwischen zwei schwergewichtigen Großcousinen aus dem Ruhrpott, die schwitzen und stinken, dass es nur so dampft. Meine gequälte Miene führen sie auf meine Trauer zurück, streicheln mich mit ihren feuchten Händen und hinterlassen Fettflecken auf meinem edlen schwarzen Kostüm. Zum Trost füttert Ilse mich mit Streuselkuchen, bis ich mich verschlucke. Greta haut mir fest auf den Rücken und bricht mir fast das Rückgrat.

»Mutter, komm, lass uns aufbrechen«, flehe ich. Diesmal laut! Aber sie reagiert nicht, sondern kichert wie ein Schulmädchen über die nächste Zote des Pfarrers. Wen wundert's, dass der Blitz neulich in seinen Kirchturm eingeschlagen hat? David, der mir schräg gegenüber sitzt, ist mal wieder zu nichts zu gebrauchen. Mein Bruder, anscheinend ganz vertieft in ein schöngeistiges Gespräch mit seinem Tischnachbarn, reagiert nicht einmal auf meine kräftigen Fußtritte gegen sein Schienbein unter dem Tisch. Apropos: Wo kommt dieser interessante Typ plötzlich her? Das Gesicht habe ich noch nie bei uns auf der Gasse gesehen. Auf der Beerdigung war der bestimmt nicht, der wäre mir aufgefallen.

Sie gibt sich einfach nicht, meine Kleine! Was schaust du mich denn so vorwurfsvoll an, Goldstück? Was meinst du? Müde? Ausruhen? Tut mir leid Kleines, aber ich kann nicht von deinen Lippen ablesen.

Nein, du wirst doch nicht glauben, dass ich beim Tod eures Vaters nachgeholfen habe? Ach du liebe Güte!

David und Nora, ihr habt mich seit Jahren gedrängt, euren Vater zu verlassen. Aber wo hätte ich dann hingesollt? Darüber habt ihr euch keine Gedanken gemacht. War eine harte Zeit. Aber als er sich dann Irmchen angelacht hat, da wurde es ja besser für mich, da hatte ich meine Ruhe. Besonders wenn die zwei in der Eifel in seiner »Jagdhütte« waren.

Ist ja gut, Nora, mach dir keine Sorgen um mich! Ich habe nichts gemacht. Oder besser gesagt: fast nichts. Hab mit dem Ge-

danken gespielt, das muss ich zugeben. Als wir drei uns neulich über die Bauernfamilie unterhalten haben, die sich selbst bezichtigt hat, den Vater und Mann erst umgebracht, dann zerstückelt und an die Schweine verfüttert zu haben, da habe ich angefangen nachzudenken. Wenig später hat man den Mann im Fluss gefunden, da war er nach seiner letzten Sauftour reingefallen, mit dem Kopf gegen einen Wacker geknallt und ertrunken. Weißt du noch, wie ich gesagt habe: was müssen die armen Familienmitglieder gelitten haben, dass sie eine solch brutale Tat gestanden haben? Dabei war's ein Unfall! Ihr zwei habt die Augen verdreht und euch im Ausdenken merkwürdiger Todesarten anschließend überboten. David wollte sogar einen Killer engagieren. Da habe ich gewusst, ich muss was machen. Sonst verliert ihr allen Respekt vor mir. Und du, Nora, wärst mir vielleicht noch zuvor gekommen. Hast mir ja nie was zugetraut.

In den Festerbach ist der Heinrich ja leider nicht gestürzt, obwohl er fast jeden Abend mit dem Bürgermeister einen gesoffen hat. Aber vergesslich ist er geworden in letzter Zeit, mehrmals am Tag hat er mich gefragt, ob er seine Tabletten schon genommen hat. Da kam mir eine Idee. Hat er sich halt vertan und irrtümlich eine Überdosis genommen. Ich habe also eine Wochenration Herztabletten im Mörser zerstampft und ins Essen gemischt, das ich ihm für seine Hütte zurecht machen sollte. Ob das für einen Exitus gereicht hätte, keine Ahnung! Aber dann hat Fortuna eingegriffen, zum Essen ist er gar nicht mehr gekommen, da war er ja schon im Jenseits gelandet, der arme Heinrich. Die Götter haben es gut mit uns gemeint, Kinder, ich habe mir die Hände nicht schmutzig machen müssen. Nora, mein Liebes, du brauchst dir keine Sorgen um deine Mutter zu machen. Du kennst mich doch, ich kann doch keiner Fliege was zuleide tun.

Mutter schüttelt langsam den Kopf und macht eine beruhigende Handbewegung. Was soll das nun heißen? Will sie mir damit sagen, dass sie ihn nicht umgebracht hat?

Das weiß ich doch. Hätte sie nie hingekriegt. In den letzten

Jahren war sie nur noch ein Schatten ihrer selbst, ist im Haus herumgegeistert wie die Weiße Frau oder war im Garten und hat mit ihren Rosen gesprochen, als seien das ihre Kinder. David und ich haben uns gesorgt, dass sie den Verstand verliert und sich still und leise auf diese Art von uns verabschiedet.

Ich musste handeln. Als Vater uns dann mitteilte, er würde sich scheiden lassen und Irma heiraten, weil sie ein Baby erwartete, da war Eile geboten. Er hat seine Fahrten in die Eifel immer ein paar Tage vorher angekündigt. Und sich von Mama noch die Wäsche und vorgekochtes Essen einpacken lassen. Dieses Mal bin ich vor ihm hin, habe die Hütte gleich gefunden, war alles noch wie in meinen Kindertagen, als David und ich manchmal dort schlafen und im Laacher See baden durften. Hatte mir eins seiner Jagdgewehre geschnappt und mich auf die Lauer gelegt. Das Schießen hat er mir schon als kleines Mädchen beigebracht, aber auf arme Rehe wollte ich nie zielen. Bei Wildschweinen hab ich keine Skrupel. Gegen Abend kam er dann endlich, ich habe ihn erst mal in die Hütte gehen lassen. Wollte ihn später auf dem Hochstand erwischen, sollte aussehen wie ein Jagdunfall. In den Knast wollte ich schließlich nicht für Vater gehen. Tja, aber dazu kam's dann nicht. Da hat mir einer die Drecksarbeit abgenommen. Ein paar Sekunden, nachdem er im Innern verschwunden war, gab's einen Riesenknall, und die ganze Hütte flog mir um die Ohren. Hat wohl Heißhunger gehabt, der Arme, und wollte sich Mutters Eintopf aufwärmen. Pech nur, dass der mit Campinggas betriebene Herd auch noch aus Urgroßmutters Zeiten war. Da hat ihn sein Geiz buchstäblich ins Grab gebracht. Aber immerhin hat jemand Vater zum Bühnenabgang ein grandioses Feuerwerk spendiert. Traurig, dass ich die einzige Zuschauerin war.

Plötzlich höre ich das Wort »Himmelfahrtskommando«. Nun reicht's aber wirklich, Mutter! Ich springe auf, quetsche mich an den erstaunten Cousinen aus dem Ruhrpott vorbei und eile ans andere Tischende.

»Komm, lass uns nach Hause gehen, Mama! Du bist müde.

Die Herren entschuldigen bitte, die Aufregungen der letzten Tage waren zu viel für meine Mutter, sie sollte sich ausruhen.« Maria schaut erstaunt hoch: »Was hast du nur, Kind? Ich bin nicht erschöpft. Ganz im Gegenteil. Onkel Werner erzählt gerade so spannend von seinen Kriegserlebnissen, lass ihn bitte zu Ende erzählen!«

Endlich, endlich wird mein Bruder, die Trantüte, aktiv und kommt mir zu Hilfe.

»Mutter, Nora, einen Moment bitte«, seine Augen glitzern. Sofort schenke ich ihm meine ganze Aufmerksamkeit. Nicht nur ich. Die ganze Beerdigungsgesellschaft, das muntere Völkchen, verstummt und spitzt die Ohren. Neben ihm steht zu meinem großen Erstaunen der geheimnisvolle junge Mann, mit dem David sich den ganzen Nachmittag so intensiv unterhalten hat. »Darf ich vorstellen?«, fragt mein Bruder, »das ist Mario Corleone. Wir haben uns letztes Jahr auf meiner Italienreise kennen gelernt. Auf Vulcano, um genau zu sein, Mario besitzt dort ein Hotel.« Nun hat er auch Mutters Interesse geweckt. »Mario und ich sind sehr gute Freunde geworden. Ich habe ihm viel zu verdanken, er hat mir in der letzten Zeit sehr geholfen.«

Damit wären alle offenen Fragen geklärt. Mutter und ich sehen uns in die Augen und lächeln. Scheint so, als ob doch nicht jedes Familiengeheimnis ans Tageslicht kommt. Auch nicht hinter den sieben Bergen.

»Sie haben mein tiefstes Mitgefühl«, der junge Italiener greift nach Mutters Hand. »Stets zu Ihren Diensten, gnädige Frau«, ganz Kavalier der alten Schule deutet Mario einen Handkuss an. »Sie können sich auf mich verlassen. Das ist eine Frage der Ehre. David ist wie ein Bruder für mich. Und Sie wissen ja, bei uns in Italien dreht sich alles um die Familie. Und um die Mamma natürlich! Ja, die Mamma ist bei uns eine Heilige.«

Ich beuge mich zu Mutter runter und flüstere ihr ins Ohr: »Und bitte nicht vergessen, Mama: Schmutzige Wäsche sollte man in der Familie waschen, sagt man in Italien.«

Und was ist mit Mord?

Carsten Sebastian Henn

Die Schafe hatte er angeschrien!

Hatte er vorher nie gemacht.

Mein Gott, die guckten ihn vielleicht an. Vor allem die Mutterschafe. Und die Viecher konnten ja alle nichts dafür. Die hatten ja nix gesagt, hatten keine Witze gemacht oder ihm Tee angeboten wie diese Spinner im Dorf. Seine Heidschnucken waren zufrieden, genügsam und freundlich. Schafe waren vielleicht dumm, dachte Labs Oltmann, aber er wollte verdammt sein, wenn sie nicht bessere Menschen waren. Vielleicht nicht während der Schur, da waren sie schon zickig, und kurz danach, oder bevor es ans Schlachten ging. Dann natürlich nicht. Aber sonst immer.

Und er hatte die armen Viecher mit der Schreierei verunsichert, nur weil ihn wieder mal einer gefragt hatte: »Und was ist mit Tee-eee?«

Dabei trank er nie Tee. Er aß auch nie kleine runde Gebäckkugeln. Und schon gar nicht drehte er Werbespots für Hersteller von kleinen runden Gebäckkugeln, in denen ein Friesenheini schicke Metropolenbewohner, die kleine runde Gebäckkugeln zu Kaffee aßen, fragte: »Und was ist mit Tee-eee?«

Der Spot war bescheuert genug. Den Spott hatte er erst recht nicht verdient.

Da hatte er sich durchgerungen.

Da hatte er die Entscheidung gefällt.

Und wenn er einmal eine fällte, dann stand sie. Dann brachte die nichts mehr ins Wanken.

Er würde den Mann aus der Giotto-Werbung töten, der ständig so blöd übertrieben nach Tee-eee fragte.

Denn der sah aus wie er.

Sie ähnelten sich wie ein Keks dem anderen.

Es musste endlich wieder Ruhe herrschen. Er war es so leid,

damit aufgezogen zu werden. Der Kerl musste weg, ein für alle Mal.

Ein guter Freund von Labs Oltmann nahm die Herde zu seiner. Nur für ein paar Tage. Das würde Labs reichen, um den Giotto-Mann um die Ecke zu bringen.

Von Planung hielt Labs Oltmann nicht viel, Dinge ergaben sich meistens von selbst. Schafe wussten im Großen und Ganzen, wohin sie laufen mussten. Ein Pfiff, ein paarmal bellen lassen, und sie folgten.

Trotzdem nahm Labs lieber seine Mutter mit. Sie kannte die Menschen besser als er. Dachte Labs. Aber sie konnte sehr wütend werden, deswegen fuhr auch sein Schäferhund mit. Ludger IV. Er winselte in Fällen mütterlicher Ausfälligkeit – was sie zum Aufhören bewegen konnte. Damit Ludger IV. nicht so alleine war, nahm er Edeltraud mit. Das älteste Mutterschaf. Edeltraud war schon achtzehn Jahre alt, hatte nicht mehr lang. Sie sollte noch einmal die Welt sehen.

In Flensburg stiegen sie in den Regionalexpress, und es ging nach Jever an diesem regnerischen Tag, der aufs Unangenehmste zu einer schönen heißen Tasse Tee mit Gebäck aufforderte. Doch nichts lag Labs ferner. Er wollte nicht essen, nicht trinken, er wollte nur nach Jever, denn da wohnte der Giotto-Mann. Stand in der Zeitung, mit Foto vom Haus, hatte er ausgeschnitten. Den würde er finden. Und dann, na ja, umbringen halt. Weil er musste. Oder? Er musste doch? Die Bahn fuhr viel zu schnell, fand Labs, und kam viel zu schnell an.

Jever war viel gewohnt, doch diese Prozession aus einem Schäfer in Arbeitskleidung, einer alten Frau, die in ihrem dicken weißen Mantel mehr wie ein Schaf aussah als das Tier neben ihr, und dem mit geklemmter Rute daneben trottenden Schäferhund führte man vor Ort auf einen Grog zu viel zurück. Und die ostfriesische Metropole war der Gruppe nicht wohlgesinnt. Ein Hotelzimmer für zwei Personen sowie Hund und Schaf gab es selbst in Jever nicht. Damit fiel das Auskundschaften aus. Es hieß jetzt, befand Labs Mutter, hin zu dem

Kerl und Kehle durchschneiden. Das kannte Labs von Schafen, die sich irgendwo verfangen oder ein Bein gebrochen hatten. Labs schnitt schnell und sauber. Kein Tier sollte lange leiden. Auch der Giotto-Mann nicht. Ratzfatz, Hals durch. Die Schafe kamen noch nicht mal dazu, empört zu blöken.

Vor dem Tsingtau-Restaurant (»Essen, Trinken & Kegeln«) fragte ihn plötzlich ein Passant lachend: »Und was ist mit Tee-eee?« Ludger IV. bellte. Das Tier kannte den bösen Satz. Edeltraud blökte. Labs lief rot an. Labs holte aus.

Labs' Mutter hielt ihn zurück.

»Mensch, Dante! Nu guck doch nicht wie ein Stier, dem sie gerade die Klöten abgehauen haben! Ich dachte, du bist zurzeit auf Promotour für diese Dickmacher. Oder gehört der Zirkus hier dazu?«

Labs' Mutter konnte – und musste, meinten sämtliche ihrer Nachbarn – einiges vorgeworfen werden. Dass sie mit Gülle ihren Garten düngte (am liebsten bei heißem Wetter), dass sie mit den »Lustigen Musikanten« (samt Marianne und Michael) das gesamte Viertel beglückte, dass sie stets nur mit Kleingeld bezahlte (und beim Abzählen geradezu boshaft langsam war), dass es ihr nichts ausmachte, im Evakostüm die Wäsche im (gut einsehbaren) Garten aufzuhängen –, aber dass sie Gelegenheiten nicht beim Schopf packte, gehörte nicht dazu.

»Dante hat zu viel getrunken, müssen Sie wissen«, sagte sie nun. »Er ist ganz durcheinander, weiß gar nicht mehr, wo er wohnt.« Sie trat Labs auf den Fuß, als der etwas sagen wollte. Mutter log – und das vor den Tieren! »Deswegen bin ich mitgekommen«, fuhr sie fort, »um ihm zu helfen. Ich bin eine Kollegin.«

»Und mit so einem Aufmarsch verkauft man Gebäck? Ich fass es nicht.«

»Haben Sie mich verstanden, guter Mann? Er weiß nicht mehr, wo er wohnt.«

»Ich dachte, du wärst trocken, Dante. Das wird deiner Holden aber überhaupt nicht gefallen. Ich würd dich ja fahren, aber eure vierbeinigen Maskottchen würden mir den Wagen total versauen. Ich ruf bei dir zu Hause an, dann wirst du abgeholt.«

»Gut«, sagte Labs. Ihn überforderte diese Mordmission gewaltig. Deswegen begriff er auch nicht, warum seine Mutter ihn in den Hintern trat und Edeltraud schnaubte. Seine Mutter trat dann nochmals, wohl in der Hoffnung, damit Labs' Hirn in Bewegung zu bringen. »Nu hör doch auf, Muttern!«, erntete sie nur.

Labs' Mutter fand es überhaupt nicht erquicklich, dass sie nun der Frau des Giotto-Manns (der Giotto-Frau also) begegnen würden, denn die konnte ihren Mann sicher von einem Flensburger Schäfer unterscheiden. Doch einen Versuch war es wert, es galt, die Chance zu nutzen.

»Du heißt jetzt Dante, ist das klar?«

Labs nickte. Er würde dem Giotto-Mann gleich den Hals durchschneiden – und wenn er sich dafür zum Dante machen musste. Während sie auf Dantes Holde warteten, bekam Labs viermal »Und was ist mit Tee-eee?« zu hören und einmal »Machst du neuerdings Werbung für Schafskäsepralinen?«

Da konnte Labs gar nicht drüber lachen.

Seine Stimmung war also miserabel, als der Polo neben ihm hielt. Miserabler noch als nach einer Woche Matschregen und ausgebrochener Blaue-Zungen-Krankheit. Die aussteigende Frau war ebenfalls schlechter Laune, was Labs daran erkannte, dass sie die Türe knallte und danach ihm eine knallte.

»Ich glaub dir nie wieder! Du hast es mir hoch und heilig versprochen! Wie du aussiehst! Zehn Jahre älter macht dich die Sauferei, richtig kaputt!« Sie setzte sich zurück ins Auto, knallte die Tür wieder, öffnete dafür aber die Beifahrertür.

Der Polo ist ein Kleinwagen.

Dieser Polo war sogar ein Zweitürer.

Labs versuchte nur kurz, Edeltraud und Ludger IV. auf dem Rücksitz anzuschnallen. Schließlich entschied er sich dafür, das Schaf vor den Schäferhund auf den Sitz zu quetschen. So hatte der wenigstens eine Knautschzone. Er selbst setzte sich daneben, sollte seine Mutter doch reden. Er war nur zum Morden hier. Reden war nicht sein Ding, sonst wäre er damals (wie von seiner Mutter gewünscht) Pfarrer geworden, oder (wie vom Pfarrer gewünscht) Marktschreier auf dem Hamburger Fischmarkt (also: weit weg, mitsamt seiner Mutter).

Ihre Redefertigkeit demonstrierte seine Mutter nun. »Ich wusste gar nicht, dass unser Dante eine Frau hat. Sie müssen ja eine ganz Moderne sein, ihn so an der langen Leine zu lassen.«

»Wer sind Sie überhaupt?«, fauchte die Holde. Labs erkannte ein Fauchen, wenn er es hörte. Obwohl Schafe sehr, sehr selten fauchten. Eigentlich nie. Das lag an der Zahnstellung.

»Inge«, sagte Labs Mutter. So hieß sie natürlich nicht. Aber Inge war ihre Lieblingsschauspielerin. Inge Meysel. »Ich bin eine Kollegin von Labs, na ja, manchmal sogar etwas mehr ...«

Labs begriff Gott sei Dank nicht, was seine Mutter andeutete, denn er hätte es richtig eklig gefunden, sich das auch nur vorzustellen.

»Also bitte!«, sagte die Holde. »So betrunken kann er ja gar nicht sein.«

»Dann fragen Sie besser nicht das Schaf.«

»Dante, was redet diese Frau hier? Kannst du bitte auch mal was sagen?«

Labs wusste nicht, warum seine Mutter die Holde so reizte. Und er wusste erst recht nicht, was er antworten sollte. Die Ankunft am Haus des Giotto-Manns rettete ihn davor, etwas sagen zu müssen. Stattdessen gingen alle schweigend hinein. Das heißt, seine Mutter flüsterte ihm etwas zu.

»Ich will sie dazu bringen, dich zu verlassen. Also diesen Dante. Und zwar heute noch. Damit du ihrem Mann ohne Zeugen die Kehle durchschneiden kannst.«

Labs nickte. Er hatte immer schon gewusst, dass seine Mutter eine Schlaue war. Klappte bestimmt, ihr Plan.

Die Holde baute sich im Wohnzimmer auf, Arme verschränkt. »Wenn das alles stimmt, Dante, was diese unmögliche Frau da eben erzählt hat, dann kannst du direkt deine Sachen packen, dann will ich dich hier nie mehr sehen!«

Klappte wohl doch nicht, ihr Plan.

Labs mochte keine Elektro-Schafschermaschinen. Er benutzte lieber seine stromlose Schere, auf der hatte er gelernt. Die musste besonders scharf sein. Aber damit konnte man schlecht Hälse durchschneiden.

Deswegen nahm er das Hufmesser.

Sein Allzweckmesser, mit dem er so was sonst erledigte, hatte er vor Aufregung zu Hause gelassen. So dauerte es nun etwas länger, als er der Holden den Hals durchschnitt. Zum Schreien kam sie trotzdem nicht.

Labs hatte Erfahrung im Zerteilen von Tieren, und so ging auch dieser Teil der Arbeit schnell vonstatten. Ludger IV. bekam etwas zum Knabbern ab, Edeltraud konnte sich das Ausweiden nicht angucken und knabberte lieber am Rattansessel.

»Magst du einen Tee?«, fragte Labs' Mutter, nachdem sie den Boden feucht gewischt hatte.

»Ich mag doch keinen Tee«, sagte Labs.

»Also, ich mach mir einen. Und du trinkst auch einen. Der wird dir jetzt guttun.«

Nachdem er das letzte Stück Holde portioniert hatte, trank Labs. »Der ist gut«, sagte er erstaunt. »Der schmeckt ja.«

»Ist Honig drin und viel Milch, dann schmeckt Tee. Musst mal die hier dazu essen, sind lecker.«

Und so aß Labs sein erstes Giotto. Er war so begeistert, dass er mit vollem Mund sprach, was seine Mutter gar nicht mochte.

»Das schmeckt prima, Mutter. Da kommt gleich Leben in die klammen Knochen!«

Labs' Mutter lächelte, denn sie mochte es wie jede gute Mutter, wenn ihr Sohn aß. So war es auch die folgenden drei Tage. Labs hatte noch nie in seinem Leben so viel Tee getrunken, und er genoss das warmsüße Gefühl im Magen. Und von diesen kleinen Gebäckkugeln war zu Beginn ihres Besuchs der ganze Schrank voll gewesen. Es waren wundervolle Stunden der Unbeschwertheit, nur Ludger IV. und Edeltraud waren etwas unruhig, da Labs' Mutter beschlossen hatte, sie aus Geheimhaltungsgründen nur im Dunkeln rauszulassen. Für Labs war es der erste Urlaub seit Jahren, eigentlich der erste richtige Urlaub überhaupt.

Bis Dante kam. Dante di Bondone. Der Giotto-Mann. Er sah aus wie ein waschechtes Nordlicht, hatte aber piemontesische Wurzeln. Er stand am Abend des vierten Tages in der Tür.

Und er sah auch im wirklichen Leben aus wie Labs.

Schicker gekleidet natürlich, und die Körperhaltung war mit Sicherheit nicht die eines Schäfers. Aber sonst stimmte alles.

»Hast du mich eigentlich adoptiert, Mutter?«, fragte Labs deshalb.

»Blödsinn«, sagte seine Mutter, ohne Dante di Bondone zu beachten.

»Hatte ich einen Bruder, den du ins Waisenhaus gegeben hast?«

»Du kommst gleich ins Waisenhaus, wenn du weiter so'n Tüünkram redest.«

Dante di Bondone hatte sich vom ersten Schock erholt. »Kann mir einer der Herrschaften mal erklären, was hier los ist? Wenn das die ‚Versteckte Kamera' ist, spiel ich natürlich gern mit.«

»Genau, die ist es«, sagte Labs' Mutter. »Spielen Sie mit. Wollen Sie einen Tee? Eins von den Kügelchen aus der Werbung? Das essen Sie dann zusammen mit ... Ihrem Doppelgänger.«

»Muss das sein?« Dante di Bondone zog ein Gesicht. »Ich kann das Zeug ehrlich gesagt nicht mehr sehen. Können wir nicht was anderes Lustiges machen?«

»Ich wollte nur höflich sein. Dann tun wir jetzt eben direkt so, als würde er Sie umbringen.«

»Sterben kann ich prima. Ich war nämlich jahrelang am Staatstheater. Aber das wissen Sie ja sicher, dass ich nicht einfach nur so ein Werbeheini bin. – Was sollen eigentlich der

Hund und das Schaf? Gucken die böse, oder bilde ich mir das nur ein?«

»Alles Einbildung. Wenn Sie mit ins Bad kommen wollen, da tun Sie dann ganz überrascht und wehren sich. Aber nicht zu sehr, sonst passiert noch was mit der scharfen Klinge.«

»Ich hab eine Superidee! Ich werd meinen Doppelgänger ständig nach Tee fragen. Das ist doch witzig, oder?«

»Irre witzig«, sagte Labs' Mutter. »Das wird ihn rasend machen.«

Dante di Bondone setzte seine Idee in die Tat um. »Und was ist mit Tee-eee? Wollen Sie nicht lieber einen Tee-eee?« Immer wieder. Labs kochte vor Wut.

»Ich kann aber auch gerne meinen neuen Werbespruch rezitieren«, sagte Dante, während Labs das Messer ansetzte. »Ich hab jetzt was Neues gemacht. Gleich zwanzig Spots auf einmal.«

»Nein, reicht so«, sagte Labs' Mutter.

Mehr wurde nicht gesprochen.

Es war merkwürdig, seinem Ebenbild den Hals durchzuschneiden, fand Labs. Aber das Messer glitt wie von allein durch Dante di Bondones Hals.

Sie verbuddelten ihn bei Nacht ordentlich im Garten. Auf der Heimfahrt schwiegen alle. Labs, weil er endlich durfte, seine Mutter, weil sie in aller Ruhe den Schmuck der Holden bewunderte, den sie sich für schlechte Zeiten eingepackt hatte, Ludger IV., weil er beleidigt war (sie hatten ihm von der zweiten Schlachtung nichts zum Knabbern abgegeben), und Edeltraud, weil sie Bauchschmerzen vom Rattansessel hatte.

Den Abend verbrachte Labs bei seiner Mutter. Sie aßen etwas, tranken Tee, aßen Gebäck und schauten Fernsehen.

Vor der Tagesschau sahen sie ihn dann.

Dante di Bondone.

Nicht als Giotto-Mann.

Als WC-Frisch-Ente.

Im riesengroßen Geflügelkostüm säuberte er den Lokus. Als

würde das nicht reichen, sagte er dabei: »Einer muss die Scheiße ja wegmachen – bleibt doch eh immer an der Ente hängen.« Es war ein gewollt überdrehter Spot, der ein junges Publikum erreichen sollte, das sich eigentlich nichts aus WC-Reinigern machte. Ältere Kundschaft würde er verstören. Labs und seine Mutter verstörte er auch.

Nach zwei Wochen hatte Labs genug.

»Wo hast du dein Kostüm gelassen, du Scheißente?«, war noch das Netteste, was ihm die Jugendlichen nachriefen. »Heute schon in Scheiße gebadet?«, oder: »Bleibt die Scheiße wirklich immer an dir hängen?«, samt einer kurzen Testreihe mit Hundekot gaben ihm den Rest.

Dante di Bondone ließ sich nicht mehr umbringen.

Und er hatte zwanzig Spots gedreht.

Labs wollte sie nicht alle sehen.

Er wünschte sich nur Ruhe, Tee und Gebäck. Und regelmäßige Besuche von Ludger IV. und Edeltraud.

All das gab es nur an einem Ort. Im Gefängnis. Deshalb ließ er sich dort ein Zimmer zurecht machen. Labs bat sogar um Einzelhaft.

Und bitte keinen Fernseher.

Und bloß keinen WC-Reiniger.

Edle Tropfen

Petra Reategui

- Wie alt ist sie eigentlich?

- Die alte Frau Von der Bach? Hm, die müsste fast schon achtzig sein.

- Sie hat sich gut gehalten, das muss man ihr lassen.

- Wenn man so viel Geld hat wie die, kann man sich auch jeden Tag 'ne Kosmetikerin leisten.

- Es heißt ja, sie hat noch immer alle Fäden in der Hand, der Sohn soll nicht viel zu melden haben. Angeblich macht sie sogar noch regelmäßig Weinseminare.

- Na, dat Elisabeth sitzt ja in London auch noch immer auf ihrem Thron und lässt den armen Charles nicht ran. Wollen Sie auch Äpfel? Ist ganz neue Ernte.

- Danke, ich hab noch welche, das nächste Mal wieder.

- Dann macht's sieben fünfundreißig, und 'nen schönen Tag noch.

Wir sind die älteste Winzerfamilie in der ganzen Gegend. Der Vorfahr meines verstorbenen Mannes, Karl Maria Von der Bach, hat das Gut 1653 gegründet, aber schon 771 wurde auf unseren Böden Wein angebaut, das ist urkundlich belegt. Unsere Weine waren immer begehrt, Könige haben sie bestellt: »Und bitte ich um Zusendung von noch einmal zwanzig Flaschen des süßen Weißen«, selbst Napoleon hat ihn goutiert.

Früher hatten wir ja nur Weißweine, überwiegend Riesling, Karl Maria, mein Mann, hat dann angefangen, rote Sorten anzubauen. Am Anfang war das schon ein Risiko. Die Gegend ist nicht dafür geeignet, haben die anderen gesagt. Aber ich habe ihm gesagt, du machst das, sonst mach ich es. Ich habe Recht behalten. Der Spätburgunder ist ein Gedicht, man muss ihm genügend Zeit zur Reife lassen. Seit ein paar Jahren experimentiere ich auch mit Dunkelfelder, auch da waren sie alle skeptisch, sogar Sebastian, und wenn es einen Winzermeister gibt, der sein Handwerk versteht, dann ist er es. Auf ihn lasse ich nichts kommen. Er ist ja im Heim groß geworden, der Arme, aber ich habe schon früh gemerkt, was in ihm steckt. Später habe ich ihm dann seine Ausbildung bezahlt, das hab ich mir nicht nehmen lassen, und es war wahrlich keine schlechte Investition.

Ich wusste schon immer, was ich wollte, Fleischers Peter wollte ich nicht. Die Von der Bach hingegen waren eine angesehene Familie. Als ich Karl Maria kennen lernte, war ich Weinprinzessin, aber anders als meine Mitbewerberinnen habe ich mich ausgekannt mit den edlen Tropfen. Nur zählte das damals noch nicht. Damals sahen die Juroren nur auf Beine und Gesichter der Kandidatinnen, und die angeblich hübscheste wurde Weinkönigin, im Kopf konnte sie dumm wie Stroh sein. Karl Maria hat sofort gemerkt, was er an mir hat.

- Ich habe Ihnen doch schon einmal gesagt, Sebastian, dass Sie das Leergut nicht hinten im Hof abstellen sollen.

- Verzeihen Sie, aber Ihre Mutter besteht darauf.

- Ich habe extra draußen vor dem Haus einen Platz dafür eingerichtet.

- Ihre Mutter hält nichts davon.

- Sie werden das ganze Leergut jetzt nach draußen bringen!

- Ich kann jetzt nicht, Herr Von der Bach, ich habe zu tun.

Karl Maria wird es nie kapieren, es ist ein Jammer. Wenn ich nicht gewesen wäre, stünden wir nicht da, wo wir heute stehen. Die leeren Flaschen vors Haus! Was soll das nun schon wieder? Er muss doch sehen, dass das nicht geht. Manchmal frage ich mich wirklich, ob das mein Sohn ist. Von mir kann er das nicht haben. Nicht einmal einen Erben hat er zustande gebracht, zehn Generationen Söhne, alles Karl Maria Von der Bachs. Und was macht er? Ein einziges Mädchen! Ich hatte ihm abgeraten von dieser Frau, aber er wollte ja nicht auf mich hören. Männer können so etwas von stur sein. Sein Vater war das zu Beginn unserer Ehe auch, da glaubte er, ich müsse nach seiner Pfeife tanzen.

Ich habe Karl Maria vor dieser Frau gewarnt, denkt nur an ihre Modelkarriere. Was heißt hier, der Arzt hat ihr von weiteren Schwangerschaften abgeraten! Eine bessere Ausrede ist ihr wohl nicht eingefallen. Wenigstens scheint die Kleine nach mir zu kommen, sie kennt sich jetzt schon aus mit den verschiedenen Weinsorten.

Simone kann das Kostüm nicht mehr an mir sehen. Mutter war vor vielen Jahren auf diesen Gedanken gekommen. Vergiss nicht, du bist Erbe eines dreihundertfünfzig Jahre alten Weinguts, die Leute erwarten etwas von uns. Seitdem führe ich an den Winzerfestwochenenden unsere Kunden im Rokokokostüm durch den Weinkeller. Simone sagt, ich mache mich lächerlich. Dabei sind alle Damen von meiner Aufmachung ganz begeistert und lassen sich mit mir fotografieren. Ich finde, das ist gut fürs Image. Sagt Mutter auch. Simone behauptet, wir verkaufen deshalb keine einzige Flasche mehr. Aber das stimmt nicht, ich kenne unsere Verkaufszahlen. Layendecker und Scheritz haben zwar ihre Keller umgebaut. Sehe jetzt besser aus, wie sie sagen, moderner, und Scheritz hat sogar ein Bistro eröffnet. Aber ihre Weine taugen nichts. Die Leute gehen dort essen und kommen dann bei uns Wein kaufen. Allerdings meine ich auch, dass wir uns nach zwanzig Jahren ruhig mal ein neues Kostüm leisten könnten, aber Mutter ist dagegen. Das alte täte es noch. Besser sei es, für die kleine Marie ein Kostüm anfertigen zu lassen. Sie käme jetzt in das Alter, wo sie mit mir gemeinsam das Gut repräsentieren könne, hübsch genug sei sie dafür. Mariechen ist begeistert, Simone tobt. Ich versuche sie zu beruhigen, irgendwann wird alles uns gehören, es ist doch nur eine Frage der Zeit.

- Wie lange sie das noch so machen will, jeden Tag den steilen Weg von der Villa runter ins Gut? Einen Oberschenkelhalsbruch hat man schnell.

- Ihr Winzermeister holt sie manchmal mit dem Wagen ab. Mit ihrem Sohn fährt sie ja nicht, dem sein Auto sei lebensgefährlich, behauptet sie. Aber ein neues gönnt sie ihm auch nicht.

- Und warum wohnt sie nicht unten im Gut? Dort ist doch genügend Platz. Mir wäre es zu einsam, allein dort oben in dem großen Haus.

- Na, unten wohnt doch der Sohn mit der Schwiegertochter, und die beiden Frauen können nicht miteinander. Dat Simone soll mal zu ihm gesagt haben, entweder die oder ich. Hat die Frau Gretzner von der Volksbank erzählt.

- Ist ja eine schöne Frau, die Simone, aber man weiß wirklich nicht so richtig, was man von ihr halten soll.

- Ja, aber die alte Von der Bach ist nun auch nicht gerade pflegeleicht. Übrigens gibt's schon Pfifferlinge, wollen Sie nicht welche? Pfifferlinge und dazu ein Schweinelendchen, is' doch was Leckeres.

Das würde ihr so gefallen, dass ich abkratze. Heuchlerin. Und mein Herr Sohn redet ihr nach dem Mund. Aufpassen solle ich! Mit einer Lungenentzündung sei nicht zu spaßen! Es sei besser, ich ginge ins Krankenhaus! Ich habe keine Lungenentzündung, abschieben wollen sie mich. Ich weiß, dass Karl Maria schon lange auf meinen Schreibtisch spekuliert. Dabei haben wir ihm doch erst die hübsche kleine Ecke unter der Treppe eingerichtet, das reicht doch zum Arbeiten. Was hat er denn schon groß zu tun? Das bisschen Buchhaltung! Ich mache doch das meiste. Allein schon für den Aufbau unseres Familienarchivs brauche ich den ganzen Platz in meinem Arbeitszimmer und im Nebenraum. Es ist ohnehin eine Schande, dass das bisher noch niemand in Angriff genommen hat. Selbst mein Mann, ha, Gott hab ihn selig, hat das nicht für nötig gehalten. Aber so geht das heute nicht mehr, die Leute haben ein Interesse daran, zu wissen, wer unsere Familie ist. Wir sind ja länger in dieser Gegend ansässig als die Grafenfamilie von der Unterburg. Haben wahrscheinlich ihren Adelstitel ohnehin nur gekauft. Nein, Karl Maria, das bisschen Husten bringt mich nicht um. Nur meine Beine wollen manchmal nicht mehr. Aber das werde ich ihm nicht sagen, er ist imstande und ruft die nächste Seniorenresidenz an. Das hat er doch tatsächlich schon einmal gemacht, als ich im letzten Jahr die Magenverstimmung hatte.

- Haben Sie gewusst, dass bei den Von der Bachs die Möbelwagen vor der Tür stehen? Die Jungen ziehen aus.

- Ja, mein Enkelchen, das mit der kleinen Marie in dieselbe Klasse geht, hat mir erzählt, sie ziehen hoch in die Villa.

- Und die alte Frau von der Bach?

- Keine Ahnung, von der Großmutter hat dat Mariechen nix verzällt.

So schlecht ist es hier unten gar nicht. Die früheren Von der Bachs haben auch zu leben verstanden, nur dumm, dass ich mit dem Rollstuhl nicht mehr beweglich bin. Nach draußen komme ich schon gar nicht mehr. Wenn ich meinen Sebastian nicht hätte! Simone tut ja immer so besorgt, aber die will ich nicht um mich rum haben, die hat‘s nur auf‘s Erbe abgesehen.

- Und ich schwör‘s Ihnen: Zu der neuen Mieterin, die die Souterrainwohnung in der Villa gemietet hat, übrigens zu einem sündhaft teuren Preis, aber was geht‘s mich an, wer hat, der hat, zu der haben sie gesagt, die Mutter sei dement.

- Dement? Das kann ich nicht glauben. Vor drei Monaten hab ich sie doch noch bei dem Konzert im Ratssaal gesehen, einen dementen Eindruck hat sie da wirklich nicht auf mich gemacht.

- O, meine Liebe, so was kann schneller gehen, als man denkt.

- Meinen Sie? Die Arme, das ist ein Schicksal, das ich nicht mal meinem besten Feind wünsche. Wissen Sie was, geben Sie mir noch Rote Bete.

Die Fußpflegerin, eine nette Frau, wenn auch ein bisschen einfältig, hat es mir gesagt: Karl Maria posaunt überall herum, ich sei tot. Sie hatte es sogar geglaubt, bis ich sie gestern angerufen habe. Frau Von der Bach, hat sie gestottert, Sie leben?

O ja, ich lebe noch!

- Frau von der Bach?

- Ja, das bin ich. Ist etwas passiert?

- Können wir hereinkommen?

- Bitte, treten Sie ein, aber stolpern Sie nicht über den Teppich. Durch das Fahren im Rollstuhl verrutscht er immer und wirft dann Falten.

- Frau von der Bach, Ihr Sohn ist mit seinem Wagen in den Straßengraben gefahren. In der zweiten Kurve unterhalb der Villa. Er hat wohl noch nicht mit Glatteis gerechnet, er hatte keine Winterreifen.

- Und seine Frau und Marie?

- Waren mit dabei. Es hat niemand überlebt.

Sogar zum Wagenwarten war er zu dumm. Sein Vater hat das Auto fünfzehn Jahre lang gefahren ohne Probleme, und er? Fährt es an einem einzigen Winterabend zu Schrott. Aber um Mariechen tut es mir leid. Ich glaube, sie wäre eine gute Winzerin geworden.

- Haben Sie‘s schon gehört? Die alte Frau Von der Bach hat den Notar zu sich kommen lassen. Sie überträgt das Weingut auf ihren Winzermeister. Und seinen Sohn will sie adoptieren.

Ich werde das Gericht schon noch von der Notwendigkeit dieser Adoption überzeugen, ich habe noch immer bekommen, was ich wollte. Die Mutter des Kindes war ja nicht mein Fall, aber das Problem hat sich Gott sei Dank erledigt, nachdem sie dummerweise diese blöden Pilze gegessen hat. Wenn man sich nicht auskennt, sollte man auch nicht in die Pilze gehen.

Mach dir keine Sorgen, hab ich zu Sebastian gesagt, ich helf dir mit dem Jungen. Und ich hab mich wirklich um ihn gekümmert, es ist ja auch ein feines Kerlchen, auch wenn er nicht Karl Maria heißt wie die Von der Bachs. Aber man muss mit der Zeit gehen, Philip Von der Bach ist auch in Ordnung, und das Metier wird ihm sein Vater schon beibringen. Auf meinen Sebastian ist Verlass.

- Endlich wird's wärmer, ich hab geglaubt, der Winter will gar nicht mehr aufhören dieses Jahr. Gibt's noch Schwarzwurzeln? Dann nehm' ich noch mal welche.

- Letzte Woche ist der Sohn vom Sebastian volljährig geworden. Muss ein tolles Fest gewesen sein, sagt die Hannelore, die den Catering Service gemacht hat. Die alte Von der Bach soll sogar ein paar Tränen vergossen haben. Soviel Gefühl hätt' ich der gar nicht zugetraut.

- Also lachen Sie mich jetzt nicht aus, aber ich finde, je älter der Sebastian wird, desto mehr sieht er aus wie der alte Fleischer aus der Torstraße.

- Na, dafür kommt der Philip ganz nach der Großmutter, die gleiche Nase wie die von der alten Von der Bach. Aber behalten Sie's für sich!

Neptuna und Triton

Myk Jung

Wenn man mich fragte, ob ich das Schweben und Herumzirkulieren noch immer nicht leid sei, würde ich sicherlich an manchen Tagen gestehen, dass ich zwischendurch freilich eine leichte Ermattung fühle. Doch ist solcherlei verwunderlich nach über vier Milliarden Jahren, in denen mein Leben fast ausschließlich aus Schweben und Herumzirkulieren bestanden hat? »Wie würden Sie sich denn nach über vier Milliarden Jahren des Schwebens und Herumzirkulierens fühlen?«, würde ich vielleicht sagen. »Womöglich ein wenig müde und matt?« Glücklicherweise fragt mich niemand. Ich bin allein im Äußeren Raum. Meine Kinder sind stumm. Deswegen bin ich nicht sonderlich geübt in der Kunst der Konversation.

Meistens jedoch finde ich keinen Grund, mich zu beklagen. Ich fühl' mich wohl in meiner bläulichen Prallheit. Und ich weiß mich zu beschäftigen. Dass ich eines Tages meinen ältesten Sohn umbringen werde, dürfte wohl die einzige Scharte in meiner Zufriedenheit darstellen.

Nach außen mag ich sehr kühl erscheinen, und, zugegeben, das bin ich auch. Doch im Innern, da lodert ein unlöschbares Feuer in mir. Ich kann sogar sehr stürmisch sein. Eigentlich, wenn man es genau nimmt, lasse ich es um mich herum unentwegt wehen: ich bin windig an der Oberfläche. Derartige Betätigungen sind mir eine große Hilfe gegen die Langeweile, die mich durchaus zuweilen zwickt. Ich wüsste ehrlich gesagt nicht, wie ich ohne mein Sturmböen-Hobby die bisweilen langsam verstreichende Zeit füllen sollte.

In dieser Hinsicht habe ich Schwierigkeiten, meine Schwester Urania zu verstehen. Ihre Gemächlichkeit, ihre unerschrockene Gelassenheit erscheinen mir fast ein wenig senil. Sie ist kaum größer und nur unerheblich älter als ich: aber sie benimmt sich, als wäre sie schon mindestens fünf Milliarden! Jeglichen Drang zum Stürmischsein hat Urania schon vor Urzeiten abgelegt. Dabei dauern ihre Tage sogar noch länger als meine: über siebzehn Stunden! Und wie sie die zu ertragen vermag ohne irgendwelche frohen Mätzchen, ist mir ein Rätsel. Mir werden schon meine knapp sechzehn Stunden zuweilen lang. Indes – man sollte es nicht unerwähnt lassen – ist Uranias Jahr deutlich kürzer als meins, und zwar um knapp die Hälfte. Für ihre meines Erachtens verdammt enge Bahn ums Zentralgestirn braucht sie nur vierundachtzig Jahre.

Erdenjahre. Natürlich. Es mag abwegig klingen – aber die Gemeinschaft der Neun Sonnenkinder hat sich tatsächlich vor einiger Zeit auf diese Maßeinheit geeinigt. Aus rein pragmatischen Gründen selbstverständlich. Zwar haben wir uns nicht selten über diesen selbstgefälligen Winzling geärgert: die Dritte mit ihrem aufgeblähten Ego – doch man mag der Erde neidlos zugestehen: keiner von uns anderen Acht ist es gelungen, Bewohner hervorzubringen, die sich überhaupt um Zahlen, Bemessungen oder Benennungen bemüht haben. Nun gut – es ist uns anderen nicht einmal gelungen, *irgendwelche* selbstständigen Lebewesen hervorzubringen – aber was soll's? Solcherlei Unfug lag auch nie in meiner Absicht! Wieso sollte ich irgendetwas über mich krabbeln lassen, das einen eigenen Willen entwickelt? Das gibt doch nur Scherereien – was auch inzwischen der Erde klar sein dürfte. Was hat sie immer rumgeprotzt! »Seht nur – bei mir gibt's sogar *Leben*! Na, wie findet ihr das, ihr Langweiler?« Inzwischen bibbert sie vor Angst, wie Saturna mir anlässlich eines nahen Vorbeiflugs zukommen ließ. Das kleine Erden-Krabbelgesocks hat sich in letzter Zeit überraschend, nach astronomischen Maßstäben durchaus unnatürlich schnell entwickelt. Wenn sie wollten, munkeln die Inneren Planeten, könnten die Winzwesen die arme Terra gar total zerfetzen!

Tja, so erntet man Häme und Schadenfreude. Das hat sie nun davon, dass sie sich so karrieregeil um Atmosphäre, Sauerstoff, Wasser und all den unnötigen Firlefanz bemüht hat! Anstatt sich demütig einzureihen: die Dritte von innen, die Sechste von außen, die Viertkleinste – da hätte doch die Devise lauten müssen: Schön die Klappe halten und ab in die zweite Reihe! Aber Bescheidenheit war ja noch nie ihr Ding. Die kleinen Dinger, die die Erde unter ihrem Schutzschirm ausbrütete, hegen aber offensichtlich nicht nur Explosionspläne – sie werden ja ohnehin seit einiger Zeit übermütig! 1846 war's, als sie mich entdeckten. Nach ihrer Rechnung, selbstverständlich. Für mich war's letztes Jahr. Ich habe erst jetzt wieder den Punkt erreicht, bei der sie mich auf meiner letzten Umrundung ausfindig machten. Da hatten sie gerade mal ein Gefährt namens Eisenbahn erfunden: fünfunddreißig Stundenkilometer schnell. Vor kurzem aber haben sie sogar einen kleinen Späher bei mir vorbeigeschickt: der hat mich fotografiert! Ohne dass mich irgendjemand gefragt hätte im Übrigen.

Die kleinen Schlaumeier! Hebeln alle Gesetze der langsam verfließenden Zeit aus, sind größenwahnsinnig, neugierig und haben's allezeit zu eilig. Unpfiffig sind sie natürlich nicht. Und doch neigen sie dazu, bei fundamentalen Fragen ins Fettnäpfchen zu tapern. Speziell in Geschlechterfragen haben sie wohl stets Schwierigkeiten. Ich bin wohlgeformt rund, bewache die Äußeren Leeren, bin stürmisch, doch beharrlich in meinem weit angelegten Kurs: natürlich bin ich weiblich. Wie alle Sonnenkinder. Die kleinen Klugscheißer aber nennen mich Neptun. Doch wen wundert's? Schon meiner Namensgeberin, der Göttin ihrer mickrigen Meere, gaben sie das falsche Geschlecht. Was offenbar schlicht darauf zurückzuführen ist, dass sich bei den unbedeutenden Krabbelwesen das männliche Geschlecht zu ungehöriger, lachhafter Dominanz aufgeschwungen hat. Nun denn, dies wird nicht von Dauer sein

Ich selber mache mir schon seit Milliarden Jahren Sorgen um das männliche Geschlecht, namentlich um meinen Sohn.

Das älteste meiner dreizehn Kinder. Er umkreist mich in allzu großer Nähe. Und das auch noch falsch herum! All meinen mütterlichen Warnungen zum Trotze. Kein anderes Kind der Neun ist jemals auf eine solch abstruse Idee gekommen. Und so frage ich mich seit Jahrmillionen: Wieso gelingt es ihm nicht, die Konventionen zu erfüllen? Wieso schafft er es nicht, sich ein wenig von mir zu lösen? Wieso hört er nicht auf, mich in falscher Richtung zu umkreisen? Wieso ist er so unfassbar kalt? Kälter noch als ich ist er, kälter gar als Plutotine! Und warum ist er für alle warmen Empfehlungen unzugänglich? Ist es schiere Rebellion, von der er nicht mehr ablassen möchte?

Und so wird es wohl kommen, wie es kommen muss: Ich werde ihn umbringen, werde ihn zerreißen müssen. Ich, die ich ihn geboren habe, werde ihn auch zerstören müssen. Zerfetzen, um genau zu sein. Wenn er so weiter macht. Die uralten Gesetze lassen nichts anderes zu. Es wird weder ein Akt der Genugtuung noch der Barmherzigkeit sein. Und ich werde auch nicht rufen: »Wer nicht hören will, muss fühlen!«

Doch Triton wird es fühlen, wenn ich ihn langsam aus der Bahn reiße, ihn zerfresse, zersauge, zerstiebe. Tag für Tag schaue ich meinen Sohn an: schön ist er, ungewöhnlich groß, proper, wunderbar grau-blau! Doch in Gedanken habe ich schon begonnen, mich von ihm zu verabschieden. Er sucht nichts anderes als seinen Tod. Obgleich er wissen müsste, wer ihm diesen bereiten wird. Ich selber. Seine Mutter. Eine schmerzvolle, wenngleich nötige Aufgabe. Und die ganze Zeit frage ich mich: Bedenkt er gar nicht die Pein seiner Mutter?

Doch es bleibt dabei: Seine Frechheit, Kaltschnäuzigkeit, seine rebellische Beharrlichkeit müssen bestraft werden. Allein schon wegen meiner anderen zwölf Kinder! Sie sollen schließlich nicht auf dumme Ideen kommen.

Vom verlorenen Sohn

Anne Grießer

Leo und Gisela Wohlleb waren gottesfürchtige Leute. Nach einem arbeitsamen Leben genossen sie nun ihren wohlverdienten Ruhestand.

Sie hatten gerade das Haus am Fluss bezogen, mit der Mastentenzucht begonnen, und nun freuten sie sich jeden Tag über die schöne Lage, die hübsche Einrichtung, den tiefen Frieden. Vor ihnen lag, so Gott wollte, ein ruhiger und beschaulicher Lebensabend.

Kurz nach neun klingelte es an der Haustür.

Nanu, dachte Gisela. Sie erwartete keinen Besuch.

Vor der Tür stand ein fremder Mann in zerlumpter Kleidung. Ein unangenehmer Geruch ging von ihm aus, nach Alkohol, Zigaretten und ranzigem Fett. Er war vielleicht Ende vierzig, das struppige Haar und der wilde Bart erschwerten jedoch eine genauere Altersbestimmung.

Obwohl Gisela den Fremden rasch als bettelnden Landstreicher einstufte, fragte sie höflich: »Was kann ich für Sie tun?«

Ein kehliger Laut, ein geräuschvolles Schnauben und ein hässliches Wimmern waren die einzigen Antworten, die sie erhielt. Irritiert sah sie, wie der Mann sich mit einem schmutzigen Taschentuch ein paar Tränen aus den Augen wischte. Dann kam er näher, und alles ging so schnell, dass Gisela sich nicht wehren konnte. Der Landstreicher legte die Arme um sie, drückte sie an seinen ausgezehrten Körper und nuschelte immer wieder das gleiche Wort in ihr Ohr: »Mutter. Mutter. Oh, Mutter!«

Gisela Wohlleb schluckte hart und zwang sich, den Fremden genauer anzuschauen. Sie konnte kein vertrautes Zeichen an ihm entdecken, dennoch flüsterte sie versuchsweise: »Helmut …?«

Er nickte, sichtlich bewegt. »Ja, Helmut. Ich bin es. Nun bin ich endlich wieder zu Hause.«

Kurze Zeit später saßen sie zu dritt im Wohnzimmer.

Der Hund knurrte leise. Keiner wusste so recht, was er sagen sollte.

»Wo ... bist du die ganze Zeit gewesen?«, brach Gisela schließlich das Schweigen.

»Hier und dort. Bin weit rumgekommen.« Auch nachdem die Tränen versiegt waren, zeigte sich der fremde Mann reichlich wortkarg.

»36 Jahre!«, brummte Leo. »Kannst du dir vorstellen, was wir durchgemacht haben, als du einfach abgehauen bist? Mit dreizehn! Wir wussten ja nicht einmal, ob du noch lebst!«

»Es tut mir leid, Vater.«

»Wo bist du gewesen?«

Der Landstreicher nestelte eine selbstgedrehte Zigarette aus der Hosentasche und zündete sie an. Der Hund knurrte lauter. Gisela erhob sich, um das Fenster zu öffnen. Leo spürte ein beklemmendes Gefühl auf der Brust. Sein Asthma.

»Es ist mir nicht gut ergangen«, murmelte der Mann. »Gar nicht gut.«

»Das sieht man«, konstatierte Gisela. »Warum bist du nicht früher zurückgekehrt?«

»Ich habe lange gebraucht, um den Mut zu finden.«

»Und nun?«, wollte Leo wissen. Sein Atem ging keuchend, und er tastete nach dem Asthmaspray. »Was jetzt?«

»Nun ja, ich hatte gehofft ...«

Gisela beobachtete, wie die glühende Asche der Zigarette zu Boden fiel und ein kleines Loch in ihren schönen Teppich brannte.

»Unser Haus ... ist nicht groß«, sagte sie, doch da wurde sie von Leo unterbrochen, der sich bekreuzigte und dann die Hände faltete.

»Wenn du tatsächlich Helmut bist, unser verlorener Sohn, dann bist du uns selbstverständlich willkommen!« Er stand auf und nahm den Landstreicher in die Arme.

Der Hund begann zu bellen.

»Er *könnte* es sein«, sagte Gisela später nachdenklich, als sie zu Bett gegangen waren. »Die Augenfarbe stimmt. Die Haare sind dunkler, aber das kann am Alter liegen.«

»Warum zweifelst du?«

»Man hört so viel von raffinierten Betrügern. Helmut steht noch immer in unserem Testament.«

»Du liest zu viele Krimis!«

»Ich weiß nicht. Es sind Kleinigkeiten. Warum hat Knut ihn angeknurrt? Helmut liebte Hunde!«

»Es war der Geruch.«

Gisela seufzte. »Wir müssen vorsichtig sein, Leo. Hörst du?«

Am nächsten Morgen dauerte es lange, bis sie ihren verlorenen Sohn zu Gesicht bekamen. Gleichmäßige Schnarchgeräusche zeugten bis zum Mittag von seiner Beschäftigung. Schließlich rumpelte es im Gästezimmer, etwas fiel zu Boden und zerbrach. Die hübsche Porzellanvase von Tante Inge, wie Gisela vermutete. Sie hatte auf dem Nachttisch gestanden.

»Moin, moin«, krächzte der Landstreicher, als er schließlich die Treppe herunterpolterte. Seine schlecht genagelten Schuhe hinterließen runde Mulden auf dem Parkettboden. Er hatte sich eine Zigarette angezündet, und in der Hand hielt er ein Fläschchen mit der Aufschrift *Feigling*.

»Hast du gut geschlafen?«, fragte Leo hustend.

»Geht so. Ihr werdet mir eine bessere Matratze besorgen müssen. Mein Rücken ist empfindlich.«

»Möchtest du frühstücken?«

»Natürlich. Ich sterbe vor Hunger.«

Gisela brachte Brot, Butter, Käse, Speck, Tomaten, Tee und Orangensaft, Marmelade, Milch, Joghurt und eine Müslimischung.

»Habt ihr kein Ei für mich?« Er leckte den Kaffeelöffel ab und tauchte ihn tief ins Marmeladenglas. Dann warf er einen abfälligen Blick auf das Müsli. »Ihr wisst doch, dass ich weder Rosinen noch Nüsse vertrage.«

»Entschuldige«, sagte Gisela. »Das habe ich wohl über die Jahre vergessen.«

Der Landstreicher nickte gnädig. »Schon recht.« Er schlang eine Zeitlang schweigend sein Frühstück in sich hinein, am Ende wischte er sich die Hände am Tischtuch ab. »Ich möchte euch heute jemanden vorstellen. Meine Lebensgefährtin und meinen besten Freund. Sie suchen ein Plätzchen in der Stadt. Wollt ihr sie kennen lernen?«

»Nun ...«, begann Gisela zögernd.

»Deine Freunde sollen auch unsere Freunde sein, mein Sohn«, schnaufte Leo. »Bring sie mit, damit wir sie willkommen heißen.«

Sie sahen ihn erst am Abend wieder. Laut singend und mit schwankendem Schritt kamen die drei durch den Garten, genauer: durch Giselas Blumenbeete. Der Purpur-Sonnenhut würde sich vielleicht wieder erholen, er war robust. Aber der Ziersalbei mit seinen zarten Blüten - nun, sie konnte es ja im nächsten Jahr noch einmal damit versuchen.

Helmuts Zunge bewegte sich schwerfällig. »Dass isst Schnaps-Anni.« Er deutete auf eine Frau mit strähnigem, fast grauem Haar, die sich kaum auf den Beinen halten konnte. »Und dasss da - das issst Sauf-Harry.«

Der so Titulierte hob die Hand zu einem militärischen Gruß.

Leo schluckte, dann sagte er: »Tretet ein, und fühlt euch zu Hause unter meinem Dach. Gott segne euch.«

Gisela schloss die Augen, als die drei mit lehmigen Schuhen ihren geliebten Perserteppich betraten. Aber immerhin überdeckte der Schmutz die Brandlöcher von der Zigarettenasche.

»Er *könnte* es sein«, sagte sie später im Bett noch einmal zu Leo, der laut röchelnd einatmete. Weder der Qualm noch der Lärm machten vor ihrer Schlafzimmertür Halt. An Ruhe war nicht zu denken. »Er war schon immer ein schwieriges Kind.«

»Du hast ihn auf die Probe gestellt, nicht wahr?« Leo hustete. »Mit dem Müsli.«

»Warum auch nicht? Ich habe immer noch Zweifel. Auch ein Fremder kann von Helmuts Allergien wissen.«

»Vielleicht müssen wir nur ein wenig Geduld mit ihm haben. Er hat viel durchgemacht in all den Jahren. Er braucht Zeit.«

»Möglich«, sagte Gisela skeptisch. Unten in der Wohnstube ging ein weiteres Glas zu Bruch.

Wenige Tage später hatte sich eine gewisse Routine eingestellt. Den Vormittag verbrachte das Rentnerpaar damit, die Spuren der vergangenen Nacht zu beseitigen. Wenn Helmut und die beiden Gäste gegen Mittag aufstanden, beeilte sich Gisela, das Frühstück auf den Tisch zu stellen. Danach begann das sogenannte *gemütliche Beisammensein.*

Anfangs waren Helmut, Anni und Harry stets recht schweigsam, doch mit steigendem Alkoholpegel wurde das Beisammensein turbulenter. Schließlich verabschiedeten sich die beiden Eheleute zu ihrem täglich ausgedehnteren Spaziergang am Fluss. Wenn sie abends zurückkehrten, schlichen sie sich leise ins Haus und verschwanden direkt in ihrem Schlafzimmer. Die Tür schlossen sie neuerdings ab.

Gegen Morgen, wenn der Lärm von unten nachließ und der Qualm sich verzog, fielen sie in einen kurzen, schweren Schlaf.

»Falls er es wirklich ist«, sagte Gisela eines Nachts zu ihrem Mann, als sie sich wieder unruhig in ihren Betten wälzten, »sollten wir ihn auch entsprechend willkommen heißen.«

»Ich bin mir nicht mehr so sicher«, gab Leo zögernd zu. »Er hat mich gefragt, ob wir ihn bei der Abzahlung seiner Schulden unterstützen könnten.«

Gisela zuckte die Schultern. Ihre Augen glänzten, wie immer, wenn sie eine großartige Idee hatte. »Es steht doch schon bei Lukas geschrieben: *Bringt das Mastkalb her, und schlachtet es;*

wir wollen essen und fröhlich sein. Denn unser Sohn war tot und lebt wieder; er war verloren und ist wiedergefunden worden.«

»Wir haben kein Mastkalb«, warf Leo ein.

»Nein. Aber Enten. Mastenten! Fruchtig-süß, gefüllt mit Wein, Birnen und Backpflaumen. War das nicht immer Helmuts Leibspeise? Und danach - nun ja, wir werden sehen.« Gisela lächelte, drehte sich um und schlief ein.

Sie verkündete dem Mann, der behauptete, ihr Sohn zu sein, die Neuigkeit am nächsten Mittag, während sie das Erbrochene vor der Badezimmertür wegwischte.

»Dein Bruder wird natürlich auch da sein. Er kommt extra den weiten Weg aus München, nur um dich zu sehen. Freust du dich auf Erwin?«

»Weiß nicht recht.« Der Landstreicher schnaubte. »Erwin und ich - na, ja. Das war nie einfach. Aber vielleicht, nach so langer Zeit ...«

Gisela seufzte. Ihre beiden Söhne hatten sich unaufhörlich gezankt.

»Auf die gefüllte Ente freuen wir uns«, lallte Helmut. »Nicht wahr, Sauf-Harry?«

Erwin hielt es keine fünf Minuten mit dem Landstreicher aus. Wutentbrannt stürmte er zu seinen Eltern in die Küche, wo es bereits verführerisch nach dem Festmahl duftete.

»Seid ihr wahnsinnig geworden?«, rief er. »Wie könnt ihr diesen dahergelaufenen Penner in euer Haus aufnehmen? Das ist doch nie und nimmer Helmut! Habt ihr euch wenigstens seinen Ausweis zeigen lassen?«

»Nein«, bekannte Gisela kleinlaut. »Auf diese Idee sind wir gar nicht gekommen.«

Erwin ließ sich nicht beschwichtigen. Als der Landstreicher mit seinen Saufkumpanen bei einem Aperitif im Wohnzimmer saß, schlich er sich ins Gästezimmer und durchsuchte die spärlichen Habseligkeiten seines angeblichen Bruders. Triumphierend kehrte er zurück.

»Na bitte!«, verkündete er. »Ich habe ein Entlassungsschreiben aus dem Gefängnis gefunden. Zehn Jahre hat der saubere Geselle gesessen! Zehn Jahre! Das ist kein Pappenstiel. Da muss einer schon richtig was ausgefressen haben, um so lange hinter Gitter zu wandern.«

»Hast du sonst noch etwas gefunden?«, fragte Gisela.

»Einen Ausweis. Der lautet zwar auf Helmuts Namen, aber so etwas kann man fälschen! Vor allem, wenn man im Knast war und die richtigen Leute kennt.«

»Kommt er dir denn kein bisschen vertraut vor?«

»Nein. Kein bisschen.«

Als Vorspeise gab es eine kräftige Suppe mit geröstetem Brot. Die Stimmung bei Tisch war ungewöhnlich friedlich. Helmut, Anni und Harry hatten sich dem Anlass entsprechend herausgeputzt, sie waren frisch gebadet und trugen Kleidung, die Gisela ihnen in der Stadt besorgt hatte.

Zwischen den Gängen hielt sie eine Ansprache.

»Liebe Familie«, begann sie und warf ihrem hustenden Gatten einen besorgten Blick zu. »Dass wir heute alle hier vereint sind, ist wie ein Wunder, an das keiner mehr glauben wollte. Und so fragen wir uns jetzt, ob dieser fremde Mensch in unserer Mitte wirklich der Sohn ist, den wir so lange schmerzlich vermisst haben. Ist er tatsächlich derjenige, den wir all die Jahre beweint haben?«

»Hey, hey! Willst du etwa andeuten ...?«

Mit einer Handbewegung, die keinen Widerspruch duldete, brachte Gisela den Landstreicher zum Schweigen. »Wir wollen hier und heute für alle Zeiten diese Zweifel aus dem Weg räumen. Lasst uns das Glas erheben und auf die Wahrheit trinken!«

Sie erhoben die Gläser und prosteten sich zu.

Dann brachte Leo die beiden gefüllten Enten herein, auf zwei glänzenden Platten angerichtet.

»Er *wird* es wohl gewesen sein«, sagte Gisela später leise, als die Eheleute auf der Bank vor ihrem Haus saßen und zusahen, wie die Sonne hinter dem Fluss unterging.

»Ja.« Leo atmete tief durch. »Er war schon immer ein empfindliches Kind.«

»Aber die Ente ist mir diesmal wirklich gut gelungen.«

»Willst du mir nicht endlich dein Rezept verraten?«

»Warum nicht?« Gisela nickte. »Die Enten sollten 2,5 kg wiegen. Für die Füllung nimmt man fünf Zwiebäcke, 250 g Backpflaumen, zwei Birnen, einen Schuss Essig und trockenen Weißwein. Zucker, Salz, Pfeffer. Eine Prise Muskat.«

»Aber wo liegt das *Geheimnis*? Deine Ente schmeckte besser als jede andere, die ich je gegessen habe.«

Gisela druckste herum. »Nüsse«, gestand sie schließlich. »Und Rosinen. Geschwefelt. Eine ganze Packung. Ich habe sie erst am Ende zugefügt. Roh.«

Leo schnappte nach Luft, hatte sich jedoch schnell wieder gefangen. »Köstlich!«, lächelte er. »Ganz außerordentlich köstlich.«

Gisela nickte. » Ich wusste ja nicht, dass es so extrem wirkt. Ich wollte doch nur die Wahrheit herausfinden! Aber manche Allergien werden im Alter schlimmer, sagt der Arzt. Er nannte es einen *anaphylaktischen Schock.*«

»Hm. Und der Alkohol hat sein Übriges getan. Wäre Helmut nicht so betrunken gewesen, hätten sie ihn vielleicht noch retten können.«

»Es sollte nicht sein. Der Herr gibt - und der Herr nimmt. Wir sind nur seine Handlanger.«

»Wenigstens haben wir nun endlich Klarheit.«

Gisela nahm ihren Mann bei der Hand, und gemeinsam spazierten sie hinunter zum Fluss. Vor ihnen lag, so Gott wollte, ein langer, ruhiger und beschaulicher Lebensabend.

Weil eine Mutter immer eine Mutter bleibt

Ulla Lessmann

Wir haben ja diesen Quatsch schon lange abgeschafft. Wir haben das nicht nötig, uns das vorschreiben zu lassen, aber wer das nötig hat, bitte! Meine Älteste hat vor Jahren schon gesagt, dass das eine Erfindung der Nazis gewesen ist und deshalb abgeschafft gehört, und außerdem lässt sie sich nicht vorschreiben, wann sie sich um mich kümmert. Genau, habe ich meiner Nachbarin gesagt, die immer ein Riesenwesens macht, was sie alles kriegt von ihren Kindern, die man das ganze Jahr nicht sieht, wirklich nie, und von denen man so recht, was aus ihnen geworden ist, auch nicht weiß, das sieht man doch, was die für Autos fahren im Gegensatz zu meiner Ältesten. Muttertag hin oder her, da kann die mich nicht mit beeindrucken, wenn die dann kommen mit Riesensträußen in Plastik, und sie bildet sich sonst was ein, und ich muss die montags begucken. Meine Älteste, habe ich ihr gesagt, die weiß Bescheid, das ist von den Nazis erfunden worden, und meine Töchter lassen sich doch nicht von den Nazis vorschreiben, wann sie sich um mich kümmern, die entscheiden das ganz frei und nicht nach Kalender. Meine Jüngste sagt, das haben die Amerikaner erfunden, um ihre Blumenindustrie zu retten, und sie sieht nicht ein, dass sie die Blumenindustrie gerade dann unterstützen soll, wo sie mir das ganze Jahr über Blumen schenken könnte, wann sie selber sich danach fühlt, und nicht dann, wenn die Amerikaner das wollen, und man soll sich sowieso nicht immer so abhängig machen, auch wenn man in der NATO ist. Ich dachte immer, die Blumenindustrie ist holländisch, aber meine Jüngste sagt, die Amerikaner haben auch einen Mutterkomplex, und sie hat keinen, und sie sieht nicht ein, wieso sie den Mutterkomplex der Amerikaner unterstützen soll. Meine Mittlere hat schon vor Jahren gesagt, dass sie sich von diesem Konsumterror nicht verrückt machen lässt und ich ja schließlich sowieso kein Mon Chéri mag und dass sie für ihr Leben traumatisiert ist, weil sie im Kindergarten immer was für mich basteln musste, und sie kann mir jeden Tag was schenken, wenn sie das will, aber sie will das frei entscheiden. Meine Töchter, sage ich zu meiner Nachbarin, entscheiden selbständig, wann sie mir Blumen mitbringen oder sich kümmern oder mir was schenken und überhaupt ist das ja nichts Überliefertes so wie Weihnachten oder Ostern. Das ist völlig traditionslos und völlig unmodern, mit den Nazis sollte man schon mal gar nichts mehr zu tun haben, im Moment sowieso erst recht nicht, und den Amerikanern muss man auch nicht alles und jedes nachmachen, und wir sind da nicht so abhängig wie manche andere, das ist bloß, weil alle das machen. Meine Töchter sind da ganz modern und unabhängig und wissen, dass sie schließlich zu jeder Tages- und Nachtzeit zu ihrer Mutter kommen könnten, weil eine Mutter immer eine Mutter bleibt, und ein Mutterherz nie zu schlagen aufhört, sagte meine Mutter immer. Die brauchen bestimmt nicht am Muttertag zu kommen, bloß weil die Nazis und die Amerikaner das so wollten, sage ich zu meiner Nachbarin, meine Töchter entscheiden selber, wann sie ihre Mutter sehen. Ich merk' mir das schon seit Jahren gar nicht mehr, wann Muttertag ist, weil meine Töchter viel lieber zu Weihnachten kommen. Da weiß man doch wenigstens, wer das erfunden hat.

AutorInnen

Cornelia Christina Anken

lebt in Frankfurt am Main, wo sie 1967 geboren wurde. Anken hat Germanistik, Vor- und Frühgeschichte sowie Historische Ethnologie studiert und arbeitet an der Goethe-Universität in Frankfurt. Sie veröffentlicht regelmäßig Kurzgeschichten sowie Bücher und erhielt mehrere Literaturpreise. 2010 erschien ihr jüngster Kriminalroman »Leonora Timms und die Verlorenen Kinder«.

www.cornelia-anken.de

Volker Bitzer

wurde an einem Sonntag im Sommer 1968 in Bremen geboren. Für all das ist er seiner Mutter bis heute dankbar. Er schwört, dass seine Kurzgeschichte in dieser Anthologie nichts mit ihr zu tun hat. Auch wenn er mittlerweile in Hamburg lebt.

Sabine Deitmer

leitete 1988 mit ihren schwarz-humorigen Storys in »Byebye Bruno« den Trend der lustvoll mordenden Frauen ein. Ihre Werke wurden in mehrere Sprachen übersetzt, verfilmt und für den Hörfunk bearbeitet. Auszeichnungen: 1995 Deutscher Krimipreis, 2005 Frauenkrimipreis der Stadt Wiesbaden, 2008 »Ehrenglauser« für besondere Verdienste um die deutschsprachige Kriminalliteratur.

Gitta Edelmann

lebt mit ihrer Familie in Bonn. Neben ihren Kurzkrimis veröffentlicht sie hauptsächlich Spannendes und Lustiges für Kinder. Sie leitet auch Workshops für Kreatives Schreiben und ist Mitglied bei den »Mörderischen Schwestern«, im »Syndikat« und im Verband deutscher Schriftsteller VS.

www.gitta-edelmann.de

Karen Erbs

Kieler Sprotte von 1964, die 2008 in Hessen gestrandet ist. Der dadurch entstandene Kulturschock, das Heimweh und die Leidenschaft für das Reisen inspirieren seitdem die ersten Kurzgeschichten. Passionierte Sammlerin von Anziehpuppen aus Papier!

Antje Fries

Sprachen- und Lehramtsstudium. Derzeit an einem außerschulischen Lernort tätig. Diverse pädagogische, literarische, journalistische Nebentätigkeiten. Schreibt in Rheinhessen Krimis, Kinderbücher und Lehrerbücher und liefert Beiträge zu Lyrik-, Mundart-, und Krimi-Anthologien. Dennoch sind Mann und Kinder wohlauf.

www.antjefries.de

Anne Grießer

schreibt nicht nur über Mord und Totschlag - sie tut es auch. Als Autorin, Herausgeberin und Krimientertainerin schwingt sie in Freiburg die Feder und so manches blutige Theaterrequisit. Sie ist Mitglied bei den »Mörderischen Schwestern« und im »Syndikat«.

Carsten Sebastian Henn

geb. 1973. Der mehrfach ausgezeichnete Kölner Autor Carsten Sebastian Henn (*1973) gilt als »Deutschlands König des kulinarischen Krimis« (WDR). Seine Romane verkauften sich bereits über eine Viertelmillionen mal. 2009 gründete er die »Deutsche Wein-Entdeckungs-Gesellschaft« und keltert seitdem gemeinsam mit den besten Winzern Deutschlands streng limitierte Spitzenweine.

www.carstensebastianhenn.de

Jutta Maria Herrmann

ist gebürtige Saarländerin, gelernte Buchhändlerin, studierte Germanistin. Die überzeugte Wahl-Berlinerin hat der Hauptstadt vor einigen Jahren den Rücken gekehrt. Jetzt lebt und mordet sie – natürlich nur auf dem Papier – im brandenburgischen Zepernick. Zurzeit arbeitet sie an einem Thriller. Sie ist Mitglied bei den »Mörderischen Schwestern« und im »Syndikat«.

www.jutta-maria-herrmann.de

Myk Jung

geboren in Essen, etwa 24 Monate bevor die Beatles dort gastierten, ist seit 1984 als Sänger/Musiker und freier Autor aktiv. Mit der Tolkien-Parodie »Der Herr der Ohrringe« veröffentlichte Jung seinen ersten Roman. In seinen Kurzgeschichten geht es gerne skurril-humoresk zu. Live kann man ihn auf seiner eigenen Lesebühne »Schementhemen« erleben.

www.mykjung.de

Regine Kölpin

geboren 1964 in Oberhausen (NRW), lebt in Friesland. Regine Kölpin hat für ihre Arbeiten Preise und Auszeichnungen erhalten und schreibt unter dem Pseudonym Regine Fiedler für Kinder und Jugendliche. Sie arbeitet als Dozentin für kreatives Schreiben an Schulen und in der Erwachsenenbildung.

www.regine-koelpin.de

Kerstin Lange

Jahrgang 1966, lebt seit neun Jahren mit ihrer Familie am Niederrhein. 2008 kehrte sie ihrer Tätigkeit als Bilanzbuchhalterin den Rücken zu und konzentriert sich seither auf das Schreiben. Viele ihrer Kurzgeschichten sind in Anthologien veröffentlicht worden, u.a. im Rowohlt Verlag. Im Sommer 2011 erscheint ihr erster Kriminalroman.

www.kerstinlange.com

Ulla Lessmann

u.a. Chefredakteurin des »Vorwärts«, seit 1994 freie Journalistin, Moderatorin und Schriftstellerin. Auszeichnungen: EMMA-Journalistinnenpreis, Preis der Stadt Herne für satirische Literatur, Krimi-Schreib-Stipendium »Tatort Töwerland«. Zuletzt erschienen: »Das Lachsmesser im Marzipanschwein«. Ulla Lessmann ist Mitglied im Verband deutscher Schriftsteller/innen (VS) in ver.di (Vorsitzende in Köln 1995-2003), im »Syndikat« und bei den »Mörderischen Schwestern« (Präsidentin 2007-2010).

www.ulla-lessmann.de

Harry Michael Liedtke

stammt aus Bielefeld und lebt in Gladbeck. Im Hauptberuf arbeitet er - nach Lust und Laune - als Industriekaufmann, nebenher betätigt er sich als Setzer, Drucker, Korrekturleser, Filmkritiker, Sphäronaut und seit geraumer Zeit auch als Autor. Im Juni 2009 erschien sein Erzählband »Begräbnis auf dem Mond«. Sein Lebensmotto: Wenn du bis zum Hals in der Scheiße steckst, lass den Kopf nicht hängen.

Sandra Lüpkes

geb. 1971, lebt und arbeitet als Schriftstellerin in Münster/Westfalen. Mit ihren 14 bislang erschienenen Büchern - Krimis, Sachbüchern, Kurzgeschichtensammlungen und einem Historischen Roman - hat sie eine Gesamtauflage von mehr als 250.000 Exemplaren erreicht.

www.sandraluepkes.de

Judith Merchant

wurde in Bonn geboren und studierte dort Germanistik mit ständig wechselnden Begleitfächern. In einer Schreibkrise ihrer Doktorarbeit begann sie mit dem Krimischreiben und erhielt gleich für ihre zweite Geschichte den begehrten Glauser-Preis. Nach erfolgreichem Abbruch der Doktorarbeit erscheint im Mai 2011 der erste Roman »Nibelungenmord« bei Knaur.

Helga Murauer

lebt nach vielen Jahren in Italien, Libyen, England und der Schweiz wieder in ihrer Geburtsstadt Innsbruck. Sie arbeitet als freiberufliche Dolmetscherin/Übersetzerin und schreibt Thriller und Kurzkrimis. Eine Reise in den Gaza-Streifen und die besetzten Gebiete gaben den Anstoß zu »Der Märtyrer«.

Sandra Niermeyer

wurde 1972 in Melle/Niedersachsen geboren. Sie lebt und schreibt in Bielefeld. Für einen Auszug aus ihrem Roman erhielt sie den Würth-Literaturpreis der Tübinger Poetik-Dozentur und den Förderpreis des Landes Nordrhein-Westfalen. 2007 bekam sie den Marlen-Haushofer-Literaturpreis.

Ingrid Noll

1935 geboren
1 Mann, 3 Kinder, 4 Enkel
10 Romane
x Kurzgeschichten

Thomas Nommensen

wurde in Schleswig-Holstein geboren und zog rechtzeitig vor dem Fall der Mauer nach Berlin. Er arbeitete als Musiker, Toningenieur und Software-Entwickler. 2010 gewann er den Freiburger Krimipreis (1. Platz). 2011 wurde er mit dem Agatha-Christie-Preis (3. Platz) ausgezeichnet, für den er bereits zum zweiten Mal nominiert war. Er ist Mitglied im »Syndikat« und lebt inzwischen vor den Toren von Berlin im brandenburgischen Panketal.

www.thomas-nommensen.de

Ricarda Oertel

geboren in Kappeln an der Schlei, Schleswig-Holstein. Hier, in Kalifornien und anderen Stätten der Kindheit Meeresluft geschnuppert. Nach Abschluss eines Pädagogik-, Germanistik- und Theologiestudiums in Bonn nicht weise und fromm genug, das literarische Morden zu lassen. Heilpädagogische Betreuung von Jugendlichen, heute freie Lektorin. Mit Mann und zwei Kindern weitgehend friedlich und treu in den Norden zurückgekehrt.

Elke Pistor

mordet seit 2009 mit dem größten Vergnügen in schriftlicher Kurz- und Langform quer durch alle Gesellschaftsschichten, Personenkreise und Landschaften. Ergebnis sind etliche Anthologiebeiträge, der Eifelkrimi »Gemünder Blut« und der Mysterythriller »Das Portal«. Daneben lehrt sie in Schreibseminaren den »Mord in Kürze«.

www.elke-pistor.de

Doris Preusche

1963 in Gießen geboren, wurde vom Leben auf einem Bauernhof und später von den multiplen Einflüssen im Main-Taunus-Kreis geprägt. Ehefrau, Mutter von zwei Töchtern (26, 20), Sport-Physiotherapeutin, Redaktionssekretärin und freiberufliche Journalistin. Als Krimi-Autorin seit 2007 mit der Krimigruppe »MainCrime« unterwegs und seit 2009 Mitglied bei den »Mörderischen Schwestern«. Bisher wurden vier weitere Kurzkrimis veröffentlicht.

Petra Reategui

schrieb mit neun Jahren erste Märchen für Schülerwettbewerbe. Leider erfolglos. Daher ließ sie es mit der Schriftstellerei und wurde Dolmetscherin und Journalistin. Aber dann überkam sie doch wieder die Freude am Erzählen. Seither schreibt sie Romane, historische Krimis und Kurzgeschichten. Die Autorin lebt in Köln.

Regina Schleheck

ein halbes Jahrhundert leb-haft – in Wuppertal, Köln, Aachen, Herford, jetzt Leverkusen. Seit drei Dekaden Elter. Fünffach. Ex-Gatte lebt. Beruf: Lehr. Seit einer Dekade schreibend. Vielfach bepreist. Ohne-Glied im Netzwerk der »Mörderischen Schwestern«. Mit-Herausgeberin der »Mordsmütter«.

www.regina-schleheck.de

Sabine Trinkaus

lebt als Büchereifräulein und Bilddokumentarin in Alfter bei Bonn. Wenn sie nicht gerade damit beschäftigt ist, das Leben von Teenagern durch ebenso unsinnige wie unfaire Verbote zu ruinieren, befasst sie sich gern mit der Planung und Durchführung verschiedener Verbrechen. Die Früchte dieser Arbeit sind in diversen Anthologien nachzulesen. Im Frühjahr 2012 erscheint ihr erster Kriminalroman.

Jutta Wilbertz

studierte Diplom-Theaterwissenschaft mit Schwerpunkt Schauspiel in Gießen. Sie ist Mutter, Sängerin, Autorin, schreibt Kurzkrimis und Chansons, tritt regelmäßig mit eigenen Bühnenprogrammen auf und lebt und überlebt mit Mann, Tochter, Hund in Köln.

www.wilbertz-kunz.de

Mechthild D. Zimmermann

Verlegerin, geboren in Mainz und dort studiert: Germanistik, Geschichte und Journalistik. Ihre Liebe zur Kriminalliteratur führt sie auf eine frühkindliche Prägung zurück: ihre Urgroßmutter Lena soll sie mit Schauerballaden und Moritaten in den Schlaf gesungen haben. Lange Jahre Dozentin an der Hochschule für Polizei und Verwaltung in Wiesbaden. Sie lebt mit ihrer Familie im Taunus und schreibt unter dem Namen Daphne Carpentier.

Milan Zimmermann

wurde am 26.03.1990 in Frankfurt am Main geboren, lebte bis zu seinem vierten Lebensjahr in Wiesbaden, zog dann für 15 Jahre nach Aarbergen, bis es ihn zum Medizin-Studium an die Charité nach Berlin verschlug. Seit einem Jahr wohnt er im schönen Charlottenburg. »Nomen non est omen« ist nach einer Kurzgeschichte in der Anthologie: »Wie werde ich Witwe?«, seine zweite Veröffentlichung.

edition BitterBöse

Die Nouvelle Noire ist wiedergeboren

ViaTerra Verlag startet neue Krimi-Reihe in Deutschland!

»Sind Sie ein Freund von Dick Tossek?«: Das ist der Titel einer von schwarzem Humor geprägten Krimi-Novelle, mit der der ViaTerra Verlag eine neue Reihe in Deutschland startet. Die Nouvelle Noire ist wiedergeboren.

Das Erstlingswerk von Autor Volker Bitzer aus Hamburg bietet viel Blut, schwarzen Humor – und eine Anleitung zum perfekten Sex (für Männer und Frauen!). Bitzer erzählt die Geschichte von Auftragsmörder John, dessen Messer im falschen Mann steckt und der deswegen vom König der Unterwelt gejagt wird. Mit im Spiel ist die Prostituierte Rosemarie O' Dowell – und eine Menge Geld, das aber erst einmal gefunden werden muss.

»Sind Sie ein Freund von Dick Tossek?« von Volker Bitzer (ISBN: 978-3-941970-07-6) ist ab sofort im klassischen Buchhandel und bei Amazon erhältlich.

Eine Leseprobe gibt es unter www.DickTossek.de.

Die schön gestalteten Bücher im praktischen Handtaschenformat aus der Edition BitterBöse bieten beste Unterhaltung auf Reisen. Die Nouvelles Noires eignen sich aufgrund ihrer Kürze (80 bis 120 Seiten) besonders gut als Strand- oder Bettlektüre.

edition BitterBöse

trazoM

von Rita Hausen

Ein Krimi um den mysteriösen Tod Mozarts und das geheime Wirken der Illuminaten.

Dezember 1791. Eine Häufung erschreckender Ereignisse erschüttert Wien. Freunde Mozarts verlieren von einem Tag auf den anderen Ämter und Einfluss bei Hofe oder begehen scheinbar grundlos Selbstmord. Auf dem Höhepunkt der Ereignisse stirbt Mozart einen unerklärlichen Tod, und seine Leiche verschwindet spurlos, doch sein Geist lebt in der Zauberflöte weiter, die mit ihrer geheimen Botschaft weiterhin gegen Kirche und Politik rebelliert.

Machte Mozarts Mitgliedschaft bei den geheimnisumwobenen Illuminaten ihn zum Opfer kirchlicher und staatlicher Spitzelsysteme, die selbst vor Mord nicht zurückschreckten?

ViaTerra Verlag
ISBN: 978-3-941970-00-7

edition BitterBöse

Hauch der Hydra

von Helga Murauer

Klar und deutlich hört Sara Fazzan die beiden Männer aus dem Nebenzimmer. Sie sprechen über einen Lokalpolitiker aus Florenz, der wegen Korruption im Gefängnis sitzt und droht, die dunklen Geheimnisse der Partei auszupacken.

»Wir müssen ihm einen Beichtvater schicken!« – »Aber nichts Spektakuläres!«

Es ist die Stimme eines der mächtigsten Politiker Italiens. Wenige Tage später wird in seinem prachtvollen Landhaus inmitten der herbstlich gefärbten Weinberge des Chianti die Leiche des Lokalpolitikers gefunden. Selbstmord mutmaßen die Zeitungen.

In der italienischen Politik gärt es. Die neue Garde von Populisten will die alten Machthaber endgültig loswerden.

Sara Fazzan setzt alle Hebel in Bewegung, um den Auftraggeber des Mordes zu entlarven, und gerät unversehens in ein tödliches Räderwerk undurchsichtiger Intrigen.

ViaTerra Verlag
ISBN: 978-3-941970-04-5

edition **BitterBöse**

Leonora Timms und die Verlorenen Kinder

von Cornelia C. Anken

Nicht zum ersten Mal arbeitet Leonora Timms, Psychologin an der Goethe-Universität, als Beraterin für die Frankfurter Kriminalpolizei. Ihr neuer Fall berührt sie wie kein anderer zuvor: Ein kleiner Junge aus ihrer Nachbarschaft wurde grausam getötet, und die Ermittlungen sind hoffnungslos festgefahren.

Timms ist gezwungen, erneut mit dem starrsinnigen Kommissar Thomas Schweickert zusammenzuarbeiten, um den Mörder aus der Reserve zu locken und zu überführen.

Noch ahnen sie nicht, dass die Zeit gegen sie spielt und weitere Kinder verschwinden werden – hat ein Serientäter in Frankfurt sein blutiges Handwerk aufgenommen?

ViaTerra Verlag
ISBN: 978-3-941970-02-1

EDITION VIATERRA

Schattenblende

von Martina von Schaewen

Man schreibt das Jahr 1905. In Sarata geht die Angst um. Zwei Frauen werden brutal vergewaltigt. Wer wird die Nächste sein? In dem deutschen Bessaraberdorf am Rande des Zarenreiches werden die Verbrechen vertuscht. Der schweigsame Kriegsheimkehrer Johann Jakob gerät in Verdacht, aber die junge Katharina glaubt fest an die Unschuld ihres Mannes und kämpft um ihre große Liebe. Über hundert Jahre später schreibt die Kommissarin Miriam die Geschichte Katharinas nieder und gibt ihr den Titel: »Im Tode bin ich dein«. Dabei holen sie die Schatten der Vergangenheit ein.

In ihrem Debütroman »Schattenblende« verbindet Martina von Schaewen auf höchst spannende Weise eine große Liebesgeschichte mit einem fiktiven Kriminalfall und ihrer eigenen Familiengeschichte. Zu Beginn des 19. Jahrhunderts wanderten ihre schwäbischen Vorfahren in die bessarabische Steppe aus. Inspiriert wurde die Autorin durch das Leben ihrer eigenen Urgroßmutter, Katharina Illg.

ViaTerra Verlag
ISBN: 978-3-941970-05-2